红书坊课外阅读

以读促写自然篇

读你千遍不厌倦

Du Ni Qian Bian bu Yanjuan

石真平 编著

时代出版传媒股份有限公司

安徽美术出版社

全国百佳图书出版单位

图书在版编目(CIP)数据

以读促写自然篇:读你千遍不厌倦 / 石真平编著. —合肥:安徽美术出版社, 2012.12
(红书坊课外阅读)
ISBN 978-7-5398-4190-8

Ⅰ.①以… Ⅱ.①石… Ⅲ.①阅读课 – 中学 – 课外读物②作文课 – 中学 – 课外读物
Ⅳ.①G634.303

中国版本图书馆 CIP 数据核字(2012)第 308761 号

红书坊课外阅读·以读促写自然篇·读你千遍不厌倦
石真平　编著

责任编辑 : 史春霖
封面设计 : 高　幻
责任印制 : 李建森　徐海燕
出版发行 : 时代出版传媒股份有限公司　安徽美术出版社
地　　址 : 合肥市政务文化新区翡翠路 1118 号出版传媒广场 14 层
邮　　编 : 230071
印　　制 : 合肥瑞丰印务有限公司
开　　本 : 787 mm ×1092 mm　1/16　印　张 : 16.625
版　　次 : 2013 年 1 月第 1 版　2023 年 1 月第 2 次印刷
书　　号 : ISBN 978-7-5398-4190-8
定　　价 : 45.00 元

　　本书的编选参阅了一些报纸和著作,由于多种原因我们未能与部分入选文章作者(或译者)取得
联系,在此深表歉意。敬请原作者(或译者)见到本书后,及时与我社联系,我们将按国家有关规定支
付稿酬并赠送样书。

致同学们

语文课是学习任何知识的重要基础,也是人在成长过程中习得语言技巧,开启与掌握人文知识大门的一把重要的钥匙。不少同学都希望自己有一双善于发现的眼睛,有一支才情横溢的笔,怎么才能得到呢?必须有厚实的底气。底气来自读书,读好书,来自读好书时的思考。好书好文章的作者大多是思想者,他们都有着各自不同的语言风格,与他们"心灵对话",你会发觉你在快速成长,因为你正在不断吸取"文化精气"。

尽管我们的语文课,经过近几年的教学改革,已经有了长足的进步,但如何推荐良好的语文课外知识读物,一直是语文教学的难点。目前已经出版的课外阅读图书可谓多矣,但大部分仍局限在围绕课堂练习、课堂语文知识收集文章,或评点历届高考文科状元等,编撰千篇一律,阅读者受益不多。由此,我们通过市场调查,精心收集,编写出这套《红书坊课外阅读》,旨在提高中学生的阅读能力、社会实践能力,而又无需占用大量时间即可补充实际教学中所出现的部分不足。

这是一套以读书促写作的丛书,在内容和框架上,我们做这样的安排:按内容分类,分为自我篇——《太阳花般科学狂》、自然篇——《读你千遍不厌倦》、社会篇——《社会很小也很大》、历史篇——《追随文明的足迹》。每篇所收集的名篇时文,都附有必要的背景知识和我们的心得点滴,学生习作则分别附有教师及大学生的旁批或点评。这些读文手记,既有思想的火花、灵感的触角,也有写法的喝彩、技巧的点拨。一些篇章还设置了"尝试动动笔"的交流平台,同学们可以尽情比试。期待爱读书和有心练笔的同学能喜欢这套丛书,更希望这套书能对练就同学的锐眼和神笔有所帮助。

当然,由于编写时间仓促,书中难免出现这样那样的问题,希望同学们看到后及时指出,以便在修订时改正。祝同学们学习顺利,身体健康!

编　者

2012年2月

目　录

第一辑　天籁

·名篇赏析·

·学生作品·

第四辑　读你千遍也不厌

·名篇赏析·

第五辑　古韵绵延　聆听经典

读你千遍不厌倦

天 籁

　　天籁，是自然之声。聆听天籁就是走近自然，亲近自然，生命是自然创造的，人本是自然的孩子。

　　亲近自然是人的天性。正如王羲之在《兰亭集序》中所言："仰观宇宙之大，俯察品类之盛"，这是人生最大的乐趣。

　　是的，大自然有美好的日出日落，有动听的天籁之音，有顽强生存繁衍不息的生命现象，有雄伟、柔曼、清纯、绚丽等变幻无穷的气质风貌，这些博大多姿的内涵和气质，是人类最好的启示录。它提醒人们拓宽胸襟、摆脱无聊的羁绊，它教会我们离狭隘和庸俗远一点，再远一点，鄙弃卑微，培养大气。然而，钢筋水泥的现代堡垒，紧张匆忙的城市生存让我们常常忘了去观天、察地、听潮、临风，也似乎静不下心、抽不出时间去远行跋涉……

　　也许你很匆忙，学业很紧张，但不要紧，每天拨一点时间静下来翻翻我们专门辑录的这一批自然精品，你将步入一个奇妙的世界……

　　从这里走出来，你会是一个更为丰富和渊博的人，一个更为浪漫而有情趣的人，一个想象能力更为开阔的人。

　　欢迎你，和我们一起步入亲近自然的阅读之旅：聆听天籁。

名 篇 赏 析

　　万物的生存均取决于自然力的竞争，而感情本身就是有生命的自然力。

——[英]蒲柏

对一朵花的微笑

刘亮程*

我一回头，身后的草全开花了。一大片。好像谁说了一个笑话，把一滩草惹笑了。(花朵是忍俊不禁的笑容,想象奇特。)

我正躺在山坡上想事情。是否我想的事情——一个人脑中的奇怪想法，让草觉得好笑，在微风中笑得前仰后合。有的哈哈大笑，有的半掩芳唇，忍俊不禁。靠近我身边的两朵，一朵面朝我，张开薄薄的粉红花瓣,似有吟吟笑声入耳;另一朵则扭头掩面,仍不能遮住笑颜。我禁不住也笑了起来。先是微笑，继而哈哈大笑。(与最纯粹原始而自然的生命相比，人脑中各种想法，都是可笑的吧!)

这是我第一次在荒野中，一个人笑出声来。

还有一次，我在麦地南边的一片绿草中睡了一觉。我太喜欢这片绿草了，墨绿墨绿，和周围的枯黄野地形成鲜明对比。

我想大概是一个月前，浇灌麦地的人没看好水，或许他把水放进麦田后睡觉去了，水漫过田埂，顺这条干沟漫漶(huàn)而下。枯萎多年的荒草终于等来一次生机。那种绿，是积攒了多少年的，一如我目光中的饥渴。我虽不能像一头牛一样扑过去，猛吃一顿，但我可以在绿草中睡一觉。和我喜爱的东西一起睡，做一个梦，也是满足。

一个在枯黄田野上劳忙半世的人，终于等来草木青青的一年。一小片。草木会不会等

---

*刘亮程，一个放过牛，种过地，上过几年初中，当过10多年农村管理员，此后进乌鲁木齐市打工，现为《中国西部文学》编辑的新疆汉。著有散文集《一个人的村庄》。

3

到我出人头地的一天?

这些简单地长几片叶、伸几条枝、开几瓣小花的草木,从没长高长大、没有茂盛过的草木,每年每年,从我少有笑容的脸和无精打采的行走中,看到的是否全是不景气?

我活得太严肃,呆板的脸似乎对生存已经麻木,忘了对一朵花微笑,为一片新叶欢欣和激动。这不容易开一次的花朵,难得长出的一片叶子,在荒野中,我的微笑可能是对一个卑小生命的欢迎和鼓励。就像青青芳草让我看到一生中那些还未到来的美好前景。(我对花对叶的微笑,可能是对卑小生命的欢迎与鼓励;青青芳草也是在对我笑,是给予我鼓励。它们让我看到希望,更唤醒了我对生存的热情。)

以后我觉得,我成了荒野中的一个。真正进入一片荒野其实不容易,荒野旷敞着,这个巨大的门让你努力进入时不经意已经走出来,成为外面人。它的细部永远对你紧闭着。

走进一株草、一滴水、一只小虫的路可能更远。弄懂一株草,并不仅限于把草喂到嘴里嚼嚼,尝尝味道。挖一个坑,把自己栽进去,浇点水,直愣愣站上半天,感觉到的可能只是腿酸脚麻和腰疼,并不能断定草木长在土里也是这般情景。人没有草木那样深的根,无法知道土深处的事情。人埋在自己的事情里,埋得暗无天日。人把一件件事情干完,干好,人就渐渐出来了。(人与大自然是这样疏离! 干着一件件自己的事情,人就慢慢地脱离了大地、失去了根。)

我从草木身上得到的只是一些人的道理,并不是草木的道理。我自以为弄懂了它们,其实我弄懂了自己。我不懂它们。(终于,作者告诉大家,阅读草木,其实是要表白自己,是借草木鲜花呵护我们的心灵。)

 读后悟语

花草都会笑! 笑得前仰后合,惹得作者都笑了,惹得读者我也笑了。

有什么比笑更好呢?尤其是对一朵花。在作者眼里,花是有生命的,是等同于人的,或者说作者把自己等同于一株花草,完全的成为大自然的一部分,作了一回纯粹的、自然的人。

然而花和人毕竟不同。花有花生活,人有人的事要做。人以为自己是懂花的,而事实上却有时连自己都不懂。

对一朵花微笑,就是对自然、对生活微笑。

落 花

粟 耘*

　　寸园门外的小路旁,有一棵破布子,一夜风起,细细碎碎的小花坠了满地,全干枯了,映在水泥路面上,像缀了漫天星辰,只是色泽互异,黢黑的天空褪成纯净的灰白,明灿的星斗,蘸成浓黑的暗点,显得有种寂静的美。

　　花,人人爱其鲜活亮丽,所谓干燥花,也是一项追慕鲜花的不得不然之举,也有人爱花却不种花,因怕芳华过后,残花萎地,不忍睹之。其实,枯花自有其韵,但以全新之眼观之,实同鲜花一般,是生命运转之象,初蕾不染纤尘,枯花历遍大千,前者令人悦,后者令人思,皆足涵泳。(简练古语,韵律齐整,在行文时恰当地运用一些简明的文言句式,常常能增添文章的诗韵美感。)

　　年轻时曾居山中佛寺,寺前有一小径,一日清晨闲走,见山壁桂竹在雾中摇曳,忽显忽晦,若有所诉,先就一份欢喜,行不久,更见满地尽是点点紫色小花,随着我步履的前移,小花自雾白中渐次浮现,渐次明晰,尤为凄美,因得句:

　　满地坠花,似点点有情泪;

　　雾里风竹,疑字字无法偈。

---

　　*粟耘,本名粟照雄,生长于台北。自小爱作画,爱天然,爱随兴看书,随性作为,觉得日子简单便好,生活贴实为佳。20多年前自闹市退居山林乡野,20年如一日,不与世争,爱看书,爱作画,爱闲适,爱生命,爱无所约束,总是以文章寄情,水墨抒怀,偶尔刻石雕木,正是返璞归真的现代陶渊明。著有《品味幸福》。

可是，却怕践了落花，不敢再往前，就此折返寺中。后来，有缘居得空山多年，山中油桐林遍布，到了五月落花时节，树上绽的，空中飘的，地上铺的，水面游的，全是白色的油桐花，山山相连，脉脉皆白，有如瑞雪覆地。这样的美，这样的气势，岂止教人怜惜，更要令人赞叹造化的神奇！

看过木棉花落吗？

嚓！(以拟声词作答，形象性比直接回答更甚。实为妙笔。)

这么一声，由枝头坠下来，从此，红艳艳的，或是黄澄澄的花朵，先就折身伤肤，步步失离芳魂。

桂花是比佛寺的紫色小花、比寸园前的破布子花更细碎的。最早看见辞枝的桂花，是在北部一个半山上的石窟中。石窟供奉一尊颇大的佛像，佛案上有一小碟，碟里盛着似黄还白的桂花瓣，香味犹新，转身看着沿山而下的细长石阶以及山脚下鳞次栉比的屋舍，顿有泫然欲泣之感。

曼陀罗花形如百合，却婉约矜持，成熟妩媚皆有过之，我们居山时，随处种植，一届花季，全山濡白，素净清芬，令人慕不能止。

我们还有一片果园，李花、梅花、梨花，比曼陀罗更皎洁，也更亮丽，一旦开起花来，衬着重绿山容，如寒夜望金星，闪烁灿烂，无端逼人。最可爱的，当然是毫无节制的，整片整片开着的橘花，我们只要在园中小走，必定撞得花雨遍落，返得山斋，衣上、发上，点点花瓣，常使我们夫妻二人，喜不自胜。

最热烈的是向日葵，没想到，枯萎时，竟也最憔悴，以其花大，花瓣儿一寸一寸皱起来，金黄的色泽，一丝一丝暗晦下去，形色俱失，精神蚀尽，真是令人唏嘘！

鲜花枯花，固然都是生命之象，但真能以平常平衡之心，坦对二者，许是还得一番修为吧！我愿意学习，学习不为花影所迷。

读后悟语

这篇文章充满禅意。花是大自然的馈赠，是美的极致。懂得赏花之人，也是懂得人生的。

这篇文章赏的是落花。

落花常被看做是衰败之象。李叔同的《落花》词这样写：

忆春风之日暄，

芳菲菲以争妍。

既垂荣以发秀，

倏节易而时迁。

春残。

览落红之辞枝兮，

伤花事其阑珊。

感伤情调不言而喻。但作者从落花中却感受到喜悦！落花固然让人感到"朱华易清歇，青春不再来"，但也不妨从中体味盛衰有时的淡定和从容。

看庭前花开花落，宠辱不惊，是一种人生的境界，而怜花惜花，未尝不是佛心。

含羞草

薛尔康

含羞草，多么奇异、姣好的草呀！

它那精细如镂的小叶片是葱翠的、舒坦的，脉脉含情，索求着温煦的阳光、清新的空气。但谁用手指触碰它，哪怕只是轻轻地一点，就会羞涩地合拢，羞涩中透出一丝儿娇嗔，仿佛在责怨你为什么要搅扰它的安宁哩！随后，整个叶片竟会耷垂下去，犹如一声发自内心的沉重的叹息。不一会儿，许是以为不安的骚扰业已消逝，许是眷念于虽有不测却是美好的世界，带着莫名的惶惑又舒展开翠嫩的叶片。不料，又是手指无端地一惹，于是，它迫不及待地合拢了，这一次像是受到捉弄和侮辱，那情形不再是娇嗔，而是带着愠怒了。（"索求"、"羞涩"、"娇嗔"、"责怨"、"叹息"……饱蘸同情的笔，才能写出如此美妙的草。这儿的"同情"，是平等的感受，而非怜悯。）

含羞草，饭后茶余给人们带来多少乐趣和意兴啊！有人把它喻作初涉人世的少女，它是因纯洁和真实才如此娇羞的，那么，它也是可爱的。

我希望有一棵美妙的含羞草……

而我终于获得了它，那是春天从花市上买来的一棵幼草，我将它栽在盆里，置在阳台上。

它是那么自如娴静，叫人疼爱。早晨，它挂着亮晶晶的露珠，这露珠简直就是它明净的眼睛，欣喜地瞩望着绚烂的朝暾(tūn)；夜间，它独自沐浴在溶溶的月光里，静享着银色的安谧。而在闲暇里，当我给它以爱抚的时候，它总是一次又一次忸怩地合拢，从不会厌烦，甚至，在掩面而合的时候，还投来怯生生的笑，多么富有灵性的小生命呀！人与人之间相处久了便有感情,人与花草又何尝不是如此?("亮晶晶"、"溶溶"、"怯生生",叠词的使用表现了作者由衷的喜爱之情。)

流逝的时光化作了含羞草葱茏的绿色,我渐渐发现:含羞草不是一个袅袅弱女,是强者!它不需要人们施肥浇水,而那敷入浅盆里的一撮沙土是何等贫瘠呀!当沙土干涸得如同龟背的时候,含羞草依旧嫣然兀立。它生长得那么迅速,很快超过了形形色色的盆里栽种的花卉。这一切,不由令我惊愕。

含羞草有着多么矛盾的禀性,它的坚强与羞怯是多么不相称! 大自然的一切都不是盲目无由的,我相信:植物世界的每个公民,与人类一样,都有一番自己的经历,并从中获得了自己的个性。那么,含羞草,你能否告诉我:你的本性是什么?你的坚强和软弱是怎样糅合在一起的?(深入思考是需要契机的,正是对含羞草"坚强与羞怯"这一矛盾禀性的追问将本文的立意引向纵深。)

含羞草哟,你听懂我的诘问了吗!

夏天,风雷呼啸的日子。一阵滂沱大雨过后,我瞥见阳台上的凤仙花、月季花被适才的急雨打得萎蔫倒歪,匍匐在泥水里,含羞草也紧闭着小叶,低垂着叶柄。忽然,它的小叶片奇妙地舒展开来,叶柄也渐渐耸挺,显得沉着而又清新。

我的思绪萦绕在这一片崛起的绿色中了——

含羞草的含羞原是护身的本能吗?那么,是什么环境造就了这种本能?莫非它曾经受过苦难折磨?

叫人迷惘的含羞草啊!

不久,我的想法即被证实,那是在随意翻阅一本植物书的时候。含羞草的这种特殊本领,确是长期对外界险恶环境条件的一种适应。它原产于南美热带地区,那是一个风云莫测、雷雨频繁的地区,每当风雨来临,第一滴雨点打着叶子时,它的小叶就异常敏感地闭合,叶柄下垂,蜷缩着,从而减轻了狂风暴雨对它的伤害。

我不由对含羞草寄予深切的同情,它竟是一个历尽劫难的受难者! 它是渺小的,当大自然滥施暴虐之时,它不能像松柏那样,呐喊着抗击雷电的鞭笞,只有收缩起身子,沉默于风雨的摧残,可咒的生活造就了可悲的求生方式,坚贞不屈的松柏固然值得称颂,但我们能无情地指责含羞草的软弱吗?于它来说,这种"软弱"正显示着生命的坚韧呢! 因为它始终热爱着生活,坚信着未来,才能在屈辱中倔强地生存。假如我们不能宽宥它的"软弱",那么有一点一定可以得到人们的谅解:它没有背叛自己,背叛信仰,它活着,只是为了奉献不凋的青葱。

但,含羞草啊,为什么你要拒绝人们的亲昵,哪怕只是轻轻的触碰就要张皇失措地闭合?难道在这个世界上只有恶行,没有善意;只有伤害,没有爱抚吗? 在你的目光里,人世是那样不可信任,生活是那样冷酷无情,假、恶、丑无时不在,而真、善、美只是梦幻。不断的损害已使你变得畸形和变态了,坚强而又天真无邪的你被折磨成什么模样了呀!……

含羞草就是这样触动着我的心旌。从此,我不愿再去逗弄它,谁忍心为了自己的一时得趣,而让一个不幸的生命战栗在惶恐之中,重新沉落到不堪回顾的以往呢?(我们常常忘记了"草"也是生命;而当作者用心去"触摸"小小的叶片时,他能感到那是不幸的生命,敏感的闭合是惶恐的战栗。)

让它的过去永远在记忆中消逝吧! 给它安宁,给它愉悦,给它阳光和春风,那么,它的绿色便时时刻刻属于世界了。既然心灵的创伤是生活烙上的,那么再沉重的伤口也应由生活来治愈,我想。

于是,不仅自己,而且我不允许任何人无端捉弄我的含羞草了。

如此数年,不曾料想到,我栽培的含羞草竟不再含羞了! 不信?请随意翻弄它的叶片吧,它会柔顺地接受你的爱抚。即使在夏天,风雨忽至的时候,它也泰然地迎接急遽的雨点,仿佛已有了抗击雷电的力量。嗬,含羞草,可是那噩梦永远地消失了,生活治愈了创伤,你又无所顾忌地袒开了自己的心灵?必定是这样的! 我的心里不禁迸出一行铿锵的诗句,并在胸间来回撞击着,像撞响一面铜锣:唯有真诚的爱才能复苏被歪曲的灵魂! 唯有真诚的爱才能复苏被扭曲的灵魂! ……

(比喻,反复这种修辞的运用,诗意地揭示了文章的主题。)

我一点也不遗憾于含羞草的不再含羞,只是庆幸:它终于从惊悸不安的梦里回到现实中来了,它有了真正的生活,它对世界重新建立了信任,尽管这一切来得并不容易,甚至需要漫长的历程,然而终于来到了。

读后悟语

　　作者细腻地从含羞草的特性中捕捉到人生的哲理,表达爱与关怀的主题。

　　含羞草含羞,是应对恶劣自然环境的反应。喻于人,是脆弱生命面对屈辱的抗争。含羞草不堪人类的抚摸,是本能。喻于人,是屈辱中生命对丑恶世界的控诉。

　　含羞草不再含羞,是本能的退化。喻于人,是爱与关怀抚平了受伤生命的受伤心灵。

　　原来,爱与关怀是疗治心灵之伤的灵丹妙药。

非洲大草原上的一匹母斑马

李 丽

在"太阳风暴"正在肆虐的一个下午，在千山万水之外的非洲大草原上，在一群奔跑的斑马群中，我看到了一匹特别的斑马。("这是一匹特别的斑马。"它"特别"在哪呢?一边看，一边带着问题找答案。)

这是一匹母斑马，正值青春之花绽开的季节。在整个斑马群中，它所以引起了我的注意，是因为它是同伴中最喜欢独处的一个。独处是可怕的，对斑马来说，这种危险的生活方式最容易使自己成为草丛里狮子眼中的目标。它美丽饱满的身体吸引了一匹强壮的雄斑马的注意。雄斑马慢慢地靠近它，用头轻轻蹭着它的面颊，这亲密的动作终于激起了母斑马的柔情，它钩了钩雄斑马的脖子。

这匹年轻的母斑马很快陷入了"热恋"，"热恋"的直接结果就是——它怀孕了。这以后，寡情的雄斑马便离它而去，去追逐别的母斑马了。我不知道这匹母斑马是否悲伤。在人的社会里，一个怀孕的女人一旦被男人抛弃，那一定是痛不欲生的。可我没有发现母斑马有什么异样的举动。对于雄斑马的离去，它好像并不在意。(这匹母斑马看来和人类不一样，是这样吗?别忙着下判断，看下去……)

我很想知道这匹母斑马是怀着怎样的一种喜悦来迎接孩子的到来的。可是当它知道孩子是个死胎时，心中又是怎样的一种悲痛呢?小斑马是个死的。其实在妈妈肚子里时它已经死了。在大自然残酷的生存竞争中，一个正在孕育的小生命随时随地都可能死于非命。妈妈的肚子是最安全也是最危险的地方，小斑马不幸成为危险的牺牲品。但母斑马并不知道这些，在颠沛流离的旅途中，它还是十分艰难地把孩子生下来了。

　　小斑马僵硬地躺在草地上。对于这个世界，作为一个生命个体，它来了，但它又是以生命终结的方式来的。母斑马的悲伤是显而易见的，那是一个母亲流下的最真实的眼泪。它在小斑马周围来来回回烦躁地踱着，不时用舌头舔舔小斑马身上的乳毛。

　　斑马群在向前移动，母斑马站在那里，没有走。(母斑马没有走?母斑马"流下最真实的眼泪"和前面没有异样举动相比，斑马的变化如何发生?)

　　神秘而腐化的死亡气息从小斑马的尸体上散发到周围的空气中，一会儿，便引来了一群秃鹫的"光顾"，它们又可以饱餐一顿了。母斑马警惕地守在孩子身旁，不许秃鹫们靠近。但还是有一只秃鹫狠狠地在小斑马身上啄下一块肉，血红血红的。母斑马愤怒地奔跑起来，驱赶着这群无耻的家伙。

　　斑马群就在不远处，母斑马要是现在离去还能赶上它们，但它还是没有走。因为秃鹫们也没有走，双方僵持着。这时，草原上臭名昭著的鬣(liè)狗也闻风而来了。这样的结果让母斑马悲痛万分，它绝望地长嘶了一声。在鬣狗和秃鹫们的狼狈为奸中，悲伤的母亲眼睁睁地看着自己的孩子被吃得血肉模糊并被拖走。

　　斑马群已经远去了，母斑马再也没有机会赶上它们，在非洲这片危机四伏的大草原上，它是真的彻底地孤单了，一种非常可怕的孤单。但它依然没有走。它静静地站在那里，似乎不知该怎样办才好。过了一会儿，它慢慢地走到小斑马刚才躺过的地方，轻轻嗅着，一边嗅，一边发出低沉的、嘶哑的声音，那是它的哭声。(母斑马不会说话，它只是"守"、"奔跑"、"长嘶"、"站"和"嗅"。"愤怒"、"悲痛"、"绝望"、"悲伤"和"孤单"都是作者用心感受出来的。带有情感的描述比客观的呈现更易打动人。)

　　夕阳下的非洲大草原是那样的美丽，母斑马就沐浴在这片美丽之中，度过了它生命中最后的时光。一头饥饿的非洲雄狮在黄昏的觅食中发现了它，并且没费什么劲便咬断了它的脖子。

　　殷红的血轰然涌出，像一大朵猩红的花突然绽放在一片黑白之间。夜色弥漫开来，这是非洲大草原上的夜。夜掩盖了一切，好像魔术师手中的黑布，布下面什么都有，什么都没有。(如果将具体的事物化作生动的比喻，比如这里，文章是不是就更形象了?再借用鲜明的对比来突出形象，这样，你的感受是不是更强烈了?……这就是修辞的妙处了。)

　　这是2000年夏日的一个午后。一个无聊的人，坐在一间没有空调的房间里，观看一个名叫《动物世界》的电视节目。节目中有一片非洲大草原，草原上有一匹母斑马，还有一匹小斑马。(总听一些同学抱怨"写作文找不到好素材"、"会写但没东西可写",那么在这篇文章里你得到什么启发吗?原来电视节目内容也可以成为写作的好素材。)

读后悟语

　　非洲大草原上的一匹母斑马,在短短的一个下午经历了从少女到母亲的蜕变。这么短的时间,你期望它能有多大变化呢?更何况它是一个动物而并非人类?然而,母性是一直蕴藏在母亲的内心的,一旦它变成母亲伟大、无私、忘我的母爱就与它同在了。也许人类与动物在男女之情上是有着差异的,然而母爱是动物身上也有的天性,即使在动物身上也会永远散发伟大的光芒。作者充满感情的诉说极具感染力。特别爱独处的它,特别敏感易动情的它,特别珍视与眷恋孩子的它……是这种"特别"吸引了作者也打动了作者。

黑色圆舞曲

野鹰

每一次看见鹰都是在白天,它不是独独地蹲在那里,就是高高地翱翔在天空。

独独蹲在那里时,它总是歪着脑袋,两眼发光,就像一个陷入沉思的哲人;而在飞翔时,它又总是一开始飞得很低很低,就像一支低低吹奏的乐曲,然后才一圈一圈地盘旋着越飞越高,越飞越远,渐渐地就只剩下一个黑点,随后好像就那么融入了天空。望着它那么一点点滑入天空,我便有一种跌入无底深渊的感觉。可是在夜里,在有月光或者没有星月的夜里,它又身居何处呢?那无边无际的黑暗与那张开的翅膀连在一起时,它的飞翔是个什么样子?那黑色的夜是它的翅膀呢,还是那翅膀就是那黑色的夜?(由白天的鹰联想到夜晚的鹰,想象鹰在无边的黑暗中张翅飞翔,充满神异感。丰富联想与想象能使文章内涵丰富、血肉丰满。)

想象中的鹰来自遥远的唐古特海边,它从那久远的过去里翩翩而来,大海就在它身后渐渐退隐,渐渐远去。随之出现的就是这无比辽远而宽厚的高原。它苦苦寻找了千年万年也没能找到那曾守望已久的港湾,那高耸的礁石和山岬……一切都留在记忆中了,包括那海之尽头如血的夕阳和那夕阳的光辉里轻柔滑翔的同类——那是否就是它的恋人?思念的感觉就从那一刻起在日复一日的跋涉中与日俱增,爱就从那一刻起变成了一次没有尽头的苦旅,憎恨与愤怒也就从那一刻起变成了一支永远无法射出但却一直搭在弦上的箭。但是一切都无所谓了,绝望就在弦上随一阵震颤将它的涟漪随意吹奏成了惬意欢乐的颂歌了。

那天,它偶尔发现了那匹黑色的骏马飞越那片旷野的情景,黑骏马纵情奔腾时在大地之上敲响的那种声音使它感动不已。于是它便心血来潮,腾空而起,展开它的巨翅,在

15

那马的上空亦驰骋如斯。阳光下泛着黑色光焰的马背如梦中鱼令它心荡神摇，它便以它的翅翼在那马背上飘下一片身影如一盘坐鞍。于是在天地之间两匹黑色的精灵便勾勒出一支生命的绝唱。(如果只有鹰，天地未免孤单。在这幅想象的画面中，多了匹黑色的骏马，多了片旷野上的黑色光焰，天地间的呼应便成了绝唱。)

有一幅名叫《拿破仑在圣·海伦娜岛上》的油画，它是我所看到过的油画中最具震撼力的作品了。拿破仑双手叉腰，两腿略略分开，披头散发地站在那海岛边的悬崖上，天空压得很低，夕阳下的大海波浪翻滚，远远地，在光影交会处，一只鹰正低低地飞。那人与鹰在孤苦之中遥遥相望相伴。这情景会使你听见《命运交响曲》开始时那悲壮有力的敲门声。其实拿破仑就是那只鹰，那只鹰就是拿破仑。(由鹰联想到拿破仑，联想到《命运交响曲》，境界开阔雄浑。)

我第一次那么专注地凝望一只鹰，是在巴颜喀拉山麓的一个山坡上。夏天的阳光下，我躺在那里望着蓝天和白云。突然，一只鹰盘旋着进入我的视野。或许它一直就在那里盘旋着，只是飞得太高太远，我没有发现而已。它那么一圈一圈地用整个身子在天空里划出一个又一个黑色的圆，一个圆划完了划另一个圆时，前面的那个圆就已经看不见了。它越飞越低了，甚至我已感觉到它的翅膀带起的风声。它肯定以为我已经死了。我便暗自窃笑，便闭上眼睛，想象它会猛地扑将下来，用那利爪撕裂我的胸口，用那巨嘴啄食我的血肉。而它飞舞着划成的一个个黑色的圆好像已布满了整个天空，如天网般一点点挨近地面，一种恐惧便随之而来。我猛地睁开眼睛，而此时它却已经远去，已经盘旋着高高地飞入苍穹，几乎已经看不见了。它肯定在飞近我的胸口的一瞬间，听见了我的心跳，窥见了我的阴谋。它被一种阴谋激怒之后就径自而去了。

我捡到了一根鹰的羽毛。那羽毛根粗如指，毛长若鬃，举在手中便如一面猎猎飘展的旗帜。在离捡到那根羽毛不远的地方，有一堆鹰的羽毛和残骸，骨头上留有血迹。这是一只鹰的死亡之地。不知道它怎么会死，但我能想象那死亡的场面一定非常悲壮。它肯定是在被什么东西击伤坠地之后，又遇到了别的什么猛禽异兽，而后就是一场血肉飞溅、惊心动魄的搏斗……直到死亡它肯定都在做着振翅欲飞的努力。在死亡来临的那一刻，它肯定梦见了一对如天巨翅笼罩了整个大地，成为天地间唯一的主宰。(由羽毛和残骸想象鹰的被害。让人再次对鹰产生崇敬：即使死亡，也是悲壮。)

其实，没有人真正见过鹰之死亡。鹰之死始终是天地间的一个谜。一位苦行僧曾这样告诉我，鹰是不会死的，当它老了，飞不动了，快要死了，就会飞到天上。不几天，在它曾经翱翔过的那一片天空里又会有一只鹰在飞翔。你分不清那是原来的那只鹰呢，还是它的化身?好像冥冥之中有一个鹰的永生地，每一只行将死亡的鹰，只要一飞进那片领地，便会脱胎换骨，便会新生，便会重新展翅高飞。那也许就是生的最高境界吧!

我总觉着信佛的藏民族之所以对亡人举行天葬是受了鹰的启示。生即死，死即生。鹰的生命过程就是一句暗藏禅机的佛语，就是超脱了生死轮回的灵魂漫步。(由苦行僧联想到信佛的藏民族，由鹰的死亡联想到天葬。揭示作者对生死轮回的思考。主题得以深化。)

那年夏天，我参加过一个陌生人的葬礼。我是去膜拜那些鹰的。它们是草原牧人心中的天使。一座白塔耸立山冈，在一道道经幡的簇拥下，状若含苞欲放的白莲。塔边，几个僧侣用柏枝煨放的桑烟已袅袅飘远，用鹰笛吹奏的一支嘹亮的曲子好像穿过了层层岩石和悠悠岁月，已鸣响成唯一的声音了。古老悲怆的葬礼已经开始。循声遥望，天际里已有几只鹰款款而来。笛声便戛然而止。鹰便缓缓飘落。一个人的尸骨与灵魂便随鹰的翅膀渐渐飘远。飘远之后，鹰又在另一片天空里高旋着聆听又一次灵魂的召唤。

它总是那么独自飞翔，让大地永远在它的脚下无边无际地延伸，让天空永远在它的翅膀上无始无终地浩荡。倘若你看见几只或翔集的群鹰，那肯定是在赶赴一次生命的盛宴。小时候，每次望见几只鹰缓缓高旋时，老人们总说，那里肯定有生命得到了解脱。它们总是这样跳着黑色的舞蹈，为每一个凶残或者悲伤的故事画上一个美丽的句号。让一切就此结束又就此开始，而后又结束，而后又开始。无休无止的结束和开始便是生命的繁衍与轮回。一切的追逐与膜拜也因此而无始无终，只有因果，而没有谜底。无边无际的牵挂都随风而去又随双翅而至。

 读后悟语

"鹰的生命过程就是一句暗藏禅机的佛语，就是超脱生死轮回的灵魂漫步。"作者写鹰，是对生命的顶礼膜拜。鹰是自由、孤独、力量的象征，有着神秘色彩，代表着不可解的生命。

随鹰而来的"浮想联翩"，也是一支圆舞曲，大气激昂，让人回味。

鹤 魂

韦 娅[*]

她是来自大地的鹤。她飞翔,因为她热爱;她沉寂,因为她欢喜。她是天地间的不安的灵魂,她是大自然耀动的精灵。(句式整齐,富有韵味。开篇对"鹤"的赞美是为后文对"寻欢者"的控诉作铺垫的。她美,然而她被毁灭。)

可此刻,飞翔已成为她往日的情结。蓝天在她眼前飞快地旋转,白云在她羽毛上痛苦地翻卷。她的翅翼扑打着,发出悲痛的哀号。

胸前,刚刚穿过寻欢者射出的子弹。("寻欢者"和"悲痛的哀号"在这里同时出现,更突出了鹤之悲哀与人之丑恶。)

她多么不愿意、多么不愿意下坠。风飕飕地在她耳边低唤,白云为她拭去惊慌的汗水。可她分明在下坠,身不由己。

让她停留吧,让她寻找清静的湖泊、她故乡的芦苇丛。

辽阔的天空里,她如一片冬日的雪花,凄迷地飘落,薄雾哭了,泣出一片雨雾,阳光不忍了,躲进哀伤的云层。(雪花、雨雾、阳光烘托出悲剧的气氛。)

她开始怀念水湄之上的恋歌,思念平静如镜的往昔,哀伤伴着绝望撕扯着她的心,记

---

*韦娅,大学教师,历史学硕士。是一位有个人风格的女作家,现为香港作家联会和香港作家协会会员,香港《文学村》杂志编委。作品有散文集《韦娅的心语》、《红玫瑰情绪》和小说集《织你的名字》。

忆如秋日残败的落叶,美丽的往事纷纷凋零。

她飘落着。

前面有烧毁的林木,身后是淹没的村庄;山地里奔走着哭泣的生灵,江面上漂浮着污染的泡沫。什么时候开始,这天空不再湛蓝,这雨水不再清润,这土地越来越少,这森林愈来愈疏。辛劳的农人踩亮了每一个清晨,却走不出贫困和不幸;珍禽奇兽躲过了悠缪的天,却未能躲过野蛮的人祸。(从这一串痛心疾首的张望中,不难看出,鹤的悲哀源于人的悲哀。于是,有了下段强而有力的反诘。)

渐趋渐灭的难道仅仅是白鹤吗?

她愿最后一次轻盈地舞蹈,让善良与美丽再一次呈现人间。持枪的人,你黠慧的眼睛为何阖上,你的手心可曾战栗?山脚旁炊烟下那惊呆了的女孩子,你可否肯竖一方小小的墓碑? 她渴望停留,渴望一方有力的臂弯,将她承托。

她苦痛,她挣扎,她舞蹈,她悲吟。(白鹤最后悲凉的舞蹈,定格成一幅震撼的图画,这是对善意良知的召唤。)

多想展开她的翅膀,飞向清新的天空。前胸已染成一片灿红,浸透着一只鹤深情的牵挂;鼻翼微微地翕动,喘出她最后的气息。一滴血带着她的悲咽与哀吟,燃成一片思念的红霞。

她听见草叶们伤悼的哭声,听见空山长长的祈祷:覆盖她吧,天空! 还有大漠,还有沼泽。让一朵柔弱而美丽的灵魂安息。

苍茫大地,只遗下几片殷红,几声空怅的回音。

读后悟语

这篇文章有着震撼人心的力量。一只鹤自由飞翔在天空,一颗罪恶的子弹射进了她粉嫩的胸膛,鹤以凄美的姿势从天空坠落。作者以拟人的手法,以电影慢镜头的方式,让读者感到美的毁灭。鹤对生的留恋,对人类行为的不解,鹤的苦痛、挣扎、舞蹈和悲吟,刺痛了每颗热爱白鹤,热爱自然的善良的心。整篇文章有着强烈的悲剧效果,引人深思。

白鹇之死

白　郎

　　阅读阿尔贝特·史怀泽的新伦理著作时,有两个细节深深地打动了我,并让我意识到由于慈悲心不大,不宜夸大自己对动物的同情心,——

　　在小时候,史怀泽就感到有同情动物的必要。当时,人们的晚祷只为人类自己而祈祷,这使他迷惑不解,于是,他就用自己编的祷词暗地里为动物祈告说:"亲爱的上帝,请保护和赐福于所有生灵,使它们免遭灾祸并平安生息。"(更反衬出大人们对动物生命之漠然。)耶稣受难期的一天早晨,一个叫布雷希的小孩约史怀泽去雷帕山上打鸟,他们用橡皮筋做的弹弓瞄准在春光里鸣唱的鸟儿时,由于受到良心的极度谴责,史怀泽暗暗发誓要把小石块射向一旁。就在这一心念升起的瞬间,教堂大钟"主鸣"之前的半小时"初鸣"响了,钟声像神性的天堂之音回荡在红霞与树林之间。怀着难以名状的敬畏与恩宠之情,史怀泽扔下弹弓惊飞了鸟儿,使其免遭不幸。

　　与史怀泽的善举相反,由于缺乏什么是真正善行的教育,我在少年时代很大程度上丧失了对动物的同情心。当时,在澄明的中甸高原上生息着大量的动物,土地雄阔,云天高渺,森林浩大,湖水如映,到处可以看到良禽、瑞兽在幽雅的绿林中漫步。但是,这些与自然为伍的自由生灵并未得到善待,任意屠杀动物的举动随时都在发生,这成了一种值得称羡的事。("值得称羡"是不以为耻反以为荣,令人毛骨悚然。)那时我从未认识到伤害动物有什么不好,我常常用红毛线拴着飞龙鸟或雪雀在遍野开着紫色鸢尾花的山坡上嬉耍,直至把鸟儿折磨得死去。当喜欢打猎的父亲把狩猎到的雪鸡、血雉、黄鸭、红腹锦鸡拿回家中,我很快就会拔光美丽的飞禽那装饰性极强的光洁羽毛,希望品尝佳肴的冲动是如此迫切，以至于在清贫的生活中压倒了其他的心灵要求。("常常"、"很快"可以看到，贫瘠难以萌生大爱。)有一次，一个同学的父亲从高山林场带了一只刚刚出生的香獐回来，这只可怜的幼獐在我们的摆弄下，仅仅过了两天就在悲切的呼号中死去。类似伤害动物的事件是普遍的，杰里米·边沁曾经强调说："对动物行善主要是对人类行善的练习。"但做这样练习的人当时并不是很多。(一针见血，点明爱护动物的意义。)

在早年生活的那些有关动物的黑色事件中，有一件事曾真实地触动了我。

那是八十年代初期，美妙的清秋，我刚刚进入到初中三年级。一天中午，几个学生在学校附近的水潭畔发现了一只正在饮水的白鹇，在他们的疯狂追逐下，不善游水的白鹇被迫跌进了水里，消息传开后，立即就有几百个学生雀跃跑去，把方圆数亩的水潭围了起来，闻讯的校长和一些老师也赶了来。孤立无助的白鹇横波哀鸣，("一只"与"几百个"、"哀鸣"与"雀跃"形成鲜明对比。)银白色斗篷状的身体飘在水潭中央，明静的秋水倒映出腹部的一片灰蓝，它惊恐不安地左右顾盼，尾部的白色长羽瑟瑟发抖，朱红色的头和浅红色的脚不时紧张地含在水影中。所有围观的人都在谈论着如何捕住这只白鹇，有人提议下水去捉，有人提议用石头打，还有人提议用枪打。稍后，校长比划手势吩咐一个学生去叫管理食堂的事务长，让他把家里的小口径步枪拿来。过了一会儿，长得像长颈鹿的事务长便兴冲冲地拿着枪跑了。所有的人都欢呼起来，我更是高兴地鼓起了掌。校长和事务长开始轮番向鹇射击，每打出一枪，人群便发出一阵"没有打中"的尖叫声，一连打了很多枪，终于，白鹇被击中了，它绝望地哀鸣着，一身白色的羽毛竖立着翻扑了几下，然后倒在水光中。见白鹇被打死了，许多人都高兴得跳起来。接着，上课铃响了，人群迅速散去。这天下午，不知道为什么，我在课堂心不在焉，脑海里全是白鹇临死前哀鸣的身影，心里总有些异样的感觉。放学后，我忍不住又到水潭边去看。只见死去的白鹇颓然摊开双翼仍然漂在水潭中央，就像澄澈巨冰上的一小堆白雪。两个老师正举着长长的竹竿为触不到白鹇的尸首而烦恼。望着空寂秋水里的凄艳白鹇，我顾影生寒，竟生出些从前从未有过的悲哀来。

许多年过去了。如今回过头来再看这起师生集体围剿白鹇的事件，在惊讶于居然没有一个人站出来怜悯白鹇的同时，我更清楚地看到事情背后隐藏的一些东西。我认为我们在秉承传统的时候出了问题，一切生命和一切自然都属于一个"同体大悲"的合一整体——这一古老深远的核心传统已在当代成为了文明的碎片。(善行被弃，人们还有什么不能抛弃?可悲呀!)当史怀泽为之毕生奋斗的动物保护运动在欧洲哲学那里得不到支持，转而从东方的传统中寻找支持时，许多重要的传统内核却被我们自己舍弃了。如在古代，人们学习重要的典籍《太上感应篇》，里面有212条告诫世人必须善待一切动物的格言，并将热衷于狩猎的举动谴责为下贱的行为。但在我的少年时代，捕杀动物却成了值得津津乐道的喜乐行为。

中甸绝不是一个一直以来就崇尚杀生的地方。作为藏族人的聚居地之一，喇嘛教的护生精神贯穿了日常生活背后的文化深境，当地藏民自古以来就有不捕杀鹤、雁、鹰、雕、乌鸦、鱼、家狗、家猫的禁忌。八十年代时，在中甸最大的喇嘛寺噶丹松赞林寺，随时都能在雕绘着幽秘彩绘的大殿前看到放生的鸡。而在县城10多公里外的大宝寺，周围的茂林中更是随处可看到放生的羊群和鸡群(大宝寺的始建者为明代纳西族大土司木增的小儿子，其法名为弥旁丹白尼玛)。然而，这些善待动物的标志性现象，一方面其实质正在萎缩，另一方面其实质也在席卷整个中国的科学技术主义的巨大冲击下逐渐遭到消解。

在少年时代，在对待动物上，我有过不少恶行。怀着悔意，我希望有一天，人人能像我们的祖先所做过的那样，认识到善待动物与善待人类自己是同等重要的伦理要求。(但愿不仅仅只是希望。)

 读后悟语

看文章的时候，脑海中总是浮现出人们养在笼子里的那些诸如八哥、鹦鹉等鸟儿，甚至想起那些让人们驯化来送信的、比赛的、为庆典时放飞的、魔术师手中忽然变出来的鸽子，心中一片惶惑。也许，是因为这个平白无奇的题目让我直接想到了它们共同的无法主宰自己命运的悲惨吧。喜欢小动物的人不见得是为了付出爱，而是为了获得，而掠杀小动物，不是也出自同样的目的?

文章以阅读史怀泽的新伦理著作入题，先介绍了史怀泽少年时代的善举，从而引出对自己少年时代做出一系列伤害小动物折磨小动物至死举动的回忆。这同情心有无的对比，不仅道出了一个真理:虽然"对动物的行善主要是对人类行善的练习"，可那却是艰难的练习，让人容易忽略的练习;同时也自然引出了白鹇之死的必然与凄绝。

一只美丽的白鹇,只是因为喝水不幸被几个学生发现,于是被迫掉进水里,然后,成为几百名学生和校长、老师瞄准射击的靶子,成为众人欢呼的盛举,甚至还一定会成为大家餐桌上一次意外加餐的美食,成为众人茶余饭后津津乐道的喜乐谈资……

人类究竟是怎么啦?最后,作者通过对这护生精神贯穿日常生活的中甸土地上发生的这些残忍恶行进行深入思考,在拷问自己,也拷问每一个人。其实,动物的要求如此简单,无需人类的喜欢,只要人类不加以迫害,它们就活得更好,更自由。

希望很快有那一天,人们能认识到,善待动物与善待人类自己是同等重要的伦理要求。

小鹌鹑

[俄]伊·屠格涅夫

我现在给你们讲个故事,这是我亲身经历的,那时我10岁。

那是个夏天。当时我跟父亲住在南俄罗斯一个田庄里。田庄周围好几里都是草原。附近没有树林子也没有河。只有一些不深的冲沟长满灌木,像绿色的长蛇一样在各处切断平坦的草原。在这些冲沟底下潺潺流着溪水。在有些地方,就在陡坡下面,可以看见一些清泉,泉水像眼泪一般清莹。一些脚踩出来的小径通到清泉这里。在水边湿漉漉的泥地上杂乱地印满了小鸟和小动物的脚印。它们和人一样,也需要清水。

我父亲是个打猎迷。只要家务不忙,天气又好,他就拿起猎枪,背上猎袋,唤来他那只叫宝贝儿的老猎犬,出发打沙鸡和鹌鹑去。他看不起兔子,把他们留给那些带着快犬的猎人去打。我们这里不大有别的鸟。只有秋天才飞来一些山鹬。可是鹌鹑和沙鸡很多,特别是沙鸡,冲沟边上常有一些干土围成的圈圈,这就是它们掘的。老宝贝儿马上踞地作势,尾巴抖动,皱起额上的皮肤。我父亲也脸色发白,小心翼翼地扳起扳机。我父亲常常把我带去……我可高兴极了! 我把裤腿塞进皮靴筒,肩膀上挂个水壶,自以为是个猎人了! 我走得汗如雨下,小石子钻进我的皮靴,可是我不觉得累,也没有落在父亲后面。每次枪声一响,鸟一掉下来,我总是站在那里跳个不停,甚至大叫——我太高兴了! (以现在的"乐"衬托后文的"悲"。)受伤的鸟有时在草上,有时在宝贝儿的牙缝里挣扎,拍翅膀,流着血,可我总是兴高采烈,一点不觉得有什么怜悯心。我要是能亲手开枪打死沙鸡和鹌鹑,我还有什么会不答应呢! 可是父亲对我说,不到12岁就不给我枪,到时候给我的也只是单筒枪,而且只许打云雀。这种云雀在我们那里可多了。在大晴天里,它们常常几十只几十只地在明朗的天空中盘旋,越飞越高,发出银铃般的声音。我望着我这些未来的猎物,用背在肩膀上代替枪的木棍对它们瞄准。当它们离地2米来高,在突然落到草堆里去之前浑身颤动的时候,打中它们是很容易的。有时候在田野上,在割过庄稼的地里,或者在绿茵里远远出现些野雁。我想,只要打死一只这种大家伙,以后不活也值得了!(这种孩子气的话恰是当时孩童心理的真实映照。写作本是一种我手写我心的自然之举。)我把它们指点给父亲看,可父亲每次都对我说,野雁这种鸟极其小心谨慎,不让人接近它们。有一回他试着想偷偷走近一只孤零零的野雁,以为它中了枪,离群了。他吩咐宝贝儿跟着他走,让我留在原来地方。他在枪上装上特大沙弹,再一次回头看看宝贝儿,甚至警告它,低声命令它说:"退后!退后!"他低低弯着腰,不是直接向着野雁走,却是绕着走。宝贝儿虽然没有压低身子,可是走得也很奇怪:撇开了腿,夹紧尾巴,咬住一片嘴唇。我忍不住,几乎要爬着去追父亲和宝贝儿了。可是还没到离野雁三百步的地方,野雁先是跑,然后拍拍翅膀,飞起来了。父亲开了一枪,可是只能望着它飞走……宝贝儿蹿上前去,也望着。我也望着……我多生气呀!它只要再停一会儿就好了!特大沙弹一准打中它!

有一回,正好是彼得节(俄历6月29日)前夕,我跟父亲去打猎。那时沙鸡还小,父亲不想打它们,就到黑麦地旁边的小橡树丛那里,这种地方常常有鹌鹑。那里草不好割,因此草好久没动过了。花很多,有箭箬豌豆、三叶草、挂钟草、毋忘侬花、石竹。我同妹妹或者女仆到那里去的时候,总是采上一大把。可是我跟父亲去就不采花,因为我觉得这样做有失猎人的身份。

忽然之间,宝贝儿踞地作势。我父亲叫了一声:"抓住它!"就在宝贝儿的鼻子下面,一只鹌鹑跳起来,飞走了。可是它飞得很奇怪:翻着跟头,转来转去,又落到地上,好像是受了伤,或者翅膀坏了。宝贝儿拼命去追它……如果小鸟好好地飞,它是不会这么追的。父亲甚至没法开枪,他怕散弹会把狗打伤。我猛一看:宝贝儿猛地扑上去——一口咬住了!它抓住了鹌鹑,叼回来交给父亲。父亲接过鹌鹑,把它肚子朝天放在掌心上。我跳了起来。

"怎么啦,"我说,"它本来受伤了吗?"

"没有,"父亲回答我说,"它本来没受伤。准是这儿附近有它的一窠小鹌鹑,它有意装作受了伤,让狗以为捉它很容易。"

"它为什么这样做呢?"我问。

"为了引狗离开它那小鹌鹑。引开以后它就飞走了。可这一回它没想到,装得过了头,于是给宝贝儿逮住了。"（这是让我首次感动的地方。）

"那它原来不是受了伤的？"我再问一次。（"再问一次"表明了我的惊讶，难以置信，这是情感变化的转折点。）

"不是……可这回它活不了啦……宝贝儿准是用牙咬了它。"

我靠近鹌鹑。它在父亲的掌心上一动不动，耷拉着小脑袋，用一只褐色小眼睛从旁边看着我。我忽然极其可怜它，我觉得它在看着我并且想："为什么我应该死呢？为什么？我是尽我的责任，我尽力使我那些孩子得救，把狗引开，结果我完了！我真可怜啊！真可怜！这是不公平的！不公平！"（进一步为之感动。）

"爸爸！"我说，"也许它不会死……"我想摸摸小鹌鹑的小脑袋。可是父亲对我说：

"不行了！你瞧：它这就把腿伸直，全身哆嗦，闭上眼睛了。"

果然如此。它眼睛一闭，我就大哭起来。

"你哭什么？"父亲笑着问。

"我可怜它，"我说，"它尽了它的责任，可是我们把它打死了！这是不公平的！"

"它想要滑头，"父亲回答说，"只是耍不过宝贝儿。"

"宝贝儿真坏！"我心里想……这回我觉得父亲也不好。（为爱而"恨"。）"这是什么耍滑头？这是对孩子的爱，可不是耍滑头！如果它不得不假装受伤来救孩子，宝贝儿就不该捉它！"父亲已经想把鹌鹑塞进猎袋，可我问他要过来，小心地放在两个手掌中间，向它吹气……它不会醒过来吗？可是它不动。

"没用的，孩子，"父亲说，"你弄不活它。瞧，摇摇它，头都直晃荡了。"

我轻轻地把它的嘴抬起来，可一放手，头又耷拉下来了。

"你还在可怜它？"父亲问我。

"现在谁喂它的孩子呢？"我反问。

父亲定睛看着我。

"别担心，"他说，"有雄鹌鹑，它们的爸爸，它会喂它们的。等一等，"他加上一句，"宝贝儿怎么又踞地作势了……这不是鹌鹑窠吗？是鹌鹑窠！"

真的……离宝贝儿的嘴两步远，在草上紧紧并排躺着四只小鹌鹑。它们你挤我挤你，伸长了脖子，全都很急促地喘着气……像是哆嗦着！它们羽毛已经丰满了，绒毛没有了，只是尾巴还很短。（第三次令人感动的画面。）

"爸爸,爸爸!"我拼命地叫,"把宝贝儿给叫回来!它要把它们也咬死的!"

父亲叫住了宝贝儿,走到一边,坐在小树丛底下吃早饭。可我留在窠旁边,早饭不想吃。我掏出一块干净手帕,把雌鹌鹑放在上面……"没妈的孩子,看看吧,这是你们的妈!它为了你们,把自己的命搭上了!"几只小鹌鹑照旧抖动全身,很急地喘气。接着我走到父亲身旁。

"这只鹌鹑,你能送给我吗?"我问他。

"好吧。可你想拿它干什么呢?"

"我想把它给埋了!"

"埋了?!"

"对。埋在它的窠旁边。把你的小刀给我,我要用它挖个小坟。"

父亲很惊讶。

"让那些小鹌鹑到它的坟上去吗?"他问。

"不,"我回答说,"可我……想这样。它将在自己的窠旁边安眠!"(*"母爱"打动了我。*)

父亲一句话也没说。他掏出小刀给了我。我马上挖了个小坑,亲亲小鹌鹑的胸口,把它放到小坑里,撒上了土。接着我又用那把小刀截下两根树枝,削掉树皮,十字交叉,用一根草扎住,插在坟上。我和父亲很快就走远了,可我一直回头望……十字架白晃晃的,很远还能看见。

夜里我做了个梦,梦见我在天上。这是什么?在一小朵云彩上坐着我那只小鹌鹑,只是它全身也是白晃晃的,像那个十字架!它头上有个小金冠,像是奖赏它为自己的孩子殉了难!(*这是赞美"母鹌鹑"的伟大。*)

过了5天,我和父亲又来到原来地方。我根据发了黄但没有倒下的十字架找到了小坟。可是窠空了,几只小鹌鹑不见了。我父亲要我相信,是老头子,小鹌鹑的父亲,把它们带走了。等到几步远的矮树丛下面飞出只老鹌鹑时,父亲没有开枪打它……我想:"不对!爸爸是好的!"

可是奇怪,从那天起,我对打猎的兴头没有了,我已经不去想父亲将要送我枪的那一天!虽然我大起来也开始打猎,可我始终成不了一个真正的猎人。后来又有一件事情使我抛弃了这玩意儿。(*和开头形成鲜明的对比写出了我心理的变化。*)

有一回，我同一个朋友去打乌鸡。我们找到了一窠乌鸡。雌乌鸡飞出来，我们开枪打中了它，可是它没倒下，带着小乌鸡一起继续飞。我正想去追它们，我的朋友对我说：

"还是在这儿坐会儿，把它们叫过来……它们马上就要回来的。"

我的朋友吹口哨学乌鸡叫吹得极好。我们坐了一会儿，他开始吹口哨。真的，先是一只小的应和，接着又是一只，这时我们听到雌乌鸡的咕咕叫声，叫声又温柔，离得又近。我抬头一看：它正穿过乱草向我们过来，来得很急很急，整个胸部都是血！这就是说，慈母的心再也忍受不住了！这时我觉得自己是多么的坏！……我站起身子，拍起手来。雌乌鸡马上飞走了，小乌鸡也不知所向了。我的朋友很生气，他以为我疯了……"你呀，把这场打猎全给毁了！"

可从那天起，我对于打死什么和使什么流血感到越来越难受。(爱是相通的，是可以"传染"的！这是对生命的尊重！)

 读后悟语

人生是快乐的！

我快乐，是因为我有梦想。我的梦想是成为一名出色的猎手！

"我父亲常常把我带去……我可高兴极了！"

"我不觉得累，也没有落在父亲后面。每次枪声一响，鸟一掉下来，我总是站在那里跳个不停，甚至大叫——我太高兴了！"

这是极写快乐！

但人生又是痛苦的！

我痛苦，因为我的梦想，因为和父亲打猎时看到的那一幕。

"我靠近鹌鹑，它在父亲的掌心上一动不动，耷拉着小脑袋，用一只褐色小眼睛从旁边看着我，我忽然极其可怜它！"

"真的……离宝贝儿的嘴两步远，在草上紧紧并排躺着四只小鹌鹑。它们你挤我我挤你，伸长了脖子，全都很急促地喘着气……"

这是描写痛苦!正因为有了痛苦,文章便起了波澜,变得耐人寻味了!

终于,一个10岁的小男孩在快乐与痛苦的交替中学会了选择,选择了放弃,也选择了尊重!

原来,生活中不仅要尊重自己的梦想,更要尊重别人的生命!

诗人王国维说过:"以乐景写哀情,其哀倍增。"本文开头快乐的打猎场面原来是为后文的痛苦场面服务的!

再见了，可鲁(节选)

佚 名

1986年6月25日清晨，在东京杉并区的水户莲太太家的一个房间里，6岁的拉布拉多猎犬生下了5只小狗。狗妈妈的名字叫"月馆"。

刚刚出生的小狗，每只身上都沾满了湿乎乎的羊水。水户太太用自己的双手迎接来了每个小生命……水户太太看见一只小狗的左腹部有一块儿黑色的印记。那个印记有点儿像海鸥飞翔时张开的羽毛，于是马上给这只小狗起名为"乔那"。这是因为曾有一部畅销小说叫《海鸥乔那》。它就是后来的可鲁。

水户太太就睡在客厅里，与这些小狗们同枕同眠。(关爱来自平等，生命的平等。)每天早上一到5点，她就会被肚子饿了的小狗们吵醒。吃完早饭后，小狗们就开始在房间里追来追去、打打闹闹了。到了下午，这5只小狗各自找到自己喜欢的地方，蒙头开始睡觉。2个小时后，就像上了闹钟一样，它们又醒来你追我、我咬你了。

乔那与水户太太的离别，是在它出生后的第43天。

看见笼子里似乎有一个小小的身影在动，好像是乔那在将身体转过来朝向自己。已经绝对不可能再听到的乔那"汪汪"的叫声，却仿佛真的又传到了水户太太的耳边。

1986年夏天，乔那经历了第一次离别。(第一次离别。)

住在京都的仁井勇、仁井三都子夫妇开始公益性的领养活动是1986年的事情。

去伊丹机场接乔那的导盲犬训练员多和田先生的车到了仁井夫妇的家。盼望了很久的两个人，一听到玄关的铃声，就一路小跑迎了出来。

要培养成导盲犬的小狗在"养父母"家一般要生活到一岁左右。对于乔那的计划是自寄养在仁井家那天起,大约8个月后,就要送回位于京都龟冈市的关西导盲犬综合训练中心。乔那的名字也从送到京都那天起改为"可鲁"。仁井勇先生和三都子太太带可鲁最后一次散步的时间比平日都要长。他们比平日走得更远,也走得更慢。结束了最后一次散步,可鲁坐进了多和田先生的车。到了该出发的时间了。可鲁好像很奇怪仁井夫妇为什么不一块儿上车,于是带着一副诧异的表情开始撒起娇来。然后又显得有点儿不安地歪起脑袋,凝视着他们俩。(第二次离别可鲁与养父母之情深,比幼时更甚。诧异、撒娇、歪脑袋的神情动作是可鲁依恋不舍的表征。)

可鲁每天接受着按部就班的严格训练……

渡边先生学会操控戴在可鲁身上的导盲鞍后,便开始试着去一些其他人绝对不会单独前往的地方了。他很开心地对多和田先生说:"我今天和可鲁去好远的地方哦!"

"都是它的功劳啊……"渡边先生总是一边抚摸着可鲁,一边自言自语。渡边先生和可鲁这对最好的搭档,有时还会一起去爬山。总之,不管去哪儿,不管做什么,他们总是形影不离。

"我从来没有想到导盲犬会是这么棒的一个伙伴。"这句话是渡边先生真正发自内心的一种感慨。("和"、"它的功劳"、"这么棒的一个伙伴",完全把可鲁看成值得信赖的好朋友,生活的好伙伴。)

可鲁与渡边夫妻俩在一起生活转眼就过去了2年。谁都没有预料到这般安稳、平静的日子也会有结束的一天。在渡边先生参加了一次导盲犬使用者俱乐部举办的登山活动、高高兴兴返回的当天,突然说感觉有点儿不舒服,一副恶心、想吐的样子。经过检查,发现渡边先生患上了非常严重的肾衰竭。

因为渡边先生住进了医院,可鲁只好再度回到导盲犬训练中心。为了等渡边先生一出院就可以以导盲犬的身份继续开始工作,可鲁只好一直在训练中心里待命。这种等待一等便是3年。

然而,渡边先生的身体状况依然没有恢复的迹象,反而越来越差。有一天,渡边先生仿佛想起了什么似的,对渡边太太要求说:"我想去训练中心。"

被带出狗笼的可鲁,一看见渡边先生的身影,便慢慢地走近他。(重逢的喜悦中有等待的日子里那满满的思念在荡漾。)可能因为以往对导盲犬的训练,不允许它有一下子扑到渡边先生身上的冲动,也许它知道渡边先生的身体状况,可鲁只是十分平静地在渡边先生身边一边踱着步，一边不断摇着尾巴。

"小可，我们再一起去散散步吧。"渡边先生凝视着可鲁的眼睛，说完，帮它戴上导盲鞍。可鲁紧紧地贴在渡边先生的身边，做好了准备引领的姿势，依然像以前一样。渡边先生不在身边的这3年，它一直一心一意地等待着这一刻的来临。（"平静地踱步"、"不断摇着尾巴"、"紧紧地贴"令人感动的细节无一不表现出可鲁的善解人意。）

他们慢慢跨出第一步。两个久违的身影慢慢向远处延伸。但这长达3年的对于再次搭档的盼望，只走了短短的30米就结束了。"好了，这样就够了！"渡边先生满足地说着，然后亲手摘掉了可鲁身上的导盲鞍。这一情景发生在渡边先生去世前的一个星期。

自从渡边先生病倒之后，可鲁便只好一直生活在训练中心里。它在7岁、也就是相当于人类正值壮年的44岁之时，失去了它的好搭档渡边先生。（第三次离别，却是生离死别。）

……

1997年5月21日，它回到了久违了10年的家。可鲁马上就11岁了，如果是人的话，就已经60岁了。可鲁安稳的老年生活就这样开始了。

原本以为可鲁安稳的老年生活才刚刚开始，却不料当它回到仁井夫妇家仅一个月，身体就已经衰弱到根本无法再从事示范犬的表演工作了。它的身体状况越来越差，最后连跳上训练中心专车的力气都没有了。大家都很清楚，可鲁已经无法再继续工作下去了。仁井夫妇沿着可鲁喜欢走的路、想去的地方，任由它牵引着向前走去。对仁井夫妇及两条狗而言，这是一段他们4个都梦寐以求的安逸时光。（相亲相爱的和谐美好！）

可鲁开始出现异样，是在这一年的4月。它出门散步的次数越来越少，食欲也开始明显变差了。原本以为它只是有些疲劳，但为了慎重起见，还是安排它去医院做了检查。他们从医生的口中得知了一个很不幸的事实："可鲁有非常严重的贫血症，而且，很有可能是得了白血病。"

1998年7月20日。这一天，可鲁的呼吸从一大早就开始变得急促起来。也许是肺部受到压迫感到呼吸困难，它频频示意想要翻身。本来一个小时翻一次身的，后缩短为半个小时就要翻一次身了，到最后它连发出示意的力气都没有了。仁井先生不停地抚摸着可鲁的头，仁井太太一下又一下摩挲着可鲁的背部，范德西则在一旁坐立不安地踱着步，时而看一眼可鲁的脸。"小可，谢谢你，你不需要再那么努力了。"仁井太太用非常平静的口吻对可鲁说。

"可以了，你就慢慢休息吧。"可鲁看了看仁井太太，然后又看了看仁井先生。

"到了天国以后，要清楚地报出自己的名字'仁井可鲁'噢！"仁井先生刚说完这句话，可鲁的瞳孔突然开始放大，然后后腿一伸，便停止了呼吸。下午4点16分，仁井太太轻轻地合上了可鲁的双眼。(完全是如对待亲人一般的这份感情，媲美世上一切真爱真情。)

享年12岁零25天。可鲁露出像它小时候那副"你在干什么"的安稳表情，望着仁井夫妇的脸，静静地离开了这个世界。

 读后悟语

读着可鲁的出生、长大、逝去，许多平淡又可贵的日子，人与人、人与狗之间的感情……对生命的尊重和珍惜，从纸背隐隐传来，像炉火般令人亲切、温暖。

米兰·昆德拉说："狗是我们与天堂的联结。它们不懂何为邪恶、嫉妒、不满。在美丽的黄昏，和狗儿并肩坐在河边，有如重回伊甸园。即使什么事也不做也不觉得无聊——只有幸福平和。"真的，文中，狗与人之间，就是这样的单纯、信任、爱与关怀。

可鲁是幸福的，在它12年与人相伴的旅程，它得到了水户太太、"养父母"仁井夫妇以及渡边先生的关爱和呵护。虽然，它曾3次在最幸福的时候遭遇离别，尤其是与渡边先生朝夕相处2年，为渡边带来无尽的欢乐；渡边生病后，又经过3年的等待，终于可以再一次与渡边一起散步，不料竟成了永诀。终于，老弱的可鲁回到养父母的家，在无比熟悉的地方安静地走完这一生最后的一段。可是真诚温厚的可鲁，怎么可以承受生命中如此多的离合？它的心里该装着怎样的喜悦与哀伤？

其文动人不在文字的华丽，而在完整的真诚。就让感动与温暖在空气中弥散吧！

泰戈尔散文诗(三则)

[印度]泰戈尔*

榕 树

喂,你站在池边的蓬头的榕树,你可会忘记了那小小的孩子,就像那在你的枝上筑巢又离开了你的鸟儿似的孩子?

你不记得是他怎样坐窗内,诧异地望着你深入地下的纠缠的树根吗?

妇人们常到池边,汲了满罐的水去,你的大黑影便在水面上摇动,好像睡着的人挣扎着要醒来似的。

日光在微波上跳舞,好像不停不息的小梭在织着金色的花毡。

两只鸭子挨着芦苇,在芦苇影子上游来游去,孩子静静地坐在那里想着。

(日常平凡、琐屑的生活在泰戈尔的笔下变得如此生动而美好。)

他想做风,吹过你的萧萧的枝杈;想做你的影子,在水面上,随了日光而俱长;想做一只鸟儿,栖息在你的最高枝上;还想做那两只鸭,在芦苇与阴影中间游来游去。

---

*泰戈尔,著名印度文学家,生于加尔各答,从小就钟情自然,多有游历,少年大成,1913年,"由于他至为敏锐、清新优美的诗,这诗出之以高超的技巧,并用他自己的英文表达出来,使东方的思想由此为西方所接受"。获得诺贝尔文学奖,被称为"诗圣"。

第一次的茉莉

啊,这些茉莉花,这些白的茉莉花!

我仿佛记得我第一次双手满捧着这些茉莉花,这些白的茉莉花的时候。

我喜爱那日光,那天空,那绿色的大地;

我听见那河水淙淙的流声,在黑漆的午夜里传过来;

(以上文字起笔就动用了视觉、触觉、听觉,令人仿佛置身孟加拉空旷的原野。)

秋天的夕阳,在荒原上大路转角处迎我,如新妇揭起她的面纱迎接她的爱人。

但我想起孩提时第一次捧在手里的白茉莉,心里充满着甜蜜的回忆。

我生平有过许多快活的日子,在节日宴会的晚上,我曾跟着说笑话的人大笑。

在灰暗的雨天的早晨,我吟哦过许多飘逸的诗篇。

我颈上戴过爱人手织的醉花的花圈,作为晚装。

但我想起孩提时第一次捧在手里的白茉莉,心里充满着甜蜜的回忆。

(以上文字在低吟浅唱之间,表达了最难忘的依旧是挥不去的童年,淡淡的乡愁令人回味。)

黄 鹂

我疑惑这只黄鹂出了什么事,否则它为何离群索居。第一次看到它,是在花园的木棉树底下,它的腿好像有点瘸。

之后每天早晨都看见它孤零零的,在树篱上逮虫;时而进入我的门廊,摇摇晃晃地踱步,一点儿也不怕我。

它何以落到这般境地?莫非鸟类的社会法则逼迫它四处流浪?莫非鸟族的不公正的仲裁使它产生了怨恨?

(细致入微的观察是一种能力, 能从人们司空见惯的小事中发掘出生活的美妙与非凡,这需要一颗慧心,更需要一颗童心。)

不远处,窃窃低语的几只黄鹂在草叶上跳跃,在希里斯树枝间飞来飞去,对那只黄鹂却是视而不见。

我猜想，它生活中的某个环节，兴许有了故障。披着朝晖，它独个儿觅食，神情是悠然的。整个上午，它在狂风刮落的树叶上蹦跳，似乎对谁都没有抱怨的情绪，举止中也没有归隐的清高，眼睛也不冒火。

傍晚，我再也没看见它的踪影。当无伴的黄昏孤星透过树隙，惊扰睡眠地俯视大地，蟋蟀在黝黑的草丛里聒噪，竹叶在风中低声微语，它也许已栖息在树上的巢里了。

 读后悟语

每个人在成长的过程中都应该读一些泰戈尔，他笔下的日光、天空、大地，他如儿童般的稚气幻想，如恋人般的真情歌唱……他诗中的美妙意境会使每个人都不由怀想起人生最初的美好时光。

其中最令人喜爱的，当属《飞鸟集》，这三百余首清丽的小诗基本上以小草、河流、飞鸟、山水、落叶为对象，但是，这些我们平日司空见惯、平白无奇的事物，在泰戈尔的笔下却变得如此的清新、亮丽。在泰戈尔笔下，小溪会唱着雄壮的歌，加快流入大海的脚步，夕阳会如新娘般揭起她的面纱迎接她的爱人，白云在天空热烈地交谈，是因为昨晚有一个令人难忘的狂欢夜……泰戈尔的散文，语言朴实，韵味却很深厚，他善于用轻松的语句道出耐人寻味的深沉哲理，生动、形象的修辞，使我们平时熟悉的意象变得亲切而富有美感，合理的联想和想象使语言、形象都无一例外地活泼而和谐，读泰戈尔，会使你的心灵纯净，会让你找到一片精神家园。

小 品(两则)

班 马

飞去的硬壳甲虫

我在暗中睁着眼睛——听。(开篇用一句看似矛盾的话,"我在暗中睁着眼睛——听",细细想来,哑然失笑,生活中的确是这么回事啊!)

听一只硬壳的甲虫,这只着急的甲虫,在黑屋子里到处乱撞。当,这是一头撞在东墙的秤盘上。笃,这是一头撞在西墙的竹匾上。撞到铜盆上,叮的一声。撞到蓑衣上,又沙的一声……(作者把听觉描写得多美多细致啊——当、笃、叮、沙……几个有差别的词谱成了一支小曲,作曲者是那只着急的甲虫。)

突然,就没声音了。

我赤着脚,点上灯,来找它——发现它掉到水缸里啦!

我把这倒霉的音乐家送到窗口,让它在我的手掌上滴水,晒晒月光。它呆头呆脑,呆头呆脑地愣了一会儿,试着掀开背上墨黑发亮的硬盖,露出里面收叠得好好的翅膀,几副淡红色的嫩翅膀。

它一刹那间就飞起来了!

那几副淡红色的透明翅膀竖起的时候,一刹那间像朵花。像朵淡红色的花,借着月光,我看到:它拉着胡琴飞走了……

我可以睡觉了。

(月光下，像朵淡红色花的甲虫拉着胡琴飞走了——多美的意境，有声有色。这是一次短暂而美好的相遇。)

河湾里忽然寂静下来

我把竹篙一戳，一撑，小船就塞塞宰宰撞开前头的芦苇。

果然，河湾里寂静无声。

我故意不看它们。让小船在河心滴溜溜地转，一下把衣服脱个精光。

我不看也知道——

天牛正收叠起一张张复杂的翅膀，

纺织娘娘正转动两根长须伏着探听虚实，

青蛙中断了吹牛，

知了正不安地挪动地方，

鲶鱼停止了吐泡的游戏……

(敏锐的洞察力和奇妙的联想结合。天籁之音，令人迷醉。)

太静了！望着河湾，我拍了好一阵屁股。(这一拍，响了河湾，活了文章。)

突然，我从倾斜的船帮上漂亮地栽到河里，带着许多嘶嘶作响的水泡沉下去从小船的另一边冒出了头。我仰天浸在凉快透顶的河水中，得意地从牙缝里朝太阳滋水。一只红蜻蜓来了，它跟着我，老想停在我的鼻尖上。又一条小鱼竟钻到我光溜溜的大腿中部，逗得我大叫大笑起来！嗷，嗷，嗷，嗷，嗷，嗷，我乱叫乱笑，两手把河面打得水花四溅……

(哈，顽皮的孩子、顽皮的蜻蜓，和顽皮的垒儿，这是自然欢乐的聚会，除了我有声地乱叫乱笑，还有各种无声的闹。)

猛地——

听，知了一唱又一唱地叫了，河湾四周千百只知了全叫了。纺织娘娘叫了。青蛙叫了。水鸟叫了，河湾上，能叫的全叫了！

我在软软的河底站住脚，抹了一把脸。

于是，我撮起嘴唇也婉转地叫了起来，招呼我那些老朋友。

 **读后悟语**

　　有一种人,一生都在用纯真的心灵和充满童趣的眼睛捕捉生活。他们喜欢在观察中生活,善于挖掘和表现日常生活的美,他们往往从平凡的生活细节中寻找诗意美,从朴素纯真中发现善良和美丽。

　　班马的小品内容都是日常生活:半夜冒冒失失闯进屋里的甲壳虫,河湾里一刻不知疲倦的知了、青蛙……但他通过对生活细节的认真观察,能充分调动身体各部分器官,将视觉、听觉、触觉、嗅觉通过心的互换,巧妙地结合在一起,通过想象,表现出一个个委婉恬淡、舒卷自如、充满童趣的世界。他善用白描,文字清新活脱,只需用寥寥数笔,就恰到好处地表现对象,他的情感隽永含蓄,富有变化,既能够在叙述中饱含深情,又能将真挚的情感与写景状物融洽和谐,在平实中见真情。

雨 声

赵丽宏

雨声,彻夜在我的耳边响着……

它们是从天上伸下来的无数手指,抚弄着黑暗的大地。在淅淅沥沥、喊喊喳喳的声响中,我默默地倾听它们和大地的接触。(天有情,雨也有性。正是作者这大胆的想象,才会有了这一篇动听的"雨声"。)

它们轻轻拍打着我的茅屋的屋顶。这声音是轻柔的。茅草吸吮着雨水,还没等雨珠在屋顶上拍打出清脆的声音,柔软的草已经把它们吸干,只是在夜色中留下细微的嗞嗞声,犹如低声的叹息……

它们落在我窗外的树叶上,发出劈劈啪啪的声响,像是很多人在远处鼓掌,掌声一阵接一阵,这不是热情的掌声,而是温和的、有节制的,似乎是被一种无形的力量驱使,不停地继续着。在这寂寞的寒夜,有什么值得如此鼓掌呢?

它们落在河里,发出清脆的沙沙声。这是水和水的接吻,晶莹而清澈,天和地的激情在这千丝万缕的交接中弥漫扩展……

它们也敲打着我们的门窗。这没有规律的声音仿佛是在不停地对我絮语:哎,你龟缩在屋顶下干什么?到雨里来吧,我们会洗净你身心的疲惫。你出来吧!(看,雨"拍打我的屋顶"、"敲打我的门窗",还"絮语"着邀约我一同喜乐……你从这些拟人化的词中体会到雨的情意了吗?)

突然,它们走进了我的屋子。起先是在地上,"滴答"一声,又"滴答"一声,清晰嘹亮,像交响乐中的小号。是我的屋顶漏雨了,雨水浸湿了屋顶的茅草,渗进了屋子。很快,这清脆的"滴答"声扩展到我床边的桌子上,变成浊重的"笃笃"声,又扩展到蚊帐顶上,变成沉闷的"噗噗"声……接下来,就该扩展到我的被褥和身体脸面了。

我不想阻止它们的造访,也无法阻止它们的进入。由它们去吧,让这屋子里的声音,和屋外天地间的千万种声音融为一体,让我也变成雨的一部分,湿润自己的同时,也湿润了世界……

读后悟语

赵丽宏的散文创作采用的形式和方法是独特的,他善于从普通生活细节中寻找创作的素材。他的散文,观察细致,分析精辟,他对周围及自然界的一切事物都抱有浓厚的兴趣,他往往能在山水草木、花鸟鱼虫、一粒种子、一撮泥土、一幅画、一处风景中发现和表达出自己对生活、对艺术的独到见解。《雨声》中,他将比喻、拟人、通感等多种修辞手法巧妙结合在一起,使原本抽象、空灵的雨声变得形象生动,富于变化;这一切和他本身具有丰富的知识、见多识广以及强烈的求知欲分不开。他细心观察身边的一切,积累了大量生活素材,而且善于将这些素材艺术化,并且在合适的时候将它们选进自己的作品,做到为我所用。丰富的知识使他思想活跃,联想深广,他可以视通万里,思接千载,起笔信手拈来,游刃有余。他的散文,语言新鲜活泼,行文流畅,感情真实,写景状物,栩栩如生,让读者感到一种纯真朴实的美。而这一切都是建立在热爱生活,观察生活的基础上的。

染绿的声音

徐迅

　　山居的日子，是在山中一座精巧的石头房里度过的。天天，我都被一种巨大的宁静所震慑着。经过许多尘嚣侵扰的心灵，陡然回归到这旷古未有的宁静之中，而又知道周围全是绿色的森林，心里似乎也注满了一汪清涟之水，轻盈盈的，如半山塘里绽放着的一朵睡莲。

　　也有声音，在白天的山峦；偶尔也有人语喧哗，幽谷回鸣。空山不见人，倒使人感觉到大森林的真切和人世的烟火之气。更多的是鸟声，从黎明的晨噪到傍晚的暮啼，耳闻着那密密松林里传出的啾啾鸟鸣，还可以看见那墨点般的小鸟，如大森林的音符跳荡着、栖落着。鸟鸣常常使大森林归于虚静，它天生就是一种虚幻的精灵呢！鸟声让人着迷地听，这时听出的就是一阵染绿的声音。("也有声音"、"也有人语喧哗"，是反衬，让人更觉山峦幽谷的巨大宁静。"鸟鸣山更幽"，诚然。声音的颜色？这是用心谛听后的想象，是通过心由目及耳的联想。)

　　当然有许多声音是有颜色的。如皑皑白雪，潺潺流泉，响动的就是一大片白；如春花秋菊的凋谢，细心的人也会听出它的艳红和鹅黄的色调。在大森林里，此时我被激动的不是这种颜色的声音，而是满山攒动着的森林——那浓绿浓绿的声音了。满山密密的松林、枫树、珍珠黄杨、翠竹……树丛间刮过的风也是绿的，绿将大森林融为碧翠的一体，分不清颜色的浓浓深浅。那声音自然也不用侧耳倾听，触目皆是——大森林的宁静固然会使人坠入前无古人、后无来者的孤独和虚空当中，而这染了绿的声音，却让人感到一种生命的快意和心灵的悸动。黎明的时候，"山路原无雨，空翠湿人衣"，森林里露珠"扑扑"滴落的声音，在我听出的是一种轻柔而凝重的绿色；森林静静肃立，树叶交柯，在我听出的是一种茁壮生长的蓬勃的绿色；狂风呼啸，排山倒海咆哮着的松涛，在我听出的是一种悲壮和磅礴的绿色；阳光拂动滔滔无边的绿海，阳光掠去又显出一江春水，在我听出的是一种恬淡而平和的绿色……山居无事的时候，只要静静地穿行在这无边的大森林之中，我满心的尘垢，便一下子就被荡涤得无影无踪，只觉得身心惬意和愉悦，心中陡然就有层斑驳的绿爬上心壁，盈注着生命那清凉的绿意来。(排比句式，多角度铺陈，让我们听到了深深浅浅风格不一的绿的声音；句式整齐而有气势，读来快意淋漓。)

听惯了这种声音，在夜里我常常睡不着觉。拥被而坐，此时周遭那染了绿的声音已渐渐无声无息，看很白的月光，慢慢浮上窗棂，月光里的绿色冷冷如春水荡漾着，使人感觉到那绿色的声音一定是被浓浓的月光所消融，隐逸在莽莽苍苍的大森林之中了。但这时这刻，我思想的羽翅还翩翩起伏着，希冀那染了绿色的声音出现。有风的夜晚，我看窗外的大山果然是混沌未开的一团绿色，那染了绿的松涛之声，铺天盖地在我石屋周围如狂飙般的春潮，惊涛拍岸，振聋发聩，让我激动得恨不得长啸……这些年，我知道我常常谛听水声，谛听鸟声，不仅是因为我对尘嚣之声异常地厌倦和唾弃，更多的是在寻找清纯的自然和人生的大自然。那是我生活须臾不可缺少的思想的源泉……若能轻轻地裹在这染了绿的声音里，心就会轻灵得像一朵绿荷，即便泊在波涛里滚动，那梦也是常常染了绿呢! (呼应开头，升华主题。绿音不仅带来了愉悦，更是思想的源泉，使人生以最自然的状态开出灵性的莲花。)

 读后悟语

作者写绿，满眼的绿，绿得声音都有了颜色，多么生动! 在这里，绿是自然，是生命的快乐和心灵的悸动，是远离尘嚣的心灵的宁静。在铺天盖地的绿里，声音都染了绿，梦也染了绿，连生命都是绿的呢。

作者不是只描摹自然的物象，而是把每一种物象都看成一种有生命的东西，甚至是当成人物来抒写，赋予自然景观以人格的魅力。也因此，作者写到一草一木，一砖一石，动用的都是真实饱满的感情。

作者写绿就是这样的。拟人化的绿在文中跳跃、流动、充满了灵性。

那风

阿鸣

春日一到,那风必来无疑。

经过一段时日的休养,它调理得红光满面身体倍儿棒,但初来乍到仍有些不好意思。先是如小女子一般,扭扭捏捏哼哼吟吟低眉顺眼,腰肢款款摆摆裙裾琐琐屑屑细细碎碎轻轻扫过门楣。皱着眉撇着嘴拍拍门窗,往炉台上撒点儿灰尘,然后听它在前后晾台上打几个呵欠,不胜慵懒疲惫,神不知鬼不觉甩着肥硕的屁股颠儿了。(文章整体采用拟人化手法,令抽象的风变成具体可感可知的生活化现象。)

风是文人。只听得满腹经纶却不见一字一句。有吟哦有朗诵,或抑扬或顿挫。平静时行云流水轻松优雅,激动时慷慨激昂声泪俱下。之后便沸沸扬扬潇洒得漫空里乱窜,恨不能告知每个角落,它已做下一篇大块的文章。

风是乐师。每次到来总在远处调弦,未成曲调便先有情。它顺着楼间的空当溜过,如教堂里的风琴奏响,漫天里波滚着柔美的回音。它伸出大手在四五条电线上一拨,一支西班牙吉他曲便震响着天宇。那巨大的和声共鸣如山水倾泻,美不胜收回味无穷。满世界的缝隙都被它溜响,如风雷鸣里呜里呜让人想小便,眼前便晃荡着苏格兰红方格的男裙。有时风会吹口哨,音如细细一条丝线游来窜去,凄婉渺茫,让你或看见夏日蓝天上飘飘舞舞的蝴蝶,或想到冬天里雪原上跑来跳去的灰狼。

风其实是一个不错的情人,奉行你不爱我我爱你的原则。高声吼叫山盟海誓,说着相思。一说便是一年,从头到尾没有断过衷情,也从不减那爱的温度。冷不防吻起来没完没了,左扭头右摆首都无法摆脱,那份真情和执著真是感天动地。只是不懂委婉不晓含蓄更不知留有余地留条退路，只是高喊着爱情挑着剃头担子——一头热了过来。(风的变化是多样的，春、夏、秋、冬，姿态各异，所以风的形象也不断更换。这正符合比喻要找准贴切的喻体这一特征。)

风若总是支支吾吾哼哼唧唧便是病了，而且病成个女人。不知是大病还是小病或是干脆无病，但那声音却是让人麻麻乱乱。病女人端坐在床头上要汤要水，哭哭啼啼诉说着委屈。好生安顿下来突然又变了声调，定神一听似正与男人干什么勾当，风干得正得趣便做出些响声，不由人偷笑后蹑着手脚悄悄退下。

风是一支不错的合唱队。嗡嗡隆隆的声音如暮色中缓缓升起的暮霭，如月光下悄悄爬上海滩的潮水，如清晨飘逝的古刹钟声。突然，在意想不到的区域里，优美华丽的男高音拔地而起，扶摇上升。凄切哀伤的女中音如泣如诉如天鹅绒一般漫了上来，将男高音温柔地拥着；轻轻悠悠的男女和声，或优雅娴静地步出，或婆娑多姿地蹒跚而来。就像红蓝黄灰色相藉而卧，挥洒出一副现代的涂抹，从容亮丽饱满热情。但风唱歌也常跑调儿，闲庭信步行进得正好，回眸一转便跌落于旋律之外，一连串儿的不和谐音或升或降，丢给人一个凄凉荒凉苍凉的境地。任你住在最现代化的高楼里，任你是社会上的最名流，还任你有个最没想象力的大脑，这时也无靠，茫然四顾荒原无边；只见那远远的地平线上吊一只血红血红的红太阳。再是个英雄也会呼天不应呼地不灵，肝肠寸断痛不欲生。

风也是个不错的画家，画笔在握信手涂来。喊几日天下出绿色，嫩绿淡绿粉绿鹅黄绿翠绿葱绿油绿橄榄绿；叫几天便成了金色，山脉金河水金庄稼金牛羊金树木金田舍金；再吼几下世界便是银白，所有的物事都被洁白征服，天地如银如玉，光照宇宙，圣洁得叫人闭上眼直想死去。(注意到了吗?这几句话又是一段美妙的排比。排比的句式整齐有致，让人能迅速理清结构，并印象深刻。)

风是一台不赖的戏。唱念做打，角色行当，胡琴月琴什么弦，铜锣铜钹什么鼓，有喊有叫有哭有笑，或高亢或低旋或文或武或悲或喜或阴或阳，一唱便马不停蹄不知疲倦地唱他千千万万个时辰。

风有时不是唱而是吼，吼得满世界都胆战心惊，似乎刚听完上帝的野蛮开导，便信心十足，一心制造出一个风烟滚滚硝烟弥漫山崩地裂如世纪末一样的混乱和绝望来。苦胆被吓得满身体里乱逛，却找不到一处稳定的情节。失魂落魄在屋里等待，直到这世界被震出一个心肌梗死，等待墙壁倒塌后房顶会展翅飞向黄天。

风成为野男人是常有的事儿。小酒馆里喝罢二斤半烧酒，牌桌上输掉万儿八千，气急败坏便一路撒着酒疯释放出老多的愚蠢。大大咧咧横冲直撞不问青红皂白，歪歪扭扭东摇西晃不管三七二十一。电线嘣嘣扯断，几巴掌揍得树哭，千千万万玻璃苦苦挣扎如碎玉银屑铺出光明的河。大点儿的物件儿被搬得不知去向，小点儿的东西腾空而起然后徜徉翻飞。夜半三更它常搅得周天寒彻，羯鼓通通之后金戈铁马便如火如荼卷将过来，气势汹汹纵横捭阖恣肆张狂，如太平洋似的暴怒，排山倒海般地泻过毁过，不打算留一丁点儿余地。

风一来世界便干燥了。天下原本不多的河水井水湖水被刮得搬迁，甚至黄土中少得可怜的湿润和空气里微薄荡漾着的一些个儿滋润，也落荒而逃无踪无影。只剩史前生疏的景象氤氲朦胧，留一个超现实的所在。所有物体都被风干，留着一丝丝纤维在尽职地牵扯连扯着原件儿。肉被刮走，只有骨头在愤怒地行走。大脑里的瓤早被脱水成一包沙子，脑壳被捅漏了就会沙沙地流掉，只剩一只圆圆的风箱空鸣，一如云南的巴乌，呜呜咽咽如泣如诉。(巴乌：云南的一种民族乐器，形状似笛，声音低回呜咽。)

狂风里行走是件快意事儿。顶风行如逆水行舟，张牙舞爪拼命向前，头发一根根被风扯得水平向后，衣服活活扯成一面猎猎的旗，旗杆在旗里意气风发昂扬斗志。顺风衣服顶起，如怀一个6个月大的胎儿，不小心便收不住脚跌得脚趾指破。到家脱下外衣一抖，便会抖出一座坟茔。眼睛不知何时打磨成两只磨砂球，光泽光亮全无。鼻子里冒出黄烟，口中跑出泥石流，脖子里袖口里流沙在逶迤行动。

风把城市吹瘦，村庄吹胖，吹得这世界如发情的牲口，咿咿嗬嗬又踢又咬。

生在北方便爱这北方的风，单是想到这风一刮便是五千年光景便心满意足，若是再刮五千年光景便更加愉悦。

从小与那风耳鬓厮磨便生出许多的感情。喜欢那风的性情，说一不二，敢作敢当，雷厉风行，洒洒脱脱，优美自在，畅快淋漓。乘着风驾着风横空出世耀武扬威意气洋洋，再有个三愁六怨七悲八苦也不挂在心上，只是想向着世界张狂放肆痛快一生。

没有风便没有四季。春日没有风谁来报那春的消息；夏日无风便没有了生命的传递；秋日无风便少了寒冷的催促；冬日无风便没有逼人的凛冽。没有风便没有这生机勃勃的流动生命场，没有风吼电掣这地球便是一颗待毙的星体，消失了树木河流和生命，只剩空空的地球，上帝也觉得没甚意思！

嘿! 风! 我北方的风! 我生命的风! 直直地刮下去!

 **读后悟语**

"有谁告诉我,风儿是什么?"一首儿歌这样唱道。

是啊,风儿是什么呢?我们看不见它,摸不着它,风是无形的。

但这无形的风在阿鸣这里变得有形。无形的风是小女子,是文人,是乐师,是画家,是合唱队,是一台戏……抽象的风在这里变得具体,变得有人情味。啊,风,原来是这样的。

要我说,风还是自然之手,所触之处皆留痕。抚摸春天,万木皆绿,不是"春风又绿江南岸"吗?拂过夏天,便"红了樱桃,绿了芭蕉"。到秋天,那风还触出"蛙声一片",在"稻花香里说丰年"呢! 冬天,那风就叫整个大地裹上雪白的袍子了。那风的确是生命之风啊!

啊,阳光

杨文丰

啊,阳光

让我的爱情,

像阳光一样,

包围着你

而又给你光辉灿烂的自由。

——泰戈尔《流萤集》

1

亮亮光光,白白茫茫,汩汩汤汤,——这是遥远的父亲般的太阳,正大面积地使劲朝我们泼来的阳光。我感觉已恍如庄、惠在壕梁上理论过的一尾鱼,顺流而下。已流过去,庄周寓言。已游过去,传统云烟。很光亮,的确也是汩汩(gu gu)汤汤,白白茫茫。这是人生难得、非常真实而又非常可爱的阳光啊!阳光,是太阳发射的能引起视觉的电磁波。阳光的波长范围一般在380纳米到780纳米之间。我之生犹同一尾古鱼的幻觉,完全在于阳光似水。我捉不住阳光,然阳光却很真实也很实在,正轻轻打在本人的脸上。

阳光也轻轻地打在你的脸上。阳光散发着你故乡秋后田野火烧土似的、热烘烘的男性气息。(第二人称,亲切动人。)阳光有些模糊地嬉笑着、追逐着。普鲁斯特在小说里写道,阳光照进百叶窗时,百叶窗像是插满了羽毛。阳光是牛奶般地发光的、羽毛蓬松的团队,更似大面积、半透亮的磨砂光幕。(神异而传神的想象。)阳光还是大地间贮满的浮流的空气般的粗糙的黄金。阳光会合了花束、林间的香气和汉堡包的味道。阳光,拥抱着你,镀得你周身明晃晃。博尔赫斯说:"水消失于水。"阳光,一队队,失落在草上、山上、水上、摩天大楼上,漫漶而泛黄。阳光依然轻轻地打在你的脸上。

"我们的生活充满阳光。"我们的头顶确实阳光泛滥。

我希望,阳光,永远能以太阳为中心,向四面八方,向宇宙空间的浩瀚和苍凉传播。宇宙,渺渺,茫茫,又有几多阳光,未曾打上地球的脸,更未打上你我的脸呢⋯⋯

2

1666年某个黄道吉日,伟大的物理学家牛顿,让一束白晃晃的太阳光透过三棱镜,投射到对面的白色大屏幕上,霎时,物理学史上一个神奇的物理现象产生了:屏幕上展现的,竟是一条按红、橙、黄、绿、青、蓝、紫颜色排列的色带,那颜色,活脱脱就像雨霁弯悬西天的彩虹。牛顿将眼前这一条光色彩带,命名为"光谱"。出自拉丁文的"光谱"一词,本意为"幽灵"。牛顿何以这般命名?恐是出于一朝窥见自然奥秘的敬畏与惶恐吧,我想。宇宙沧桑,天道无情。科学规律,在未被人类发现之前,犹同未揭开面纱的神秘女郎,一旦面孔赤裸,素面朝天,其后的路,就渺渺茫茫,凶险难测。而这个著名的阳光色散实验,其所产生的科学与人文效应,确实也并非只让世人明白:阳光,只是由多色光所混合组成的复色光而已。(举例,非常有名的例子。)

人们对阳光下颜色的感受,真有些像美学家朱光潜先生主张的主客合一、移情作用的美学感受。(科学与艺术相结合。)不是吗?绿草茵茵,是因为草的主要成分叶绿素反射了特定波长的光(辐射),而吸收了其余波长的光(辐射),而反射的特定波长的光(辐射)在我们的眼睛看来,是绿色的。秋草何以苍黄,原理与之类似。极光,虹影,彩云,峨眉佛光,孩子嘟小嘴吹飞的肥皂泡⋯⋯这一切,五彩迷离,缤纷璀璨,皆来自阳光的色光流变。

"日出江花红胜火"、"日落西山红霞飞",让我们感受温暖如春;阳光点染紫罗兰,秋来江水绿如蓝,却多少使我们心生暮秋的悲凉。

3

　　牛顿的"光谱"理论,仿佛科学和艺术合一的一口仙气,吹醒了西方一大批富于才情的画家,为他们突然打开了艺术新世界的大门。这些艺术精英,蘸着阳光作画,激情燃烧,才华泛滥。他们解放思想,将阳光的色彩,大胆地调和、强化,再重重地敷在、倾泻在画布上,风起云涌。19世纪60年代,法国画家莫奈创作了划时代的油画《日出的印象》,画面一反传统,色彩艳丽,光色迷离,简直活化"光谱"理论——辣妹一般的印象画派诞生了!莫奈更是宣称:"每一幅画的真正主题都是光。"他将画架从画室搬迁到了户外的艳阳下。阳光流转,色泽闪烁。以马蒂斯为代表的野兽派,则以集团式的画作,前呼后拥,狂歌阳光。高更认为,阳光的色彩,斑斓丰富,简直就是无声的语言,可以唤醒内心热乎乎的反响。塞尚还发现暖色可使画面突起,冷色能教画面陷落。(科学推动艺术的发展。举例说明。)

　　阳光与艺术互为相思,强化的艺术情感,鲜活、灵动、神异。1888年,高更在创作油画《雅各与天使在布道后角力》时,竟有意将一大片草地绘成熊熊燃烧的朝霞一般的红色。美术评论家认为,这种创新处理,确实别出蹊径,比将草地表现为其他任何深浅的绿色,更能左右读者的情感,均衡构图重心。

　　蓝色作为艺术语言,本来一直沉沉寂寂,屡遭艺术冷遇。譬如,《圣经》对穹宇和天界,尽管浓墨重彩,但对蓝色,却不着一字。文艺复兴初期的意大利画家,似成思维定势,多把天穹涂抹得金黄。自从"光谱"理论以降,乾坤便开始生变,蓝色,在野兽派作品中飞流直泻,仿佛在一夜间挣脱了天穹的樊笼,翩翩然下凡,驻在了树上、草地、面孔上,和有关物体上。大画家毕加索,有过单纯如梦的"蓝色时期"。够得上"蓝画家"美称的马蒂斯,还作过这样一张名画 (舞蹈):在如梦如幻、鲜亮艳丽、重彩浓烈的蓝色大背景之上,5位酒神侍女,个个体态婀娜,手拉手,口唱歌,踢踏跳着热情奔放的轮舞。后世的物理学家伫立这幅画前,惊讶于画家之笔有如神谕,竟似先知先觉,因为,画面上面积阔大的蓝色,与核能的表征色彩,竟非常的吻合。(特别举出"蓝色"及其在画家笔下的发现。)

　　画家对阳光乃至光谱,所表现的高贵的敏感、自觉、热情甚至广阔的朝圣,不仅体现了阳光的磁性,同时,也彪炳着会思想的芦苇——人的伟大。

4

我们的阳光有力量。中年听雨客舟中，"的蓬，的蓬"，船篷正承受雨的压力。阳光，就像是来自太阳的、难于止息的、光明的"雨"。阳光给你的雨打萍式的压力，科学上叫"光压"。阳光，你看得见，但光压，却同空气一般，你是无法看见的。你对空气可现现实实地感受，对于光压，你却不太能够感受。从阴阴的冬日走入阳光社会的人们，所能强烈感受到的，多是晃眼的、温暖的、白晃晃的阳光。(科学与艺术相结合。)

给你压力的阳光及光线的路线，是箭镞般前行的，但在引力场中，却同时又是弯曲的。(提出新的事例，并以抒情的笔调加以阐述。)1911年，科学巨人爱因斯坦预言，由于太阳引力的作用，当光线在经过太阳附近时，会产生弯曲，偏角为1.7″，爱氏还预言这一现象，日全食时可以看到。1919年日全食之前，英国皇家学会派出两批天文学家，分赴西非和拉美设点观测。那一天，是全世界有心的物理学家翘首以待的日子。"逝者如斯夫"，风云突变，日头被中国传说中的天狗一口食了。霎时，天文学家们看到了本该在太阳"背后"的星星。这一看，非同一般，等于证明了那颗星星向太空发射的光，并没有呈直线传播，却是在经过太阳这一颗"大质量"时，光线是弯曲着朝地球传播而来的。天文学家在两处观测到的光线的偏角分别为1.61″和1.98″，与爱氏的理论计算基本吻合。这个消息，顿时使爱氏声名鹊起，可爱氏对研究生却只淡然地说："我知道会是这样的。"研究生惊讶于爱氏的平静，问："假如观测结果与预言不符，咋办?"爱氏微微一笑，自信地说："那我将为上帝感到遗憾——我的理论肯定是正确的。"

阳光在屋子外，也可以在屋子内。每一个人的童年，大抵皆有捣蛋地拿着圆镜，将明晃晃的阳光反射入屋的经历。植物叶片，对阳光有反射作用。地面、粗糙的农田，对阳光有反射作用。反射，与阳光照射的角度有关。阳光还有折射特性。牛顿的"光谱"色带，便是由折射特性各不相同的色光组成的。阳光还有透射特性。阳光当然是能够被吸收的。阳光，就这么以太阳为中心朝四面八方不休闲地辐射，谁又说得清有多少阳光是被物体吸收了呢?

5

　　有谁倾听过阳光的喧哗与嚣动,抑或歌唱?(设问,引起思考。)阳光下,你能听到绣花针落地的闪动?密集与宽阔的阳光,是静默的热烈,热烈的静默。阳光有力量却不剑拔弩张。阳光,每秒钟飞奔30万公里,却闲静得如脚底垫足了棉花。阳光辐射着无声的威严。马年初一清晨,我的半虚构半现实半落后半新潮半情半理半人文半科学且很文学的郊野村阳光满地,天地白银一般响亮辉煌。"啊,阳光!"我不禁惊叹了一声。阳光背后的黑暗,如惊鸟,扑棱棱飞散。(抒情。)

　　阳光那显、隐作用依然鲜活、流荡,依然需要我们演绎、歌唱——

　　阳光啊,你推动了地球季候的递进、转换、更迭与轮回。阳光啊,你在民间的枝头发芽。光合作用生产人间食粮。阳光啊,是你使绿叶从土地里沿树干向枝头缤纷爬升。(通过议论抒情。)阳光啊,你还是隐身英雄(煤呢是太阳石)。阳光啊,是你改变了我们的思维方式。阳光啊,"给我们家庭,给我们格言/你让所有的孩子骑上父亲的肩膀给我们光明,给我们羞愧你让狗跟在诗人后面流浪/给我们时间,让我们劳动你在黑夜长睡,枕着我们的希望"(多多:《太阳》)。(引用文学作品。)

　　阳光,更使许多我们肉眼看不见的东西正当上升。植物、人物以及其他生物的体温,君能看见?——阳光使它们上升。海洋、江湖、池沼阔大的水汽蒸发,君能看见?水分从植物叶片的气孔鱼贯蒸腾,君能看见?……

　　《圣经·创世记》里说:上帝开天辟地的第一举是创造阳光。上帝仅仅说过:"要有光。"大诗人歌德在辞世时说:"把窗子打开,让更多的光进来!"(引用外国经典。)认同不认同都一样,活着就是追逐和接受阳光的洗礼、烘烤、抚摸及其恩泽。死去便是完成或告别对阳光的眷恋。阳光成了一个伟大的象征。每一个人,都是某种阳光的轮回与转世。(结尾水到渠成,雷霆万钧!)

读后悟语

本文对阳光进行了礼赞。

上帝说:"要有光。"光是生命之源,是希望之所在。

歌德说:"把窗子打开,让更多的光进来!"光是生命的象征,是生的渴求所在。顾城说:"黑夜给了我黑色的眼睛,我却用它来寻找光明。"光明是真、善与美,是有良知者永恒的追求。

本文礼赞阳光,却不是纯文学的形式,广博的思想带给了我们文学、艺术与科学相融相谐的盛宴,阅后的收获是多方面的。

落 雪

刘兰鹏

在宁静的冬日,人们等待的那一场雪已飘落在苍茫的原野。那是最初的水给予冬日的圣洁,那是和雪一样洁白心灵的期盼。没有雪的冬天不能称其为冬天。(从人们对雪的期盼中,你是否读出了人们对冬雪的爱?)

雪是冬的意象。雪是这个季节特有的风景。雪是这个星球最纯粹的语言。雪是冬的灵魂。雪如寻梦的蝴蝶,漫天飞舞着。雪以博大的胸襟,包裹着裸露的大地。雪原静若处子。雪原的背后是一座圣洁的雪峰,固守着那份珍贵的贞洁,站在天边审视着我所居住的城市。("审视"一词显出了作者的深度。)

远处有无数双眼睛,清澈如水,在阅读着雪原的孤独。通向雪原的路,此刻没有一双脚印。只有那一株株红梅在雪原上怒放。梅的芬芳随风飘送,那是雪的芳香。如火的梅花点燃了那片原野。雪原升腾着白色的火焰。

"窗含西岭千秋雪",是何等壮美的意境。雪落在村庄,像给淡泊的乡村生活注入了新鲜的盐粒。那温暖的颜色,如一朵朵微笑的棉花。(引用,增添文化韵致。)

乡村渴望着这样的雪天,家人们在雪天里伫望来年的喜悦,然后以雪天作背景,以滴落的檐水为音乐。围坐火塘,暖一壶烈酒与雪交谈。(从农村到城市,白天到黑夜,人们是多么享受雪带来的浪漫、温馨啊。)

没有冻结的牛铃摇响乡村的歌谣。被雪覆盖的田园上,那麦苗和雪亲切地耳语。农具在雪天醒着,跟着农具后的脚印,是通向丰收的路。

雪落在城市,成了一道风景。那些人群如雁阵般欣喜。那些修饰的眼睛和浮躁的市声,那些涂抹的红唇和化妆的倩影,该怎样读懂雪的博大和朴素,该怎样领悟雪纯净的语言,该怎样颂扬雪无私的品格?

能够读懂雪的高贵的城市人,都以雪为陪衬,用相机把自己和雪融在一起,放大成永恒的记忆,希望人生如雪一样洁白,希望心灵像雪一样纯净。

雪落在记忆深处,落在童真的岁月。唯有圣洁的童心才配与雪游戏。

我们都曾以纯净的微笑和欢乐,用雪的纯净雕塑想象的房舍、村庄和意念中的城市。

我们幻想把真正的雪留下来,阳光让雪融进了我们的记忆和美好人生。

雪落在宁静之夜,落在我们精神的家园。最深最冷的不是夜,是孤独。

雪夜该有多少点燃的蜡烛,在倾听着天空飘洒的言语;该有多少诗人升腾着灵感的火焰,澎湃着艺术的激情,吟唱着"千树万树梨花开"的壮美;该有多少跃跃欲试的画家无力画出雪洁白的精神;该有多少涌动琴声用音符描绘着春的来临,再灵巧的手指怎能弹出落雪美妙的音韵;该有多少含苞的迎春花藤伸出梦境之外,每一簇绽开的苞蕾酝酿着春天的经历;该有多少爱雪的人,想象落雪的情景,喜悦如雨,潮湿的心灵,长出新绿的叶片;该有多少情人,借每一片雪花,飘飞着对爱情和人生的祝福。

沧桑岁月,天荒地老。雪显得无与伦比的崇高。崇高的是雪一生的干净,崇高的是雪洁白的精神。(结尾一句,作者赋予雪以崇高的魂灵。)

读后悟语

这是一篇以诗的语言描绘优美风景的散文。语言清丽,富于节奏感,是能让人赏心悦目的好文章。

雪的洁白、纯净,感化着冬天的人们;人们在雪天,感受着雪带来的温馨、欢笑、浪漫和诗意。文中的雪,似乎是冬天的精灵,作者为她赋予了经过升华的神魂——崇高是雪一生的干净,崇高是雪洁白的精神。

文章着力之点,不止是描摹落雪之纯之美,更是通过营造纯美洁白的雪的世界,来观照人生。"雪原的背后是一座圣洁的雪峰,固守着那份珍贵的贞洁,站在天边审视着我所居住的城市。"人们的背后有一双审视的眼睛,而能有此发现,必须有一双更明晰透彻的眼睛。作者正是具备了这样的慧眼,于是,文章的层次就不仅仅是景物描写那样单纯了。

风 雨

贾平凹*

　　树林子像一块面团子，四面都在鼓，鼓了就陷，陷了再鼓；接着就向一边倒，漫地而行；呼地又腾上来了。飘忽不能固定；猛地又扑向另一边去，再也扯不断，忽大忽小，忽聚忽散；已经完全没有方向了。然后一切都在旋，树林子往一处挤，绿似乎被拉长了许多，往上扭，往上扭，落叶冲起一个偌大的蘑菇长在了空中。哗的一声，乱了满天黑点，绿全然又压扁开来，清清楚楚看见了里边的房舍、墙头。("鼓"、"陷"、"腾"、"猛地"、"拉"、"扭"、"哗"这类词把风对树林的吹袭描绘得栩栩如生。)

　　垂柳全乱了线条，当抛举在空中的时候，却出奇地显出清楚，刹那间僵直了，随即就扑散下来，是一片灰白；又扭转过来，绿绿得黑青。那片芦苇便全然倒伏了，一节断茎斜插在泥里，响着破裂的颤声。(无形风借植物显形。)

　　一头断了牵绳的羊从栅栏里跑出来，四蹄在撑着，忽地撞在一棵树上，又直撑了四蹄滑行，未了还是跌倒在一个粪堆旁，失去了白的颜色。一个穿红衫子的女孩冲出门去牵羊，又立即要返回，却不可能了，在院子里旋转，锐声叫唤，离台阶只有两步远，长时间走

_____

　　*贾平凹，当代作家，原名贾平娃。陕西丹凤人。任中国作家协会理事、作协陕西分会副主席等职。著有小说集《兵娃》、《姐妹本纪》、《山地笔记》、《野火集》、《废都》、《白夜》，自传体长篇《我是农民》等。散文集《月迹》、《心迹》、《爱的踪迹》、《贾平凹散文自选集》，诗集《空白》以及《平凹文论集》等。

不上去。

槐树上的葡萄蔓再也攀附不住了,才松了一下屈蜷的手脚,一下子像一条死蛇,哗哗啦啦脱落下来,软成一堆。无数的苍蝇都集中在屋檐下的电线上了,一只挨着一只,再不飞动,也不嗡叫,黑糊糊的,电线愈来愈粗,下坠成弯弯的弧形。

一个鸟巢从高高的树端掉下来,在地上滚了几滚,散了。几只鸟尖叫着飞来要守住,却飞不下来,向右一飘,向左一斜,翅膀猛地一颤,羽毛翻成一团乱。花,旋了一个转儿,倏乎在空中停止了,瞬间石子般掉在地上,连声响儿也没有。

窄窄的巷道里,一张废纸,一会儿贴在东墙上,一会儿贴在西墙上,突然冲出墙头,立即不见了。有一只精湿的猫拼命地跑来,一跃身,竟跳上了房檐,它也叫惊了;几片瓦落下来,像树叶一样斜着飘,却突然就垂直落下,碎成一堆。(连一张废纸也进入了作者的视野,可见作者观察的功力。)

波塘里绒被一样厚厚的浮萍,凸起来了,再凸起来,猛地撩起一角,刷地揭开了一片;水一下子聚起来,长时间地凝固成一个锥形;啪地摔下来,砸出一个坑,浮萍冲上了四边塘岸;几条鱼儿在岸上的草里蹦跳。

最北边的那间小屋里,木架在吱吱地响着。门被关住了,窗被关住了,油灯还是点不着。土炕的席上,老头在使劲捶着腰腿,孩子们却全趴在门缝,惊喜地叠着纸船,一只一只放出去……

读后悟语

直接描写风雨的文章太多太多了,所以这篇没有"雨大"、"风疾"、"电闪"、"雷鸣"字眼的文章才令我们惊喜。没有出现"雨",却处处有雨,没有出现"风",却处处有风。一个个片断调动了我们的想象与体验,侧面烘托了雨势风势。

黑 土 地

韩静霆[*]

  我是北方的黑土捏成的,土性浇铸在我的灵魂之中了。(开篇就将黑土与人、与人的灵魂联系起来,干净有力。)

  我生于黑土,我长于黑土。童年,我用黑土捏出我的天使:人、马、牛、羊、鸡、狗。我和黑土造就的这些众生厮守,说话,说梦。我用黑土制成能吹奏抑抑扬扬、呜呜咽咽的埙。我的埙就是我的唇舌,我生命的延长,我灵魂的独白。我是黑土的上帝,黑土也是我的上帝。26年前我孑然一身进关,闯荡京华。我住在前门箭楼下的小客栈里,柔和湿滑的京腔在议论我:这个小牛犊子。哦,是的。牛犊子,北方,我。我走出北方黑色的漠野,什么也没带——不不, 我带走了一样东西,永生永世不可抛弃也无法抛弃,就是我的土性。(追忆生活的碎片:童年到青年、故乡到京华,不可抛弃无法抛弃的是:土性。)

  每次返乡,黑土地总是极尽柔情待我。当我的两脚插在浸了油似的黑土地里,即便是大旱时节,湿漉漉的地气也冲得脚心痒酥酥的。我的两足张开十个"根须"吸吮着水汽,我感觉到筋络舒展的咔咔声,我感觉到血管中冲撞着一排又一排较稠的然而又是流动着的激情的浪头。这时候我能把目光的线一直扯到松辽平原的极处,看云起云飞,进入一

*韩静霆,1944年生于吉林东辽,毕业于中国音乐学院。现为空军文艺创作室主任。韩静霆集诗词歌赋、小说、散文、戏剧、影视等姊妹艺术于一身,融会贯通,以此在各艺术门类的交会中创新和升华自己的语言及意蕴,形成了独具个性的艺术风格。作品有《凯旋在子夜》、《战争让女人走开》、《孙武》。

种境界。我想我变成了黑土地上植根并且眺望着的树，一棵生有两个丫枝的树，一棵擎着乱蓬蓬鸟窝的树，一棵白桦树。我想我不怕被肃杀的风摇落最后一片叶子，叶落了还会再生。我想我可以燃烧，在地上成炭，在地下变煤。因为，我是黑土地的子孙。(激情的想象充分体现了"我"对黑土地的炽爱。"我"与黑土地族系般的亲密。)

带着黑土地给我的足够的营养，我离开了故土。西北高原的风吹不倒我这北方的榛莽，海角天涯的烈日晒不干我黑褐色肌肤蕴藏的油性。有时候，我枕着源，枕着海，闭上眼睛想到的却是北方黑土地柔软的怀抱，想到儿时睡过的杉树皮摇床。我为此心旌摇荡，依稀看到黑土地上跋涉而去的祖先。哦，努尔哈赤的雕弓拉成满月，"玉骢嘶罢飞尘直，皂雕没处冷云乎"；哦，挖参人如崖上的壁虎，没入密林，"雪中食草冰上宿"；哦，刚刚冷却的火山口杉木葱茂，熔岩洞里升起了伐木人的炊烟；哦，田畴把黑色的垄划到天尽头，那里，一人，一犁，一牛，共同较量着耐力和韧性。犁着，耕着，走着，没有一点声音。我的黑土地就是这样一部悠远的、孔武的、神秘的、充满着内聚力的不朽经典。(联想拓宽了文章的境界，提升了黑土地价值：不朽经典。)当然，在黑土的深层，也埋藏着古战场鲜血锈蚀的剑；也抛落了亡国之民的遗骸；也有过拼搏、绞杀、屈辱和失败。即便是失败，我的先人也是屡败屡战，不屈不挠。北方的黑土地是何等博大啊！兼容着火山与冰岸，天池与地泉，针叶林与毛毛草，红高粱与罂粟花，野性与柔情，爱情与仇恨，严峻与温存，粗犷与粗疏，自强与自私，寥廓与孤寂，既有长久的四季轮回，又有短暂的无霜期，既有虎群的雄浑又有狗皮帽子的寒碜，既有宽广又有褊狭，既有宁静又有躁动，既坦诚又神秘，既富丽又贫瘠，我的黑土地，我的黑土地，我对你的爱也是又宽阔又褊狭，又坦诚又神秘的。(看似纷杂的铺陈，恰恰写出了土地的"宽广"、"富丽"与深远。这是"我"——个体的短暂生命无法超越的。)我读着你，想念你，梦过你。我也渴望走出"宇宙黑洞"，穿破固垒，渴望超越。当我远离故乡去生存、拼搏和拓荒数年之后，终于明白有一种东西是不可超越的，那就是黑土地所给予我的生命的原汁。

是的，读懂黑土地这部博大恢弘、幽远深邃的自然、历史和人生的巨卷，需要时间的穿凿和精神的反刍。(在大自然面前，在黑土地面前，个体的人显得多么渺小苍白。)如今，我头上的野草荣而又枯，年已不惑，似乎才领略了一点她的教诲。她从我呱呱坠地的一刻起，就用日出日落、阳春严冬和风霜雨雪教导我。她要我生来就成熟，就懂得什么是沧桑，什么叫坚韧，什么叫忍耐，什么叫不屈。非洲谚语说，创世之初，上帝赐给每个人一抔土,人们从土中吸吮生命的滋养。北方黑土地给我的滋养令我受用无穷,也就铸成了我终生的土性。不论在哪儿,人们一眼就可以认出我是北方佬。不管我会不会饮酒,没有海量轻易不敢和我碰杯;不论我是否剽悍高大,人们不可对我施暴;不论我是否富有尊贵,人们不可对我蔑视;不论我的人生旅途遇到怎样的雷电,怎样的绝境,我都将默默地踏过去。(还有什么能比排比更适合这份充满激情与豪情的表达!)因为,我是黑土捏成的,我经过了北方七月流火的烧冶,十二月风雪的锻打。人们应该知道,无论多么狂暴的雨雪,北方的黑土地都能吞咽,并且让那雨雪化作二月的桃花水。

不可改变,我北方的土性。因为,自我落生的时候,黑土地就给我打上了胎记。我的黑土铸成的肌肤和魂魄不可改变。因为,我不能选择也不愿改变我的籍贯。我为此感到荣幸——当我走在异乡异域的时候,人们会顷刻间认识我和我的内涵:中国,北方,黑土地。

 读后悟语

黑土地柔情待我——是祖母。

黑土地给我足够的营养——是母亲。

黑土地铸我黑土的肌肤和魂魄——是父亲。

作者将他对故土的热爱倾注到黑土地上,深沉而热烈。

细节在这篇文章中起着重要作用。作者通过对与黑土地有关的细节的回忆,自然地流露出了对黑土地的深厚感情。细节成了感情的载体,没有了细节的描写,感情便没有了依托。

活在这珍贵的人间

海 子

活在这珍贵的人间

太阳强烈

水波温柔

一层层白云覆盖着

我

踩在青草上

感到自己是彻底干净的黑土块

（只有在我们纯洁的双眼与敏感的心灵之间拉上一根弦，我们才会欣喜地发现一切是多么的澄澈；只有时时带一颗感恩的心，我们才能发现自然恩赐了人类些什么。）

活在这珍贵的人间

泥土高溅

扑打面颊

活在这珍贵的人间

人类和植物一样幸福

爱情和雨水一样幸福

单纯的、简单的、朴素的幸福是最伟大的幸福!

读后悟语

　　海子的诗歌像一个孩子,内容干净透明。他善于细心观察生活,从平常的生活中选取题材,"活在这珍贵的人间,太阳强烈,水波温柔,一层层白云覆盖着我"这是我们再也熟悉不过的世俗生活,作者用白描的手法,表达出一种令人惊奇的亲切。"感到自己是彻底干净的黑土块",把阳光下的自己比做黑土块,奇特的比喻的背后是想象力的无限延伸。"活在这珍贵的人间,泥土高溅,扑打面颊",一种粗鲁而朴实的激情迎面而来,作者对土地的喜爱,对美好自然的向往溢于言表,"人类和植物一样幸福,爱情和雨水一样幸福",把两种截然不同的形象结合在一起,却造成一种奇妙的和谐,这需要强烈的驾驭文字的能力。这首小诗语言质朴无华,形象单纯明净,内容积极向上,恰到好处地表现了诗人乐观向上的精神。

学　生　作　品

　　命运递给我们一个酸的柠檬时，让我们设法把它制造成甜的柠檬汁。

——[法]雨果

瓦屋雨声

邢 坤

瓦屋听雨声已是久违的事了。住在方方正正的楼房中,听不到雨声凄然,似乎生活缺了不少灵气,缺了能让人感动的至柔至弱的东西,心在慢慢地沙化。于是就怀念起瓦屋雨声。

雨是世界上最轻灵的东西,敲不响那厚重的钢筋水泥的楼房。瓦屋就不同了,雨滴在上面,立即发出悦耳的声音。身居瓦屋的人也就有了在雨中亲近自然的福气。雨势急骤,声音就慷慨激越,如百鸟齐鸣,如万马奔腾;雨势减缓,声音也弱下去,轻柔地沁入你的心,像花前月下情侣的低语,像暖春时节耳边的轻风。瓦片似乎是专为雨设置的,它们尽职地演奏着,听雨人心中便漫出不尽的情意。

一个人愿坐下听雨,他的心中定有了某种怀念和感喟,尽管有时是淡淡的。垂老的志士有"夜阑卧听风吹雨,铁马冰河入梦来"的抱负;迟暮的美人有"雨中黄叶树,灯下白头人"的幽怨;相思的情人有"梧桐树,三更雨,不道离情正苦"的萦怀;多情的诗人有"小楼一夜听春雨,深巷明朝卖杏花"的遐想。雨成了人们修饰感情、寄托心愿的使者。

雨声会使人变得敏感而脆弱,它总能让听者陪出几滴清泪。我也不例外,心情没有理由不被它俘获,任它肆意渲染。渐渐地我就进入了角色,让自己承担那份感思,随着雨声为我筑起的相思桥走向杳渺。我不住地追问自己:因何而伤感,又在为谁而伤感?

闲暇回乡,有幸重听这份熟悉而又陌生的雨声。迷蒙中,雨声里透出一种古怪的情调,是久未沟通的那种。它拒我千里之外,向我表明它对我的陌生,然而我却能从意识最深处感受到它存在的气息。我有一种从梦中猛醒的畅快和历经迷惘后的沧桑感。哦,我在雨声中相约的竟是已隔了时空的自我,它在讲述我以前的一切。我彷徨了,我问自己:我是谁?还是从前的那个我吗?

有词云:"少年听雨歌楼上,红烛昏罗帐。壮年听雨客舟中,江阔云低,断雁叫西风。"人生境遇不同,听雨的感受也就各异。然而听雨却都是听灵魂的对话,听真情的奔泻,听年华的淙淙流淌。雨声所敲打的,除去岁月的回响外,还有昔日难再的痛惜与欲语还休的惆怅。似乎只有在这瓦屋轻灵的雨声中,心灵才得以喘息,生命才得以延续。

雨声依然在响,像我真实的心跳……

同学分析

屋檐滴落的雨珠,聆听雨水亲近大地的各种声音,深吸一口曾经熟悉的混着泥土清香的空气……直到雨渐渐停住了。这一切都是这篇文章带给我们的:和忙碌的生活暂时作别,静下心来,亲近自然,给自己留一点时间和空间。

作者笔下的雨是自然的精灵,瓦屋是它表演的舞台,作者用细腻而优雅的笔触将雨的种种风姿尽情渲染;作者笔下有千年的忧思,唐宋名士在文中竞放光华;作者在雨中思索,寻觅,找回自己,找回消逝的心境,找回生命延续的方式。

读此文就像在雨后的丛林中散步,一切都是信手拈来,自然而贴心。

教师点评

瓦屋听雨,听起来就让人有无限遐思。古朴、幽深的屋子,雨点如音符般跳跃在被苔藓微微染绿的青绿的瓦顶上。要是没有细致的观察、真切的体验,和一颗敏感的心,是很难写出心中的那份思绪的。

小作者带着一份淡淡的愁绪,从雨声中听出千万种情思,瓦屋听雨,让人的想象力在雨中挥洒,雨成了人们寄托乡愁,怀念故人的使者,雨让人心底沉寂许久,却又不堪一击的情感得到释放,雨让人不断地回味成长的味道,让人品味曾经沧海难为水,除却巫山不是云的惆怅,雨,成了现代都市人心灵的寄托。有机会的话,让我们也找一处瓦屋,带一份闲暇,去雨中品味更多的意境吧!

本文语言清新优美,文中有很多地方,借用了其他声音来表现雨声,使得雨声变得形象具体,不再过于抽象和空洞,写雨,听雨是为了抒发内心的情感,作者紧扣"听雨"二字,写出了听雨时的心情,使整篇文章结构完整,中心明确。

丝路之旅

沈澈

曾几何时，天山、青海湖、戈壁滩……似乎都已成了地理课本中的专用名词，静卧在天的尽头、心底深处，令人神往而又遥不可及。暑假，我终于有幸，沿着丝绸之路，前往心中那浪漫奇特、神秘自由的西部。

雪山天池

旅行的第一站是天山天池。坐车盘山而上，还未抵目的地，便已折服于沿途的风光。不同于江南水乡的烟雨朦胧，在这雪域高原上，一切都分外明朗、清晰。天是湛蓝的，云是雪白的，草是油绿的。放眼远眺，天底下是一条白皑皑的雪线；雪线下，是连绵不绝的群山；山坡上，是星星点点的羊群；山坳中，便是清澈碧透的天池。一眼望去，群山环抱中的天池倒与西湖有几分相似，但是西湖太妩媚，泛舟湖上，会让人觉得悠闲安逸，沉迷其中。然而坐着快艇在天池上飞驶，任来自雪山的冷风直扑脸面，顿觉心旷神怡，精神为之一振，一股豪情油然而生。此时，人已融于雪山绿水间，雪山绿水也已融于胸中。镶嵌于莽莽雪山中的天池，既不失秀丽的景致，又富于苍茫的气势，在这海拔两千米的高原上，显得高傲脱俗。难怪民间传说，这里是古代西王母居住的瑶池仙境。

沙原隐泉

早听说鸣沙山、月牙泉是天下无双的地理奇观。此番亲眼所见，受到的震撼却令人

67

觉得那绝不仅仅是地理奇观，而是一种超越时空超越自然的存在。

沙漠中有一个湖泊、一条长河并不奇怪，但那样的一弯新月般的泉水，那样的纤瘦婉约，静静地卧于沙谷中，千万年来，始终不为风沙所掩，的确令人惊叹诧异如余秋雨先生所写："大漠中如此一弯，风沙中如此一静，荒凉中如此一景，高坡中如此一跌，才深得天地之韵律，造化之机巧，让人神醉情驰。"

夕阳下的鸣沙山美得无与伦比，天地间只剩下一抹金黄，简单纯粹，不掺一点儿杂质。骑着骆驼，随着长长的驼队，在金黄的夕阳下，在金黄的鸣沙山上悠闲地漫步。游人的喧嚣已渐渐平静，只听见驼铃声不紧不慢地响着，在空旷的大漠上似乎传得很远很远。

从鸣沙山上滑下来，又在月牙泉边带着佛教徒般的虔诚站了许久，只是静静地凝视着：不曾赞叹它的神奇——人类的辞藻永远都不足以描述自然的神奇；亦不曾思考它的成因——或许这根本就不会有人知道，或许这只是造化的不经意间的错误，我们无需知道。我们所要做的，只是在月牙泉边留下深情的一瞥，在鸣沙山上留下一串属于自己的足迹。

9天的时间太仓促，每个景点都只能点到即止，剩下的便只有留待日后细细品味思索。此次旅行，与其说是一次身心的放松，不如说是一次精神的洗礼、心灵的朝圣。"草原茵茵生之息，大漠茫茫云之气。祁连山横天山雪，从此魂牵梦也系。"有了这样一趟旅程，此生便已无憾。

同学分析

有幸到丝绸之路，像虔诚的教徒做一次朝拜，用自己的笔记下最深的感动，是这篇文章最大的成功。文章用笔大开大阖，运用了水墨画中泼墨的技法，将雪山天池和沙原隐泉尽收眼底。作者笔下的雪山，碧水蓝天，苍苍茫茫。对鸣沙山和月牙泉的描写尤其值得称道：夕阳下的鸣沙山美轮美奂，驼铃声的加入犹如画外音为这幅壮美的图画平添了空灵的意境；纤瘦婉约的月牙泉在作者的笔下多少有了些文化的韵味，因而这次旅行也就有了精神洗礼和心灵朝圣的深度。

也许是9天的时间太仓促，作者只能对所到之景做一些俯瞰式的描写。如果还有机会，作者应该再做一次深刻细致的丝路之旅，感受千年文明在这条古老之路的沉淀，抚摸历史烙下的或深或浅的印痕。

 **教师点评**

这是一篇游记散文，小作者记述了自己暑假西北之行的所见所感。

作者并未采用移步换景的顺序，而是从9天的行程中挑出3处有代表性的景观：天山天池、月牙泉和鸣沙山，进行有目的的介绍，使行文避免了流水账似的记录，做到了内容充实，重点突出。

对景观进行描写时，能够看出小作者的观察十分仔细，充分调动器官，从视觉、听觉、感觉等角度，对景物的形状、大小、颜色等进行充分描写，在对景物进行概括描后，又抓住了细节，使内容更加生动具体。

在写法上，小作者主要采用对比写法，将雪域天山与烟雨江南对比，更显出天山的硬朗挺拔。恰到好处的引用，不但使文章内容充实，更能表现出小作者的览物之情；独特的比喻，更使全文增色不少。

我喜欢的一种声音

卜 灵

我素来喜欢疾走,耳边总灌满了呼呼风声,天长日久,便十分喜欢这种疾步如风的感觉,同样喜欢风声。

宇宙中的风也许是无声的。但在地球上,即使是一片不毛之地,风拂过地面,也总会发出一点轻微的声响。

风弱的时候,闭眼听风,一切都清爽怡然,闲雅自得;而风强时,则感觉处处都是挺拔的韧劲。

一边走路,或是一边骑车,听着风声,会觉得越来越潇洒,一种刻意找不到的感觉。有时风会吹过头发、衣角,就这么半闭着眼睛,任它摆布;不一定有阳光,却觉得很温和。一切都像安排好了,只等着领略。

晚上,隔着窗户,听见风摇撼着树。有时只是簌簌作响,有时则是近乎于撕心裂肺一般的狂叫。一次恰巧正在读一篇《风中的树》,满心欢喜地读完,却有点遗憾地摇摇头。也许是期望过高,也许……

想起风,未必总是"一夜风雨,花落多少"。无论狂风,还是微风,一旦吹过,发出声响,就会莫名地勾起心底的一点冲动,一点热望,有时想远走高飞,有时想别的壮举。风吹的时候总是如此雄心勃勃,而风一落,心也随之一沉,虽不能说是消沉,但起码回到了现实,消失了刚才的一点激情。

梦想随风,也许太过理想,而真正能随风的时间,也确实短暂。一点一滴的时刻全都凑在一起,无非是一个零零星星的不完整的梦而已。

一边听风,一边赏赞,一边憧憬。既不很悲,也不很劲,融一份自我,觉得这风声很清逸。似乎只是经得住聆听与揣摩,却也足够叫人喜欢、欣赏与沉醉。

同学分析

作者有一双慧眼和一颗敏感的心,把自然界最普通的现象——风,观察得很细致,写得摇曳多姿。作者笔下汇集了风的各种姿态:疾走时的风,骑车时的风,隔着窗户的风……结合自己的感受,将看不见、摸不着的风形诸文字,呈现在读者的眼前。

不仅如此,作者的体悟和思考也很深。从风中,作者想到了梦,想到了时间,这些平时熟视无睹的东西在作者的笔下充满了哲学思考的意味。

应该说,作者将无形无色的风描写得如此生动,确实是难能可贵的。整篇文章语言质朴,又渗透着淡淡的悲伤,读之余味无穷。

教师点评

风吹过的声音,风在耳畔的声音,也许会因为你的忽略而远离了你。但如果有敏感细腻的心,你也能感受到风柔美地吹拂你的面庞抑或调皮地撩拨你的心弦。

大自然赐予我们丰厚的财产,只有亲近自然、有闲情雅致的人才能得到自然的恩惠,小作者正是这样幸运的人。风如朋友,如此亲切,如此融洽,这在于作者独特的体验。

文章句式简短清新,整齐又不乏变化,如风儿般吹过,表达的内容和表现的形式结合得非常巧妙。

第二辑

自然的启示

有人说，我们总是在永远的失去之后，才会想起去珍惜往日曾经拥有的一切，包括故乡，包括友谊也包括自己的过去。对于自然，我们不也正是在一次又一次地失去之后才懂得去亲近、珍爱吗？

眺望浩瀚的星空，仰望头顶密密麻麻的星星，心里会不由得生出一种自豪，这是我们生存的土地；蓝天下，溪水边，看到摇曳的绿草尽情地生长，生命的绿色不断地延伸，心里会有一丝惊讶，它们在抒写绿意的同时不也在抒写生命的希望吗？电视里，常常为奔跑的猎豹征服，那自信的眼神、剽悍的身姿、闪电的速度代表着一种生命的活力，那是力与美的象征……

我常常陶醉于自然的神奇与美妙，我更时时感动于自然的宽容与忍耐。面对生于斯长于斯的大地、山川、河流，我们随时可以发现值得惊喜和感悟的理由，青春年少，人生得意时，自然寄托着我们的雄心壮志；潦倒失意，痛定思痛时，自然成了我们抚慰伤口的避风港。就让我们永远带着一颗童心，一份爱意，用感恩的心情去感受大地上发生的一切吧！

名 篇 赏 析

美是一种积极的、固有的、客观化的价值。或者,用不太专门的话来说,美是被当做事物之属性的快感。

——[古希腊]柏拉图

大自然的启示

[日]松下幸之助*

春天的嫩芽一日一日苗长。当我的思虑仍停留在小小的嫩叶上时,那嫩叶却在我不注意的当口儿,摇身长成饱满的绿叶了。

我惊讶自然界迅速的变化,它一刻不停地活动、成长、改变着。一片绿叶似乎涌溢着自地心迸发出的生命——在和风与阳光孕育的大自然中,时时刻刻涌现着无穷的生命力。(大自然是奇妙的,一片绿叶能窥见世界之大。当然并非人人都有这样的敏感。要懂得观察与思考的人才有缘悟见其中之理。)

小小白花,静静地承受风吹雨打。不知那是什么花,然而在淅沥沥落个不停的雨中,竟发出闪亮的光彩,雨珠一滴滴从绿叶的尖上悄悄然滚落,那娇弱引人怜爱的花姿,突然给人一种心情舒畅的感觉。

雨要下就下吧,风要吹就吹吧,花瓣浸润在雨中摇颤着,它的根虽细小,却稳固地纠结于土地之中。

雨要下就下吧,风要吹就吹吧,风风雨雨总有停时;当风雨停时,小白花仍骄傲地抬着头。经过风雨的磨炼和洗礼,小白花的花瓣愈加洁白,绿叶更加鲜绿,它仍然坚毅地绽放。

小鸟鼓动着翅膀朝天空飞去,不知飞向何方,那小巧的身躯一直飞离视线之外。

---

*松下幸之助是日本著名的企业家,他在商界的成功家喻户晓,他对生命的态度又是怎样的呢?《大自然的启示》或许能给我们一些答案。

当雨停止时,它拍动着弱小的翅膀,敞开喉咙,鸟声啁啾地回荡在空中。

雨要下就下吧,风要吹就吹吧。与大自然依存而生的小花与小鸟啊,当我们回顾人类这种凄凄惶惶的度日方式,或许该效法小花小鸟,那与大自然相辅相成的和谐步调。云,快快慢慢、大大小小、白白淡淡、高高低低,没有一刻保持着相同的模样。(巧用叠词,能为文章增彩添姿。试把这"云,有的改变得快,有的改变得慢,形状大小不一,颜色深浅不同,有高有低……"是不是就少了几分诗意?是不是读起来也没那么朗朗上口,欠缺音韵回环之美呢?)

仿佛是溃散崩离,又不像在溃散崩离中:一瞬间、一瞬间变化着的云朵,在深蓝色的夏空中,以各式各样的姿态飘然而过。

云朵的变化,恰似人的心,人的命运。人的心也是天天都在变动,因此,人的际遇也是昨日不同于今日。(由眼前的景物起兴,引出对生活人生的思考,借景来说明某一深刻的道理;这称为"托物喻理"法。这种写法在名家散文中常常用到,它使抽象的道理变得具体而形象。)

编织成明明暗暗、各式各样的人生,那分分秒秒都变幻莫测的人生际遇与命运,不禁使人为之又喜又叹。

喜也罢,悲也罢,人生仿佛流云,时时在移动变化,不做片刻的停留。

若是人的思绪也有定则可循,就算不时会心慌意乱,终究会令人泰然自若。

(草木枯荣,北雁南飞,四季轮回,便是生命轮回,人如何能从有限的生命中体察到宇宙的无限,最好的办法就是带一颗慧心,时刻去寻觅。)

所以,纵然喜欢,也不必得意忘形;纵然悲戚,也不必怨天尤人。若每个人都能保持坦诚、谦虚的胸怀,在自己的工作岗位上,认真负责地工作,必可体会出那漫长人生中的无穷情趣。

在人生旅途中,不时穿插崇山峻岭的起伏,时而风吹雨打、困难难行,时而雨过天晴,鸟语花香。总希望能够振作精神,克服困难,继续奔向前程。

在那山头上,孕育着人生的新希望。

读后悟语

　　自然界万物有自己存在的理由,而观察自然,其实就是反观人类自身。

　　人人都是在痛苦中降生,用哭声迎接这个世界,然而人人都渴望欢笑的人生,都在为美满的生活努力。如果时刻能以积极乐观的态度面对生活,志得意满时无须过分骄矜放纵,失意低回时无须过分自哀自怜,时刻带一颗宽容之心看待身边的人和事,用一颗感恩之心面对生活,那么身心健康将是人生最大的享受。

　　像松下幸之助一样去留心身边的一草一木,一花一鸟,留意身边点滴具体而细微的小事,说不定你能够获得更多的收获。

蚁

[法]莫洛亚[*]

　　无数褐色的小怪物，在那嵌着两片玻璃的纸盒里骚动着，工作着，卖蚁人给了它们一点儿沙，它们便在沙里掘下一些辐辏的坑道，当中有一只比较大的蚂蚁，差不多始终伏着不动，这是其余的蚂蚁敬奉供养着的蚁后。(这篇短文不是从动物学的角度介绍蚂蚁，它是有隐喻和象征意义的。)

　　"这些蚂蚁是不要人照顾的，"卖蚁人说，"只要每月往洞口投下一滴蜜就够了……仅一滴……蚂蚁自己会将它运走并分派的。"

　　"一个月只要一滴吗?"年轻的女人说，"一滴蜜便可以把这许多蚂蚁养活一个月吗?"

　　她头上戴着阔边的白草帽，身上穿着花褂子，两臂赤裸着。卖蚁人凄寂地瞧着她。

　　"一滴就够了。"他重复道。

　　"这多有趣。"她说。

　　于是她买了那透明的蚁窝。

　　"亲爱的，"她说，"你看到我的蚂蚁了吗?"

　　她用指甲上涂有颜色的苍白手指，拈着那看得见蚂蚁在动的小玻璃匣，男子坐在她

*莫洛亚被誉为世界三大传记家之一，有《传记面面观》一书问世。他也善于写短篇小说，他认为，短篇小说的篇幅较短，比较容易控制驾驭，往往能达到长篇难以达到的完美境界。

身边,欣赏她微俯的后颈。

"你使生活多么有趣啊,亲爱的……有了你便什么都是新鲜的、变动的……昨晚是卷毛的小狗……现在却是这些蚂蚁……"

"瞧,亲爱的,"她带着一种他所喜欢的(她知道他喜欢的)孩子般的热情说,"你瞧这巨大的蚂蚁,这是蚁后,……那些工蚁服侍着她……我亲自饲养它们……并且,你会相信吗?亲爱的,它们一个月只要一滴蜜就够了……这多诗意啊!"

8天之后,她和丈夫都厌倦了那蚁窝,把它藏在壁炉上的镜子后面。到了月末,她忘记了那一滴蜜,蚂蚁慢慢饿死了。它们直到末了还留着一点儿蜜给那最后死去的蚁后。(昆虫之间无私的友爱令人类汗颜。它犹如一面镜子,折射出人的自私和丑陋。人类用玩弄、随意的心态对待昆虫,殊不知在上帝眼中,人类也不过是一只蚂蚁,终有一天,人类会为自己的愚蠢付出代价。)

 读后悟语

　　有人说,人是蚂蚁眼中的上帝。很遗憾,在《蚁》中,人类这个上帝并未如上帝般赐予小小蚂蚁智慧和力量,相反,正是自以为是的人类夺走了蚂蚁的生命。人类总是有一种不可思议的习惯,总以为自己是宇宙中最高贵的动物,喜欢将自己的意志凌驾于他人之上,一切以自我为中心,视其他生命如草芥。买蚂蚁的女人很漂亮,"她头上戴着阔边的白草帽,身上穿着花褂子,两臂赤裸着",她买蚂蚁只是因为她知道丈夫喜欢自己的故作天真,"你使生活变得多么有趣啊……有了你便什么都是新鲜的、生动的……昨晚是卷毛的小狗,现在却是这些蚂蚁……"虽然作者没有交代卷毛小狗的命运,但蚂蚁的遭遇让我们也不难猜测小狗的结局。蚂蚁的要求并不高,卖蚁人给了它们一点儿沙,它们就为蚁后搭建起一个家,一窝蚂蚁一个月只需要一滴蜜维持生命,但最终还是饿死了。与人的自私、丑陋相比,蚂蚁的忠诚令人感动,巨大的蚁后由成群的工蚁服侍,即使所有的蚂蚁都慢慢饿死了,它们还是留下了最后一点儿蜜给最后死去的蚁后。蚂蚁的无私令人类汗颜。

　　想想看,在我们的日常生活中,是不是也偶尔或者经常像这个自私的女人一样,任意践踏那些弱小生灵的命运,是不是也曾为了满足自己一点可怜的虚荣心,而漠视另一些生命的存在?

你不能施舍给我翅膀

张丽钧

在蛾子的世界里，有一种蛾子名叫"帝王蛾"。

以"帝王"来命名一只蛾子，你也许会说，这未免太夸张了吧?(开篇即提出疑问，引发读者注意。这是很吸引人的一种开篇方式。)

不错，如若它仅仅是以其长达几十厘米的双翼赢得了这样的名号，那的确有夸张之嫌;但是，当你知道了它是怎样冲破命运的苛刻设定，艰难地走出恒久的死寂。从而拥有飞翔的快乐时，你就一定会觉得那一顶"帝王"的冠冕真的是非它莫属。

帝王蛾的幼虫时期是在一个洞口极其狭小的茧中度过的。当它的生命要发生质的飞跃时，这天定的狭小通道对它来讲无疑成了鬼门关。那娇嫩的身躯必须拼尽全力才可以破茧而出。太多太多的幼虫在往外冲杀的时候力竭而亡，不幸成了"飞翔"这个词的悲壮祭品。

有人怀了悲悯恻隐之心，企图将那幼虫的生命通道修得宽阔一些。他们拿来剪刀，把茧子的洞口剪大。这样一来，茧中的幼虫不必费多大的力气，轻易就从那个牢笼里钻了出来。但是，所有因得到了救助而见到天日的蛾子都不是真正的"帝王蛾"——它们无论如何也飞不起来，只能拖着丧失了飞翔功能的累赘的双翅在地上笨拙地爬行! 原来，那"鬼门关"般的狭小茧洞恰是帮助帝王蛾幼虫两翼成长的关键所在，穿越的时刻，通过用力挤压，血液才能顺利送到蛾翼的组织中去;唯有两翼充血，帝王蛾才能振翅飞翔。人为地将茧洞剪大，蛾子的翼翅就失去充血的机会，生出来的帝王蛾便永远与飞翔绝缘。

没有谁能够施舍给帝王蛾一双奋飞的翅膀。

　　我们不可能成为统辖他人的帝王,但是我们可以做自己的帝王!不惧怕独自穿越狭长墨黑的隧道,不指望一双怜恤的手送来廉价的资助,将血肉之躯铸成一支英勇无畏的箭镞,带着呼啸的风声,携着永不坠落的梦想,拼力穿透命运设置的重重险阻,义无反顾地射向那寥廓美丽的长天⋯⋯(优秀的文章在结篇也很讲求艺术。好的结篇是对全文的总结,还是对主题的深化,"我们不可能⋯⋯但是我们可以⋯⋯""不惧怕⋯⋯不指望⋯⋯"而是"携着梦想⋯⋯拼力⋯⋯又无反顾⋯⋯"这些鲜明的对比句引发了人们对文章更深入的思考。)

 读后悟语

　　就像钢铁必须经淬火才可炼成一样,生命里的一些重重险阻其实是生命必需的设置。看到穿越"鬼门关"才能历练出强健翅膀的帝王蛾,你是否开始明白为什么日本父母要让孩子严冬穿短裤,为什么美国爹娘要将18岁的子女逐出家门自谋生路,为什么犹太爸妈要欺骗儿女让他们玩从窗口摔下的游戏⋯⋯打和骂也是一种爱,懂得接受命运的苛刻是一种成长。

小人物和小生物之间的命运

汤正启

蚯 蚓

这一切肯定不是选择，而是命令、命定，蚯蚓被抛进地下，是世界上离十八层地狱最近的一种生命。连一只飞在天上最微不足道的苍蝇，因为有一对翅膀，也使得蚯蚓不可即甚至还不可望。蚯蚓何尝不想有自己的翅膀，在天上飞？(连苍蝇都不如，蚯蚓的命运可谓卑微，文章开篇是对蚯蚓的贬抑，然而，细品下文你才发现，"蚯蚓总是最后的胜利者"、"蚯蚓真是一个天才，也是一个智者"、"蚯蚓有超越生命之上、超越死亡之外的魔法"。生命有时难说其高贵抑或卑微。这种写法在创作上称为欲扬先抑。)

位卑而低级的蚯蚓可以说是我最早熟悉的动物，并与之交上了好朋友。我一个光屁股的乡下小毛孩，不与蚯蚓玩又能与谁玩？我在与小伙伴们屙尿和(huò)泥搭"过家家"的时候，蚯蚓就来参加了，那时蚯蚓是小家里喂养的小龙。后来慢慢地知道了它们的一些生活规律。它们好像总在睡觉，静止和沉默好像是它们的天性——以不动来对付世上的一切动乱——蚯蚓总是最后的胜利者，因为很老的土地总是它们的荫庇。天旱，它们就钻到地底深层去；天雨，它们就在地皮之下，或者就在草丛里。蚯蚓从来没有天灾人祸的。一年四季似一季，千年万年如一日。最叫人惊心的是发现蚯蚓是以泥为食的，蚯蚓真是一个天才，也是一个智者，你想想，世界上的哪一种生命不是终身都在为嘴忙？战争、弱肉强食，都是为一个肚子啊！可蚯蚓不愁吃，所以它成仙了。连蚯蚓拉的屎都是泥土，长形的，像是蚯蚓的雕塑或壳。泥土是它的食物，也是它的粪便；泥土穿过了蚯蚓的身体，蚯蚓也穿越了泥土。与大地浑然一体,这是蚯蚓的土性。所以它背着房子生活,四海都是它的家。蚯蚓虽然以土为食,但我发现,在蚯蚓的身体里,我曾看到过一丝丝的血。蚯蚓也是有血性的,于是我推想:蚯蚓必定有思想和精神。吃泥巴长成的蚯蚓却是青蛙和黄鳝的好食物。我们钓青蛙和黄鳝时总是用蚯蚓作饵料。到墙角下,把一块块砖翻开,就能找到好多好多盘曲着的蚯蚓。后来又发现:把蚯蚓掐成几段,这几段都能成活,成为几个新的生命。这是蚯蚓的魔法——能超越于生命之上,能超越于死亡之外。猪分成几块,就不叫猪,而叫肉了;人被分成几块,就不叫人,而叫死了。(比较最能显现出事物的本质特点:把猪分一分,把人割一割,你可深切体会到蚯蚓分段再生的神奇。)

压抑和埋没,是蚯蚓的命运,蚯蚓真有点像一截根一样,根被压抑和埋没在泥土下,根能寻找出路,长成生命;蚯蚓也能作曲线性的探索,尽管泥土里没有现成的路。难怪荀子说,蚯蚓无爪牙之利,筋骨之强,上食埃土,下饮黄泉,是因为它们用心一也。荀子这是用蚯蚓在教人。简单的蚯蚓活得真不简单。(蚯蚓究竟是"简单",还是"不简单"?把对立词拼在一起组成的句子最耐人咀嚼。这句话对蚯蚓的概括极为贴切。)

蜘　蛛

你没有一种眼光,你不处于一种环境,你不会对蜘蛛和它的生活留意。

你的眼光在角落暗处寻找归宿,你的思想对弱小者能引起同情和共鸣,你就会与一只蜘蛛不期遭遇在一个不名的黄昏里了;你不处于一种幽闭的空间,颓废的氛围里,蜘蛛对你是不存在的,高堂华屋里没有,雕窗画梁上没有,这不是蜘蛛们能站立的地方,只有破败的屋檐下,潮湿的墙角里,才是蜘蛛们生活的地方。蜘蛛是衰败的注脚。

我家老屋上就到处挂着蜘蛛网。有只蜘蛛成为这个圆的圆心。于是不止一次地我观察过它们。而且观察蜘蛛时要屏住呼吸,否则就会看走眼:蜘蛛的眼睛宽大透明像探照灯,嘴巴上有一把钳子,这是它猎食的武器;它像一个古代的武士,头和胸以及身躯,都穿着一层坚硬的甲胄,是防身的盾;它腿部末端,好似龙爪,是进攻的矛。蜘蛛的整个身体都是武器,因为它太小太弱,不得不血肉皆兵啊!蜘蛛的生存就是战斗,包括它们的织网。小小的蜘蛛肚里怎么会有这么多的丝,就像一个小孩怎么会有那么多的思索一样,一天天地吐总也吐不完——这只能说是一种先天的生理机能——一种胶质状的液体,吐出来,凝固,硬化,就成丝了。从蜘蛛的织网手法看,它们一个个都是生活的艺术家:起点,是在墙壁上吐出一滴液汁,固定后,蜘蛛就开始牵着丝线爬行,先是横着拉紧几道经线,再是竖着拉紧几条纬线,经纬分明,终点即起点,几天的劳作,一张罗网渐渐就成形了。小小的蜘蛛织就的是八卦图还是太极图,还是它们心中的形式,小小的我看不懂,蜘蛛比我深刻。牵着一根游丝的蜘蛛,编织着它生活的五彩的梦,像网一样,逐渐扩大,变形,总在横七竖八之中,抵达生命的路口,蜘蛛的路是一根丝啊,还比不得一根独木桥。(有没有发觉作者对蜘蛛的介绍十分具体和详尽?蜘蛛的生活因作者的笔在我们眼前纤毫毕现。为什么作者可以写得这么好呢?作者是"不止一次地","观察过它们",而且观察时"屏住呼吸""不走眼"地仔细看呢!学会这点,才真正学会写作与思考。)

　　接着我又认为蜘蛛是在凭空里犁田,一根根的丝是犁痕。蜘蛛如此耕耘,它想种什么呢?种空气,去长成风?后来发现它是用这网在捕获苍蝇蚊虫等食物,就像一个在水边用网网鱼的捕鱼人。(把蜘蛛比作耕田人,把蜘蛛喻为捕鱼者,好鲜活有趣的比喻。若说蜘蛛是"生活的艺术家",我们的作者这位语言艺术大师也必定来自生活,没有丰富的生活阅历,他又怎能创作出这么鲜活形象的比喻?)蜘蛛结网可能逮不到昆虫,但蜘蛛不结网不可能逮到昆虫。由于网上有黏性,当苍蝇飞临时,一不小心就会让网网住。这俘虏,起先扇动着双翅挣扎,蜘蛛会从尾部抽出丝来将它缠住,不一会儿,飞虫就动弹不得了,这时蜘蛛就会将其拖入洞中,作为几天的美餐。当然蛛网只能捕获一些小生灵,当大的飞虫冲网而过时,不但缚不住对方,而且还会弄坏网,比如甲虫,被粘住的甲虫只要腿一蹬,网就破了,甲虫也挣脱了。蜘蛛只得望其兴叹,赶紧修补自己的网。蜘蛛们一天到晚,一生一世到头,好像总在补网。(想象,在文学创作中有着突出的作用。通过想象,艺术家们可以把现实生活中的各种事物重新变幻组合,并赋予其新的意义。蜘蛛是艺术家,更是犁田人,织网是作画也是耕种,生命的耕种……)

　　更有一回,一只细腰黄蜂悄悄地飞来,扑着翅膀向网上撞。蜘蛛以为有飞虫黏住了,赶快爬过去捉,细腰蜂比蜘蛛还敏捷,抓住蜘蛛就飞走了。树杈上留下了一个破了的蜘蛛网。

　　所以我们总能看到的更多情景是:阴暗处挂着一只破网,这是失败的象征。

　　连一阵风来,蜘蛛网也会摇晃起来,随时都有可能掉到地上,摔得粉碎。明明是网,怎么风也不放过它呢?只因蛛网上网有许多红尘。

　　这是蜘蛛生活着的一个虚无缥缈、纤细柔弱的世界。它笼罩着我一个孩童的影子和幻想，我常常模仿蜘蛛的格局，捍卫自己的灵魂。蜘蛛从某种意义上说，成为我的阴影或光芒。

生活即网，我即蜘蛛。

蚂蚁

我每天的事是坐在电脑前，一个个汉字往屏幕上搬运，虽然只是十指在键盘上像弹钢琴似的，好像不费吹灰之力，但其实与一个码头搬运工并没有什么两样，而且付出的智力比体力更大。从来没有谁注意这一点，就像没有谁会注意脚下的一只蚂蚁。这一天清早，我又坐在了我的工作桌前，打开电脑，但我的人脑还处于无序状态，一片茫然，只听得电脑主机里的"呼呼"声，这工业的声音就是时代的步伐仿佛催促着我，我努力定下自己的神，进入一种生存状态，这时，我发现了一幅图画。

图画的背景照说也是不错的——朝阳通过窗户洒下了一大片金色的光芒。这时我看到一只蚂蚁在我的桌上寻找着什么。蚂蚁就在这金色的边缘。单只蚂蚁的繁忙从来不被注意，但我不能不注意它，就像我不得不注意我自己一样。我本来准备一手将它摁死，但看它那副虔诚的样子，我心软了，如此脆弱的生命，它的殒身还不足以点亮人们胸中慈悲的灯盏。但我开始观察它。它在做什么呢？如果是迷失了方向，寻找出路，它会那么着急？看它那副疲乏而心焦的神情，它肯定是在寻找粮食，说不定家里还有小孩等着要吃呢。（对身边的事物多提几个问题，这是观察力培养的起始，许多故事也由此展开了。记得雨果说过"对善于观察的人，最渺小的事物往往就是最重大的事物"。）是啊，一只寻找口粮的蚂蚁比我更早出发了，就在这时，在我写字台的一角，它找到了一块我前些天吃剩的馒头，馒头已经风干。蚂蚁在馒头四周转了一圈，然后，径直地往窗台上去了。我想，你不是找吃的吗？怎么找到了又不珍惜，而且还不屑一顾呢？原来，这只蚂蚁是去搬大部队去了。很快，一条由蚂蚁组成的墨线从窗台一直延绵到了我的电脑桌上，就像看到电影上红军长征时的远景。这群蚂蚁立即就将这个馒头团团包围住。从这里开始，我似乎要与这群小动物作个比赛，看谁先能完成自己的劳动。它们往家搬运馒头屑，我往电脑里搬运汉字。汉字就是馒头。就这样，为一篇短篇小说，我整整在电脑前劳作了一天；为个风干的馒头，蚂蚁们也是默默无闻地劳作了一天。我在中午休息的时候，注视过蚂蚁们，发现它们付出的艰辛肯定比我大，它们那么小的个子，要搬运比自己大多少倍的重量哟，你仔细地看,你会知道,由于它们负载过重,以至它们一个个的眼睛珠子都鼓突出来了。

到日头西斜的时候,我在伸了一个懒腰后总算完成了任务。我根本就没有看到蚂蚁们伸懒腰,但蚂蚁们还有半个馒头没有搬走。黄昏里的蚂蚁经过一天的劳作之后,连四肢都长长的了。它们还得挑灯夜战,不知要工作到什么时候。于是在对这群蚂蚁相惜的情绪中,我表达了作为一个人对这些生活得如此勤劳的小动物的尊重,我想我能为它们做些什么?我该帮蚂蚁们点忙,比如把这半个馒头帮它们运到蚂蚁的家里去,这对我来说真没有什么,我可以做一次蚂蚁们冥冥中的主了,可是我并不知道它们的家。我有点爱莫能助。(一个人为什么要向小小蚂蚁们"表达尊重"?为什么?前面说,"我"与蚂蚁"作个比赛",仔细为他们比一比,谁赢了? 这份"尊重",不是给一只小蚂蚁的,是一份给赢了"我"的对手的最高敬意。)

记得小时候,我对蚂蚁是没有好感的,因为蚂蚁总是爬进锅里的剩饭里去,与人争食。有时,天要下雨了,蚂蚁都会爬到地面上来,这时我们就撒尿冲它们,对这群小生命的胜利,能引起小孩们的自豪。

眼前这黑压压蠕动的一片生命——小小的芸芸众生——仿佛集体饥饿的良心,颤颤悠悠地,其中的寓意,像微弱的火焰,在我心头,能抵御世风日下的寒冷……

读后悟语

离十八层地狱最近、连苍蝇都比它更显眼的小动物蚯蚓,曾引起你热切的关注吗?处在阴暗的角落里、颓废的氛围中、破败的屋檐下、幽闭的空间内的蜘蛛,你又是否曾特别留意过呢?颤颤悠悠地在任何地方蠕动着看上去极为弱小与普通的小蚂蚁,是否会激发你深远的思考?在没看这篇文章之前,说句实在话,我还真不怎么留意这些小生物呢,就算见到,也只是不屑一顾的。可汤正启先生却是个爱思考的人,结合他自身的生命体验,他挖掘出这些小生物身上极为宝贵的品格,也在其中体会出一些生活的哲理。佛说:一花一世界,一叶一菩提。不是智慧的灵光离你太远,只是生命的真谛总潜藏在平凡的生活琐碎里,需要我们用心去体察。谢谢汤正启先生率先为我们做出的示范。

鱼的寓言(二则)

金鱼的死法

董玉洁

一

只要有鲜水,金鱼就无饿死之虞,但难免胀死之忧。(以对偶的句式用来开篇,特别简练、醒目。)

金鱼是鲫鱼的变种,彻头彻尾是人类驯育的结果。人类对其一贯的要求是美,只要美就行。而金鱼的捕食能力却被作为美的代价退化殆尽。不会捕食,危机感便无时不在,它别无选择地必须抓住每一粒投向自己的食物,而人把食物精工细制得可口至极,成为一种其无力抗拒的诱惑,于是不会摇头的金鱼吃啊吃,直到连同食物一起沉至水底。

贪得无厌是金鱼最常见的死因。

二

金鱼永远只能生活在平静的玻璃缸内,与水搏击的能力已退至"只可以游"的地步,一旦偶染小恙,或食之过饱,或老态龙钟,它便会因无力游出水面吸取足够的鲜氧而溺毙。

金鱼在水波不兴的平静中退化,在陈腐缺氧的舒适中亡命。(对偶句用来开篇特别醒目,用作结语同样凝练省力。而且这还是递进句与对偶句的结合,层递变化的结果用对偶句式呈现,让观者更触目惊心。故事的警示意义也因此凸显。)

<h1 style="text-align:center">三</h1>

无论懒惰者还是勤勉者,养金鱼都不成问题。勤勉者可以每天换一次水,懒惰者尽可以一月一换。只是如果突然改变换水的习惯,变一天为一月,或变一月为一天,金鱼都可能莫名其妙地暴亡。勤勉者据此得出结论:金鱼必须一天一换水;懒惰者得出完全相反的结论:金鱼只能一月一换水。

科学的结论是:金鱼必须换水,又必须生活在一个相对稳定的环境里。生活必须流变,固守是危险的;传统必须承袭,撕裂同样是危险的。

读后悟语

以鱼喻人,哲理不言而喻。人也是自然的一分子,人和金鱼又有什么分别呢?

金鱼因贪而死,人又何尝不是呢?水波不兴使得金鱼在平静中退化,人类不也是"逸豫可以亡身"吗?金鱼需要的环境相对稳定,却又必须是流动的,人类社会的发展也正需要传统与革新。

小小金鱼,细观察,能得出大道理。

<h2 style="text-align:center">游向高原的鱼</h2>

红　狼

水从高原流下由西向东,渤海的一条鱼逆流而上。

它的游技很精湛,因而游得很精彩。一会儿冲过浅滩,一会儿划过激流,它穿过了湖泊中层层的渔网,也躲过无数水鸟的追逐,它逆行了著名的壶口瀑布,堪称奇迹。又穿过了激水奔流的青铜峡谷,博得鱼们的众声喝彩。它不停地游,最后穿过山涧,挤过石罅,游上了高原。(准确的动词为文章增色不少,让我们能想象短短的语句后丰富的画面。)

然而,它还没来得及发出一声欢呼,瞬间却冻成了冰。

若干年后,一群登山者在唐古拉山的冰块中发现了它,它还保持着游的姿势。有人认出这是渤海口的鱼。一位年轻人感叹说,这是一条勇敢的鱼,它逆行了那么远,那么长,那么久。

一位老者为之叹息说,这的确是一条勇敢的鱼,然而它只有伟大的精神却没有伟大的方向,它极端逆向的追求,最后得到的只能是死亡。

逆反是生活中不可缺少的精神,但逆反必须遵从自然规律和历史的选择,否则历尽艰辛得到的只能是毁灭。

读后悟语

游向高原的鱼,自有他生命的使命。为完成使命而献出生命,这是一条可敬的鱼。

逆反必须遵从自然规律和历史的选择,这不仅是对鱼,更是对人说的。对于鱼,顺流而下者有,逆流嬉戏的亦多。只是,超出了它所承受的极限,它必然消亡。历史的车轮滚向前,要有批判的精神、反思的习惯,要洞悉社会的趋向、把握时代的脉搏。

繁春落叶

张晓惠

　　我不知道这棵树有这样一个名字，从发声来说是"suō luó"——桫椤，很好听写起来也很好看的，我以前从没听说过这种树。我也不知道这棵长在这五十年代就盖起的两层小楼西山墙边、没有任何围栏和防护标识的、如同我们苏北平原旷野地里随处可见的朴素厚实的树，竟是华东地区仅有的一棵桫椤树——植物园的专家称它"国宝"的。这株罕见的"国宝"其实真是如此地普通——一般又一般的外貌，高倒是高的，高过这两层小楼的屋脊，树枝桠桠杈杈，交错又舒展着伸向四方。树根处一块大石头用朱色写着醒目的"桫椤"，标明着它是一株不常见的树。由于它外貌的太普通，以至于我们每日里上课下课从它身边走过的时候，只将更多的视线投注给距它不远的纤柔散逸的天竺，还有那丛恣肆蓬勃的撒金珊瑚。

　　人也是势利的，打知道桫椤树是国宝后(这紫金山麓著名风景区的餐厅也以它命名，曰"桫椤树餐厅")，每每经过它身旁就忍不住多打量多注视。有说是发现了它的树干分分合合，有说是它的形态桀骜不驯。我倒是日复一日地注视着桫椤的叶。初见它时，还遍体苍绿，那种茂密油亮的绿。也就十来天的时间，桫椤树的叶子就不经意地凋落，竟基本掉光了，一片又一片的，一片片还泛着生命光泽的绿叶就厚甸甸地围落在了树根下。不到两天，那落地的绿色竟又溢出片片金黄！这是在绿色四起万花竞相绽放的繁春季节啊！繁春落叶！这不可解的现象！(感叹号本不常用，但这是却一连用了4个。不要吗?滥用否?不! 正是连续4个感叹号充分表现出了桫椤树繁春落叶这一现象的独特奇异。看书要仔细，这小小标点符号里可也是奥妙多多。)那两日黄昏，我就一直围着桫椤树打转，满地的金黄叶片在晚风中曼舞飞扬,似乎就有些很轻很轻的话语透过叶片在四野飘荡,很近又很遥远,清晰又模糊,是桫椤在喁喁低语?是桫椤在浅吟轻唱?我竭力分辨又难以捕捉。半个月亮缓缓地爬了上来,无叶的桫椤就从容出一副刚健又宁静的剪影,在苍蓝的天幕下,在如银似水的月光里。白玉兰紫玉兰红玉兰绽放满树满园,忍冬花腊梅花杜鹃花香溢四野。(写桫椤,为什么还要写白玉兰紫玉兰红玉兰忍冬花腊梅花杜鹃花呢?反衬手法,更显桫椤卓尔不群。)

我眼里只有桫椤:在经过烈日的炙烤秋风的洗练寒冬冰雪的肆虐,却始终以不屈的意志、全部的热情焕发蓬勃的绿色,竟在繁春时落叶!是以繁春落叶来表明另一种生活方式或是生存态度吗?是以繁春落叶来喻示着置身繁华却不求功利的脱俗情怀吗?如若这样,我该敬重您了,桫椤。这样的品格和气质,这样的思考和觉悟,超越熙熙攘攘中浅薄的卖弄和虚荣的张扬,迥异于红尘俗世中锱铢必较的算计和尔虞我诈的谋划。大千世界,几人若你,桫椤!(桫椤在这里,不仅是桫椤,作者将她拟人化,赋予她高贵品格和气质,是宁静致远,淡泊明志的象征。)

仰视桫椤,桫椤沉默,稳健笃实又厚重。见了太多的是随俗的冬日里枯疏春日里萌绿夏日里绽放,也见过一些春夏秋冬一直高扬绿色的旗帜,已是不易。但真的是第一次见到如此大气、脱俗,繁春落叶的桫椤。才开始我还不认识你呢,你是大隐于世,我是粗陋浅识。不过,也是啊,世间真正不凡的,大抵都以朴素不过的外貌示人。(始悟文首极言桫椤"如此地普通"之目的!)

谢谢你,桫椤!

读后悟语

当万木争相吐芽,展现一冬的生命实力之时,桫椤,将与严寒抗争的胜利果实——满树绿叶,交付与大地。在繁春,在万物竞相表演、竞相争辉的时候,最富生命力的、最有发言权的桫椤,却悄然退场。繁春落叶,不是凋零,不是委顿,而是淡定,是万众瞩目时的回眸淡然一笑。

文章写的是树,实则是写人。通过赋予桫椤以人的高贵品格,通过对桫椤的赞美,实则表达的是作者的人生态度。

春天的第一朵鲜花

谢 云

　　我在沉闷的钟声里醒来，漫不经心地推开那扇因经年的岁月而变得滞重喑哑的房门，看见天井里那株矮小的迎春，在寒凉的淡雾中绽出一星浅黄的花朵时，心里仿佛被什么细小的东西猛叮了一下。在一种莫名其妙的激动和战栗中，我深深地吸了一口凛冽透骨的空气。我知道，春天来了。春天真正地来了。这来到我天井中的第一朵鲜花，以其淡雅的馨香和宁静的妩媚，默默地告诉了我这一消息。春天来了，天空将又一次飘满缤纷的风筝和鸟鸣；春天来了，大地将因此又一次盛满绿草和歌声。("沉闷"的钟声，"滞重喑哑"的房门，"寒冷"的淡雾，读到这些形容词时，你感受到什么?冬天的清冷与压抑，对吗?所以，当那"一星浅黄的花朵"绽放时，我们欣喜并振奋。对比才产生强烈的震撼，所以，写春天之前先让大家体会一下冬天，才会对春天更为敏感。)

　　而我知道，每一年的春天，是必得要穿过最寒冷的日子，才能抵达世界，抵达生命的内心，就像我们的青春，是必得要经历许多令人难以忍受的寂寞、痛苦和忧伤的浸泡，才能走向成熟和丰盈。那么，这朵尚未完全绽开的拘谨的小花，这束在清晨的凉风中闪烁摇曳的微光，又是经历了怎样的泥泞和坎坷，怎样的风霜雨雪，才抵达我这简朴的天井里的呢?

　　记得前些天，在火炉边计算着春来的日子时，窗上还涌动着阴森的寒流。记得昨夜的梦中，还有不断的风雪将我一次次喊醒。而更远的一些时候，当我看到这些在漫天风雪中瑟瑟颤抖的纤细枝条时，还曾情不自禁地为它们那美好而脆弱的生命担心不已。然而现在，春天却如此结实地到来了。这朵鲜花，也如此真实地到达春天，到达我的血液和灵魂了。

　　这是怎样一种令人感动的变更啊!

面对着那带露浅笑的小巧面孔,我不禁想起不算太长的生命旅程中,经历的一次次艰辛和喜悦——那声在雪地深处响起的微弱而真切的轻声呼唤,那双在我快要绝望地放弃时伸来的援助之手,那盏在我只想躺在地上,不愿再起来行走时的燃旺的温暖明灯……这样简单而真实的关爱,这些微弱而深刻的光芒,曾像这朵首先来到春天的鲜花一样,激励着我再一次奋然前进。对于我们平凡而卑微的生命来说,这,该是多么令人欣悦、感恩的幸福啊!(如果在你眼里,花只是花,只是那不起眼的一丁点零星浅黄,你必定体会不到那种强烈的欣悦与感恩。但试着把这朵花放到更开阔的生活背景中去,试着联想一下和这朵花相似的人生体验,这种联想一定会让你感受到花开背后更丰富隽永的内涵。)

又想起去年夏天,在涪江边散步时的情形。流经我身边的这条著名河流,其实还算不上什么壮阔,也许,只有在它历尽千辛万苦,抵达遥远的嘉陵江,并汇入长江后,才会令人想起诸如伟大、雄浑之类的赞美言辞。但我知道,我清楚地知道,在更为遥远的另一个地方,在它的源头,那叫雪宝顶的冰峰间,它又是怎样一点一滴地聚敛着微弱的生命。就像我知道,这来到春天的第一朵鲜花,在开放出令人侧目的绚丽光彩前,它所经历的痛苦挣扎和血泪艰辛。

其实,在任何一种博大的辉煌背后,都掩藏着许许多多鲜为人知的苦痛和艰辛。也许正因为那苦痛和艰辛,那博大,那辉煌,才更令人敬慕、向往、尊崇。就像我们的生命,是必得要经历漫长的跋涉和坎坷,才能到达那风光迷人的峰顶。而那峰顶,也只有经过期待和失望的磨砺,才会更加美丽迷人。

读后悟语

有什么比春天来了更让人振奋呢?又有什么比春天的第一朵鲜花更让人感动呢?天井里一朵平凡的小花,让作者如此细腻细致地体会到生命的喜悦,感受到生命的震撼。这朵花,不仅是美,更是希望,是苦痛人生的感恩。

一花开而知春意。作者善于观察,善于捕捉生活中的些微细节,点滴感受,衍成文字,便成佳作。一朵小花,太平常不过。但作者却通过它感受到春天的到来,体会到了生命轮回的喜悦,思考人生的哲理。的确,在任何一种博大的辉煌背后,都掩藏着许许多多鲜为人知的苦痛和艰辛。

白太阳

斯　妤

5岁的时候我曾经指着月亮和父亲赌气。父亲说那是月亮，里面有嫦娥有桂树。我却指着那冷漠高远的圆球固执地说："白太阳白太阳白太阳！"(童言可笑，却又是一派天真。)

父亲笑我蠢笑我笨。笑过之后又使劲把我举过头顶，称赞我的观察力和想象力。我当然得意非凡。但那得意不是因为父亲的夸奖而是因为，我能高高在上地俯视地面的万物俯视父亲的银框眼镜，还有在父亲脚跟前窜来窜去的小猫阿迪。

父亲坐到他的书桌前去备他那永远备不完的课时，我就偷偷跑到葡萄架下。我躲在里面一边摘着酸溜溜的青葡萄吃，一边透过弯弯曲曲相互缠绕的葡萄藤，静静瞭望那又高又远的白太阳。(准确的形容词与动词，写出了神态的可爱！)

可不是白太阳嘛一样的圆球一样高高地挂在天上，却没有针一样的光芒没有火一样的热度。不是白太阳又是什么呢白太阳白太阳白太阳……(简单的语词重复，没有标点的连珠炮似的句式，恰是孩子式的天真的口吻、儿童的性格出来了。)

后来我长大了，明白那其实真是月亮而不是白太阳。父亲却依然笑我蠢笑我笨。父亲说你小时候叫它白太阳呢你小时有些笨不过想象力丰富。我听了当然还是高兴只是不再得意，因为父亲不再把我举过头顶了，父亲只是看着我微笑。

(戛然而止，有余味。)

那次我在一个峡谷里行走。两边是峻岭，峡谷中间有一条溪流正潺潺流淌。我经过长时间的跋涉已精疲力竭。我跌坐在溪流前，正要把脚伸到溪水里冲个痛快，却发现溪流凝固了峻岭倾斜了眼前出现一片平川。我惊讶得不行欣喜得不行,正要高声赞叹,却觉得头发湿凉脖颈湿凉转眼间遍地雪白。"下雪了下雪了下雪了!"我终于奋力喊出声来。

这一喊才知道什么峡谷什么溪流平川其实只是梦境一片。

可是下雪却是真的。(这一句与上面声断气连。)明亮的玻璃窗映进来耀眼的白光,世界死一般地寂静。我匆匆穿衣匆匆下楼,迎着远处的西山轮廓匆匆走去。我不知自己要做什么。也许想寻那个奇异的梦境也许想寻心中尚无所感的什么吧?

一围湖泊大小的厚而亮的积雪磁石一般牢牢吸住我的目光。我顿时明白我这样匆匆一路寻来想要的就是它,想看的就是它。

它静静地躺在那里。蓬松、洁白、熠熠生辉。如一首无字的歌如一泓盈盈清波。隔着相当的距离,一股月光般冷艳的气流依然无可抗拒地朝我袭来,一阵紧似一阵一阵浓过一阵……

白太阳白太阳,童年的白太阳。一样的冷艳一样的光亮一样的离我既远又近白太阳——

我又回到愚笨的童年回到弯弯曲曲缠绕着的葡萄架下了吗?

有一刹那我差点放纵了自己。我想跃入那雪的湖泊中,让松软的洁白滋润心田滋润肌肤,让发蓝的银光辉映眼睛辉映额头。因为相形之下,我已这样衰弱这样苍老这样干涸了。

但我终于没能放纵自己,没能跃入湖中。

为了这确凿的衰老的证明,我陷入长久长久的悲哀,直到朝阳喷薄而出,直到白太阳点点滴滴化作一潭春水。(这不是"衰老",这是长大了。由月光下的梦境,进入阳光下的现实。)

第一次看见他时他驻足在山峦上没有坐骑更没有车辇。可是他回眸一望,被击中的我的心立即放出万道霞光。于是我看见他披着霞光,庄严而迅捷地朝峰巅升去,不一会儿便金光灿灿如日东升照临巍巍青山。

哦,金太阳,最初的太阳,永恒的太阳!

迎着霞光我一步一步朝他奔去。心的呼唤穿越寥廓的空间,如洪水漫延如波涛奏鸣……近了近了那太阳那辉煌的火球。那样耀眼那样迷人那样充满神奇的力量。曾经几度骚扰我的阴翳该永远退避永远逃遁了。生命之火将在我体内永燃。

凭着旷世的呼唤我来到他的身边。他收起如网的金光还我以平等的注目。

这就是他吗这就是我呼唤了几个世纪的主宰吗?

是的。他不容置疑地回答我有如威严的帝王。

于是,我闭上眼睛等待他旷世的拥抱等待与之俱来的旷世的幸福……

然而穿过深沉的夜浩渺的黑暗,我发现我抵达了彼岸。

彼岸依旧是幸福依旧是莺飞草长。只是幸福于我不再是如火的霞光而是清澈的水淡泊的云。智慧之光使它们永恒。(智慧使狂热的崇拜变成冷静的思考。)

他依旧披着万道霞光。

那霞光远了近了那霞光雪一样的白。(由思考而重现童年的纯真。)

读后悟语

斯妤以写散文而出名,她的散文就像朦胧的诗。代表作品有《女儿梦》、《滚石》、《流浪者》、《斑驳人生》等。

这篇《白太阳》文字一点也不艰深,但读完之后似乎还有许多不明白的地方。尽管她笔下的月亮、雪地、太阳都清晰可见,但仍然好像一首朦胧诗。

为什么呢?因为它是一连串意象的组合。

如这一段:"后来我长大了,明白那其实真是月亮而不是白太阳。父亲却依然笑我蠢笑我笨。父亲说你小时候叫它白太阳呢你小时候有些笨不过想象力丰富。我听了当然还是高兴只是不再得意,因为父亲不再把我举过头顶了,父亲只是看着我微笑。"

如同一连串的电影镜头在我们面前闪现,就在这镜头的背后,如同电影上的画外音,有时带着稚气,有时显得有些苍老。当这些"意"与"象"组合在一起的时候,诗的味道就出来了,耐人寻味的哲理也出来了。

这就是斯妤,这就是《白太阳》,在梦境中思考,由思考而再现童年,最后告诉我们:永不丢失童年的纯真!

读沧海

刘再复[*]

一

我又来到海滨了，又亲吻着蔚蓝色的海。

这是北方的海岸，烟台山迷人的夏天。我坐在花间的岩石上，贪婪地读着沧海——展示在天与地之间的书籍，远古与今天的启示录，不朽的大自然的经典。

我带着千里奔波的饥渴，带着长长岁月久久思慕的饥渴，读着浪花，读着波光，读着迷蒙的烟涛，读着从天外滚滚而来的蓝色的文字，发出雷一样响声的白色的标点。我敞开胸襟，呼吸着海香很浓的风，开始领略书本里汹涌的内容、澎湃的情思、伟大而深邃的哲理。(读海如读书，渐入佳境。注意作者的排比句式，先是只读到简单的名词，接着读到形，读到声，读到更丰富的内涵。句子的延展带来的是读者思绪的延展。)

打开海蓝色的封面，我进入了书中的境界。隐约地，我听到太阳清脆的铃声，海底朦胧的音乐。我看到了安徒生童话里天鹅洁白的舞姿，我看到罗马大将安东尼和埃及女王克莉奥佩屈拉在海战中爱与恨交融的戏剧，看到灵魂复苏的精卫鸟化做大群的飞鸥在寻找当年投入海中的树枝，看到徐悲鸿的马群在这蓝色的大草原上仰天长啸，看到舒伯特

---

*刘再复，生于1941年，福建南安人。当代著名文艺理论家、作家。著作有《雨丝集》、《深海的追求》、《告别》、《太阳·土地·人》等作品。

的琴键像星星在浪尖上频频跳动……(这一组排比叠加着各个故事,调动起读者的情绪。)

就此时此刻,我感到一种神秘的变动在我身上发生:一种曾经背叛过自己,但是非常美好的东西复归了,而另一种我曾想摆脱而无法摆脱的东西消失了。我感到身上好像减少了什么,又增加了什么,感到我自己的世界在扩大,胸脯在奇异地伸延,一直伸延到无穷的远方,伸延到海天的相接处。我觉得自己的心,同天,同海,同躲藏的星月连成了一片。也就在这个时候,喜悦突然像涌上海面的潜流,滚过我的胸间,使我暗暗地激动。生活多么美好啊!这大海拥载着的土地,这土地拥载着的生活,多么值得我爱恋啊!(融入大海的怀抱,内外交融,物我两忘,这是何等奇妙的境界?)

我仿佛听到蔚蓝色的启示录在对我说,你知道什么是幸福吗?你如果要赢得它,请你继续敞开你的胸襟,体验着海,体验着自由,体验着无边无际的壮阔,体验着无穷无尽的渊深!(还是排比句式,带领着作者,如展开画卷般,渐次展现读海的种种体会。)

二

我读着海。我知道海是古老的书籍,很古老很古老了,古老得不可思议。

为了积蓄成大海,造化曾经用了整整十亿年。十亿年的积累,十亿年的构思,千亿年吮吸天空与大地的乳汁和眼泪。雄伟的、宏贯天地的巨卷啊!谁能在自己有限的一生中,读尽你的无限内涵呢?(这一节作者直接用"你"来呼告,拉近了海与人的距离,容易使读者引起共鸣。)

有人在你身上读到豪壮,有人在你身上读到寂寞,有人在你心中读到爱情,也有人在你心中读到仇恨,有人在你身边寻找生,有人在你身边找死。那些蹈海的英雄,那些自沉海底的失败的改革者,那些越过怒涛向岸进取的冒险家,那些潜入深海发掘古化石的学者,那些耳边飘忽着丝绸带子的水兵,那些驾着风帆顽强地表现自身强大本质的运动健将,还有那些仰仗着你的豪强铤而走险的海盗,都在你这里集合过,把你作为人生的拼搏的舞台。(这一组有关人们在海上活动的排比,写出了沧海是人生拼搏的舞台。)

你,伟大的双重结构的生命,兼收并蓄的胸怀:悲剧与喜剧,壮剧与闹剧,正与反,潮与汐,深与浅,珊瑚与礁石,洪涛与微波,浪花与泡沫,火山与水泉,巨鲸与幼鱼,狂暴与温柔,明朗与朦胧,清新与混沌,怒吼与低唱,日出与日落,诞生与死亡,都在你身上冲突着,交织着。(这一系列正反参差的排比,写出了沧海兼收并蓄的胸怀。)

哦,雨果所说的"大自然的双画像",你不就是典型吗?

在颤抖的漫长岁月中,不知有多少江河带着黄土染污你的蔚蓝,也不知有多少巨鲸与群鲨的尸体毒化你的芬芳,然而,你还是你,海浪还是那样活泼,波光还是那样明艳,阳光下,海水还是那样清澈。不是吗?我明明读到浅海的海底,明明读到沙,读到礁石,读到飘动的海带。

呵!我的书籍,不被污染的伟大的篇章,不会衰朽的雄文奇彩!我终于读到书魂,读到了一种比风暴更伟大的力量,这是举世无双的沉淀力与排除力,这是自我克服、自我战胜的蔚蓝色的伟大的奇观。(散文贵在"形散而神不散",此处很好地收束起上文的"形散"的联想,聚集了海之神。)

三

我读着海,从浅海读到深海,从海面读到海底——我神往的世界。但我困惑了,在我的视线未能穿透的海底,伟大书籍最深的层次,有我读不懂的大深奥。(这一小节采用先抑后扬的写法,先展示困惑后表明信心,着重强调了沧海强大、健康、倔强。)

我知道许多智勇双全的科学家、工程师和探险家也在读着深海,他们的眼光像一团炬火,越过默色的深渊去照明海底的黄昏。全人类都在读海,世界皱着眉头在钻研着海的学问。海底的水晶宫在哪里?海底的大森林在哪里?海底火山与石油的故乡在哪里?古生代里怎样开始生物繁衍的故事?寒武纪发生过怎样惊天动地的浮沉与沧桑?奥陶纪和志留纪发生过怎样扣人心扉的生存与死灭?海里有机界的演化又有过怎样波澜壮阔的革命的飞跃? 我读着我不懂的深奥,于是,在花间的岩石上,我对着浪花,发出一串串的海问。我知道人类一旦解开了海谜,读懂这不朽的书卷,开拓这伟大的存在,人类将有更伟大的生活,世界将三倍的富有。

我有我读不懂的大深奥,然而,我知道今天的海,是曾经化为桑田的海,是曾经被圆锥形动物统治过的海,是曾经被凶猛的海蛇和海龙霸占过的海。而今天,这寒荒的波涛世界变成了另一个繁忙的人世间。我读着海,读着眼前驰骋的七彩风帆,读着威武的舰队,读着层楼似的庞大的轮船,读着海滩上那些红白相间的帐篷,读着沙地上沐浴着阳光的男人与女人。(再用"读着…读着…读着…"的排比句式来对主题进行反复,这是行文的好技巧!)我相信,20年后的海,又会是另一种壮观,另一种七彩,另一种海与人的和谐世界。

伟大的书籍,你时时在更新,在丰富,在进化。我曾经千百次地思索,大海,你为什么能够终古长新,为什么能够有这样永远不会消失的气魄。而今天,我懂了:因为你自身是强大的、健康的,是倔强地流动着的。

大海!我心中伟大的启示录,不朽的经典。我在你身上体验到自由和伟力,体验到丰富与渊深,也体验着我的愚昧、贫乏和弱小,然而,我将追随你滔滔的寒流与暖流,驰向前方,驰向深处,去寻找新的力量和新的未知数,去充实我的生命,去沉淀我的尘埃,去更新我的灵魂。(对沧海的信心,同样是对自己的信心。)

读后悟语

沧海是一本包罗万象的书,在这本书上,你可以读到浪花、波光、烟涛,读到童话、戏剧、神话、音乐,也可以读到豪壮、寂寞,甚至是自由和伟力,自己的愚昧、贫乏和弱小。

这是一本神奇的书,这是一片苍茫的大海:它的魅力,使我"自己的世界在扩大,胸脯在奇异地伸延,一直伸延到无穷的地方,伸延到海天的相接处。我觉得自己的心,同天,同海,同躲藏的星月连成了一片"。在感悟中,在冥想中,"我"已经和沧海融为一体,达到物我两忘的境地了。这篇文章引人注目的是一组又一组令人应接不暇的排比句子,充分展现了沧海让人引发的遐思,展现了沧海包容万物的胸怀与慧眼旁观的智慧。

在这里,我们不得不佩服作者贯中西通古今的渊博学识,更羡慕他与天地感悟一体的玄心妙赏了。如此开阔雄浑、深邃隽永,非勤奋与灵性不可得也。

联想是由一事物想到另一事物的心理过程,包括横向性联想、纵向性联想和对立性联想。《读论海》一文由于联想丰富,因而意境开阔,如第4段、第9段、第10段,运用联想的方法,丰富了文章的内涵,开阔了文章的意境。

大自然与大生命

红　柯*

　　真正的自然在西部,山脉、树和草甚至人的生命在这里才显得真切而细致。(开头的判断实在惊人。读者越不服气,越想往下看。)

　　西部一直是探险家和余纯顺这样的壮士涉足的领域,对许多内地人来讲,帕米尔高原天山阿尔泰跟月球没什么区别。我在新疆生活的10年里,碰到不少港澳的中学生,香港的面积不及新疆一个乡镇,香港又是一个大都市金融中心服装加工中心。大都市所需要的大生命驱使这些中学生走向大自然。商业并不排斥人的生命意识,而是对生命意识的挑战。欧洲第一代商业繁荣是哥伦布、麦哲伦们在大海里锤炼出来的。上个世纪末,一个12岁的瑞典孩子发誓要到中亚细亚去当探险家,在他看来探险生涯是上帝赐给他的幸福,他就是斯文赫定,用50年时间深入中亚腹地进行考察。在斯文赫定身后,是北欧那个布满森林湖泊和冰雪的童话世界,安徒生只能产生在北欧。全世界的儿童都喜欢《西游记》,《西游记》记的就是火焰山、大戈壁、大山脉、大沙漠,没有雄奇的西部作背景,孙悟空、猪八戒也只能缩在陶罐里做蛐蛐。(这个假设非常大胆,幽默中不乏铿锵的气势。)

　　可以在城市的中心造一座公园,在公园里蓄一池子水,再弄一座假山,甚至可以把泰

---

　　*红柯,原名杨宏科,中国作家协会会员,短篇小说《美丽奴羊》获1997年全国十佳小说奖,长篇小说《西去的骑手》获2001年中国小说排行长篇小说第一名。短篇小说《吹牛》获2001年第二届鲁迅文学奖。

山、华山、黄山、峨眉山加工成旅游胜地。你能在那里领略到大自然的神韵吗?(这两个反问句,增强了肯定的意味。)

在西部你不可能给戈壁围上栅栏,你不可能在天山上加锁链修台阶,阿勒泰市郊的桦林公园也只是在克兰河的出口加一道砖墙,那么湍急的一条河是戴不上笼头的,那么好的天然白桦林还需要你动手动脚吗?

一位朋友曾与意大利留学生同游塔里木,留学生惊奇地发现,大客车上没有内地的中国人,留学生问他:"地球上这么神奇的地方,怎么没人来玩?"

不是我们不喜欢玩,不喜欢山水,是我们没有魄力走向宏大的自然。

帕米尔高原、天山阿尔泰离我们太遥远了。这些词汇产生在张骞的背景里,《生在大唐西域记》里。李白的诗篇之所以成为盛唐之音,是因为李白在中亚草原度过了金色的童年,大漠孕育大想象、大激情,李白的黄河是从天上来的不是山上来的。略逊于李白的杜甫,年轻时也曾壮游天下。

我们衰落的过程也是大自然意识的衰落过程。宋朝把自己龟缩在长城以内,版图上再也见不到雄奇的山脉和一泻千里的大江大河了,只攥着黄河长江的尾巴。孕育生命的女性被裹成小脚。盆景园林大盛。文人画全是纤细的瘦鹤。明清以至近代,文人钟情的全是枯荷、死鱼、葫芦和虾。

何不把长征看做民族自然意识的苏醒呢?金沙江、大雪山直到长江、黄河之源,汉唐英雄时代的气息出现在毛泽东的《沁园春·雪》里。蒋介石更像一个南宋的皇帝,郁达夫把蒋比如赵构,蒋居台湾,撰词50首,有南唐李后主之风。(通过这两组对比,你是否已经察觉大自然对人格气质的影响?)

岳飞最感人的不是"饥餐胡虏肉"不是"迎二帝",而是"还我河山"。《说岳全传》中有个细节,周桐教岳飞学武的同时,常带岳飞到大自然里去饱览河山的壮美。河山之美远远超过母亲刺在他身上的"精忠报国"。用高尔基的话讲:大自然培养爱国主义。高尔基非常喜欢普里什文,因为普里什文的作品里有一种把"大地当做自己的肉一样的感觉",人是大地生出来的,可是他又用自己的劳动使大地怀孕,用自己美丽的想象美化大地"。俄罗斯文学的这种大地意识是其他民族难以企及的。前苏联有一本教科书(学前儿童认识自然)。大自然作为孩子启蒙的第一课,飞禽走兽、森林草原、不是图片,而是到野外去采集制作标本。(这段所举的一切例子,都要证明一个观点:壮美山河培养出大写的人。)

　　我们对大自然的理解还停留在公园里，停留在旅游景点上。也差不多都在东部地区，就是新疆人说的"口里"，口还没有杯子大，尽管玲珑剔透，却难以产生浩大的生命气象。

　　(最后一段呼应开头，再次有力地提出，大自然成就大生命。)

读后悟语

　　文笔雄放，生命意识张扬！

　　人是大自然的儿子，雄浑豪放的大自然造就的是有魄力、有博大胸怀的大生命。当大自然意识衰落时，人的生命意识便也变得萎缩。

　　文章展现的是大自然与大生命，与之相对的是"小自然与小生命"，文章运用的正是这样的一种对比：未经雕饰的、粗犷的戈壁、天山、西部白桦林与精心设计的公园、假山池沼、加工过的名胜；饱览大漠之美，壮游天下的盛唐诗人与龟缩江南一隅以瘦为美的文人；甚至有汉唐气象的毛泽东与有南唐李后主之风的蒋介石。

　　作者如此精心布置，无疑要昭示这样一个道理：大自然孕育大生命，只有投入到大自然的怀抱，领略自然之宏大，生命才能蓄积而后释放出奔腾的力量。

　　于是，让我们推开门，走向西部，去感受那来自汉唐的英雄气息，那粗犷盛大的生命气象。

　　对比是把两种不同的事物或同一事物的两个不同方面并举出来相对比较的修辞手法。运用对比可以让事物的特征更鲜明地表现出来。《大自然与大生命》一文，运用了一系列的对比，鲜明地刻画出西部风光的特点，"真正的自然在西部"的观点得到了很好的论证。

雨神带不走的

田　松

昨日大雨，满城流水。看着雨刷在车窗上迅速移动，听着雨点重重地敲击车篷，心中滋生了一种歌唱的欲望。有雨的夏天是好的。这是北京十几年来最清爽的夏天。气温刚一上去，就会有一场雨，把它降下来。那种一连数日四十几度的桑拿天，到现在也没有出现。只不过，有很多雨是出自人的操作。

就如千里眼和顺风耳一样，又一个中国古人的幻想被科学的技术实现了。好像也该庆祝一下。呼风唤雨的人，多么伟大！但我却产生了疑惑。我们降下来的雨是从哪里来的？物质不灭，雨的总量也该是守恒的吧！这儿的雨多了，那儿的雨自然就少了。人凭什么有权利对雨水重新分配？(提出问题，引人思考。)

风调雨顺是与国泰民安联系在一起的。年成好的时候，人们会说天公作美。中国古人的天是一个高度综合的概念，它既是自然本身，又是自然中冥冥的规律，同时还具有最高的道德意义。东边日出西边雨，夏雷震震冬雨雪，这些事情本是由天来掌管的。天何言哉，而四时行。天无言，也无须言，人只能接受天所给定的结果，顺天应时。顺天，这是中国古人处理事物所达到的最高境界。

现在，人要来参与天的管理了。人根据什么来决定雨水的再分配呢？也许有人会说，人可以制定一个很好的机制，协调各方面的需求，使人类的整体利益达到最大。这话听起来不错，也值得欢呼。然而，人类只是地球上万千生灵中的一员，人类有权利为了自己的利益最大化，替天行雨吗？(传统与现实的冲突。)

人类只有一个地球，而地球上不只有人类。在我看来，后一句比前一句更为重要。有了这后一句,前一句不要也罢。佛祖在2000年前就曾说过,众生平等。想到这一点,再想想我们曾经欢呼过的那些征服自然的战果,对于利益最大化这种想法,更觉得可疑。(本段借佛家禅理论证了人该顺天应时的观点,下文又从科学的角度借美国生物学家刘易斯的说法来论证"顺应天意"的观点。两个不同角度的论据令整个论证过程严密而有力。)

按照科学的计算,地球的寿命已经有46亿年了。现在地球上的一切,都是在这漫长的岁月中演化出来的,人类只是诸多演化产物中的一个。结合美国生物学家刘易斯的说法,天所造就的人体具有高效率的结构,它的精巧与复杂,远非人类(今天)的理智所能达到。当我们看到一个人的全身插满了管子和导线,由人以及人所造的机器来管理他的呼吸、消化和血液循环的时候,那是这个人作为生物体最糟糕的时候。人的理性尚不能管理自己的身体,更何况莽莽之天?它的风花雪月,它的寒来暑往,它46亿年的生生息息,完全不需要人的参与。人类一插手,上帝就发笑。顺应天意根本算不上人类的选择,而正是天意本身。

传统中国人祭天、祭祖,那种对于苍冥之天、遥远之祖的虔敬,距离现代人已经遥远得不止一个世纪了。不知从何年开始,陕西黄帝陵设立了每年一次的拜祭仪式。我的老友、诗人野舟参加过其中的一次。他没有描述拜祭的场景,却谈了一点别的感受。他说,在他的膝盖、他的头颅与大地相接触的时候,他的心中感到的是滑稽。他并不是为这个场景而滑稽,而是对自己感到滑稽,因为他的心中,没有丝毫的虔诚与崇敬。(人类用自己的智慧"征服"了大自然,从而也就失去了对大自然的"虔诚与崇敬"。)

我忽然意识到,我们这些生活在城里的现代人,已经没有表示虔敬的动作和语言了。我们最常见的肢体语言是握手和鞠躬,它们都是世俗的,不是超越的;它们是礼节性的,可以不带感情的。偶尔,当我们产生了某种强烈的情感,比如面对一处壮观的景象要表达对它的赞美,或者面对一位伟人要表达对他的崇敬,又或者获得了一种意外的帮助要表达超出平常的感激,我们都会手足无措、言语无状。(取代虔诚与谦恭的是反传统、冷漠与焦躁;"古道热肠"和毕恭毕敬正在代代失传。)

中华古国,礼仪之邦,已经没有了表达极限感情的动作和语言。

那种虔敬的情感,我是在西藏体会到的。准确地说,是我受到了教育。在布达拉宫,当我们向一位小喇嘛询问一尊佛像的来历时,小喇嘛认真地纠正了我的手姿。我这才意识到,藏人在指示某一个方向时,从不用食指点点戳戳,而是姿态优雅地翻转小臂,旋转手掌,当平摊的手掌徐徐落定时,以前伸的四指指向所要示意的方向。即使为人指路也不例外。我认真地学习了藏人的"指示",并让这个动作伴随了我的西藏之行。每当我向人请教,无论是关于一尊塑像、一座塔,还是一座山,一条河;甚至一棵树、一只鸟;我都会缓缓地庄重地展开手掌,伸出四指。在藏期间,我再也没有用我的任何一根手指指向任何一个人,任何一个方向。我缓缓伸出的四指,如同一盏小灯,点燃了我内心的虔敬,它的光 芒虽弱,但是会被人看到。就如我会经常看到,身边燃起的光亮。在藏区,我一直沐浴在这样的光亮之中。(有人说"当你用一根手指指别人时,有三根手指正指着你自己"。狂躁的人啊,你们是否还记得?)

在藏区还经常看到朝圣的藏胞。他们不断地俯下身去,让自己的身躯与广袤的大地合为一体。五体投地! 这是一种伟大的身体语言,使人得以与神灵对话,与苍天对话! 并在这样的对话之中,使人自身获得了神性。(西藏是个神秘的地方,纯洁得不容人搅扰,也许只有在这里,"人"与"天"才能"合为一体"。有时间,去那里感受一下吧!)

而这样的语言,在城市里的汉民族之中已经集体消失了。对于现在的孩子们来说,叩头只是获得压岁钱的一个肢体动作,他们幼小的身体灵巧地弯下去,又麻利地恢复原状,而心中并没有他们的祖先浇铸在这个动作中的情感。我无法知道,在孩子们的成长过程中,是否还有机会,被虔敬的灯盏照亮,并点燃。

我曾不止一次地为生活在科学时代而自豪,就像我曾不止一次地为生长在毛泽东时代而骄傲,我也曾不止一次居高临下地看着那些拜祭的人们,怜悯他们的无知与愚昧。而当我意识到我所缺少的,却发现那是我不可能拥有的。(多少人都像曾经的"我"一样,失去了最宝贵的一笔财富。)

离开藏区不久,我那微弱的灯盏便迅速熄灭了。这使我知道,即使在拉萨,它也是被周围的灯盏照亮的!

一个老故事。一家两个女儿,大女儿嫁给一个做伞的,二女儿嫁给一个造瓦的。大女儿让母亲祈祷天天下雨,二女儿让母亲祈祷日日骄阳。现在,假如这位母亲是执掌人工降雨的官员,形而上的精神问题就立即变成了具体的现实问题。她该采用一个怎样的模式,使两个女儿的整体利益最大化呢?(整体利益真的能够得到最大化吗?)

"天上没有玉皇,地上没有龙王,我就是玉皇,我就是龙王,喝令三山五岳开道,我来了。"这样的豪迈与狂妄是那些五体投地的人无法想象的。人定胜天的说法虽然在主流话语中已开始退场，但依然存在于人们的潜意识之中。天公已无力抖擞，只有颤抖的份儿了。的确，当雨水成为人类可以再分配的资源，天又算得了什么呢?现代汉语中的天已经蜕化成天空，即使某些化石词语还保留着神秘的形而上的余味，人们也视而不见。(豪迈与狂妄，多么的格格不入，而在这里又是多么的入木三分。)

我们失去了表示虔敬的动作，也失去了虔敬的心灵，因为我们失去了虔敬的对象!

野舟诗云:"雨神带不走的，诗人将深藏。"我一直不知道是什么意思。雨神曾经带走了什么?诗人现在还有什么可以深藏?但是我觉得诗句很美，就拿来作了标题。(文章结尾扣题，你能回答这两个问题吗?)

 **读后悟语**

人类总是高歌:我们是万物之灵，人定胜天。但是，在人类"胜天"之后，智慧的人类在回顾过去、思考现在和忧心未来，也许是人类的进步。

学 生 作 品

　　美是到处都有的。对于我们的眼睛，不是缺少美，而且缺少发现。

——[法]罗丹

读你千遍总不厌

张家惠

初次扑向大海的怀抱，我就被眼前的景象震撼了：面对浩瀚无边的大海，就像面对缥缈无垠的星空，思维的翅膀在这海阔天空中飞得很远、很远……

头上，那比天空还古老的阳光；远处，那像大海一样悠久的群山，那从未止息过的碧波，那日夜进退的潮水；甚至，就在我身边，这一块目睹了人世沧桑的礁石，都会使人坠入一种无名的怅惘：人，在自然面前显得多么渺小，人的生命又何其短暂……

直到有一天，我翻开了那飘满书香的古诗文卷，静心阅读苏学士那名扬四海的《赤壁赋》。起先，我惊奇地发现，那位吹箫之客的话和我的思想是何等惊人的相似！"寄蜉蝣于天地，渺沧海之一粟，哀吾生之须臾，羡长江之无穷"，精练而诗意的语言，使我折服。就在我深信不疑的时候，东坡的话却又让我陷入了深深的思索："自其变者而观之，则天地曾不能以一瞬；自其不变者而观之，则物与我皆无尽也，而又何羡乎？"经典古文是需要咀嚼的，当我把这句话品出些味道来的时候，是三年后又一次去看海。

我望着大海、群山、礁石……许久，忽然感慨何必为生命须臾、大海无穷而耿耿于怀？海懂得什么？山懂得什么？它们虽然已经存在了亿万年，今后也许还将存在更多的亿万年，可是，它们没有，也不可能意识到自己的存在，哪怕一分钟，一秒钟！而人，虽然只有短短的几十年岁月，却每时每刻甚至在梦中都感知着自己的生命和自身的存在。李白梦游的天姥山正因为"安能摧眉折腰事权贵"的雄伟气概而陡增巍峨和威严；那赤壁乱石也正因为公瑾当年的"谈笑间，樯橹灰飞烟灭"而成为淘尽风流之地。苏轼的"而又何羡乎"问得好，不正是人类自己赋予了自然以人的面貌、思想和感情吗？在无知的自然面前，人难道不该感到神圣和骄傲吗?我第一次用另一种眼光审视着眼前的大海,仿佛觉得自己渐渐成为海的中心……

我欣喜于这难得的收获,从此更加爱读《赤壁赋》,不知不觉便熟读成诵。寻寻觅觅,我知道了作者的人生故事。他的文章启迪我们:生活自应享有晨光灿烂,也该直面暮色苍茫,艰难险阻中不能放弃人的理想和追求——得志时莫得意,失意时莫丧志。

多少年来都想说:读你千遍总不厌!

同学分析

苏轼的《赤壁赋》参透世事,以豁达的心态直面人生,浓缩了苏轼一生的酸甜苦辣,味之如陈年佳酿,愈久愈醇。作者一遍一遍地诵读,尤其是在浩瀚的大海面前,体悟一次次地加深。这就是经典的力量,永远地令后人阐释不尽。

文章似乎是读后感,但又独辟蹊径,将对大海的描写加入,作为抒发感情的一个手段。文章有两条线索交叉并行,一条是观海,一条是读《赤壁赋》,作者的感受将这两条线索完好地结合起来,感情一次次升华,体悟一回回加深。

波澜壮阔的景致描写和细腻的感情、敏锐的思想共同构成了文章的张力。读者一会儿被带到浩渺的大海边去和作者一块观赏海景,一会儿和作者的心灵一块散步,感受苏轼大风大浪过后"也无风雨也无晴"的坦然心境。

教师点评

在浩瀚的大海、无垠的宇宙面前,你是否收敛了自己的狂妄自大,变得谦卑?如果你已经习惯了这样的心理,不妨读一读这位十几岁少年的文章。

在这里,小作者展现的是自己对人生、对生命的思考,是一种自信而不张扬的生命意识:人正是由于能意识到自己的存在,才成其为自然的骄子,显得神圣和高贵。也正是这种豁达的自我意识,小作者才有了面对成败荣辱的策略。

"腹有诗书气自华",在这篇文章中,我们不难看到作者日常阅读积累的功力:同样是慨叹人生,"吹箫之客"和苏大学士两种截然不同看法,却经过了作者反复咀嚼体味与选择。可见,阅读与思考对于一篇成功的佳作多么重要。

胡琴声声

于 晨

　　三月,我找出了尘封六年的二胡,同时种下了一株藤萝。望着那点点即将燎原的嫩绿,我相信,我种下了一个蓬勃生长的希望。

　　初夏的时候,满墙的藤萝已颇具规模,有时我会恍惚记起"绿杨烟外晓寒轻",但紧随其后的"红杏枝头春意闹"却常常让我心里犯堵,我不得不承认,我的二胡非但远远够不上"红杏",甚至都算不上出色的"绿叶"。

　　那天,我又一次把《良宵》拉得支离破碎,爸爸闷闷地说:"放弃吧。""放弃?"我被蝎蜇了似的蹦起来:"那我的努力我的时间我的心情呢?过去是可以浪费的吗?""那将来呢?那可更浪费不得呀!"爸爸很严肃。将来?我一时默然,坚持的结果竟似乎真的渺茫起来。

　　信步走向藤萝,我希望自己可以从中汲取力量,但我惊呆了,那曾经在我二胡声中攀援过的幼枝早已褪去了生命的绿色,尽管它刚性的铁笔画仍诠释着曾经的奋斗,但我知道它早已放弃——上方是永远无法超越的断壁,而那满眼的绿色,竟源于另一枝从头开始的嫩芽。

　　我默然。我的确种下了一株生命,一株懂得放弃、懂得选择的生命。适时的放弃意味着更早的又一次坚持,探明此路不通的努力远非浪费。虽然是物竞天择、适者生存,但同样可以是智者择天、优势发展。生命永远是明智的。

　　我若有所悟——或许院里的藤萝是真的不必再忍受二胡的嘶声了。

同学分析

　　二胡声,总是带着月色下的凄凉,《胡琴声声》充溢着就是这种基调,支离破碎的《良宵》,闷不吱声的爸爸,我撕心裂肺的喊叫……一切带来的都是难以名状的压抑。幸好有藤萝,让作者,也让我们看到了希望:懂得放弃、懂得选择也是人生的智慧,豁达地对待人生将会海阔天空。这里,胡琴和紫藤象征的已是不同的生活方式。

　　作者善于造境。不论是压抑的情景还是黑暗中的一丝希望作者都能造出氛围。爸爸闷闷的话语,我蝎蜇似的蹦起来,带来的都是一种揪心的痛;断壁上的枯藤和满眼的绿色,犹如窒息的空气中的一阵清新的风,吹向读者的心田。作者就是用细腻的笔触描绘敏感的心,烘托出各式各样的情境,进而表达文章的中心的。

教师点评

　　生命的选择时时在显示自然的智慧,放弃抑或坚持常常能从自然中得到启示。这篇哲理小散文巧妙地把胡琴与藤萝联系起来,双线并行:一面是藤萝攀援奋斗努力生长后在断壁之下放弃生命,一面是"我"拉二胡拉得支离破碎后父亲严肃地劝阻。最后"我"从藤萝的生命中领悟了放弃的智慧。

　　这类小散文,需要作者具有感悟事理的能力,善于把握看似无关的两样事物之间的联系,推导出其中的道理。经过长期的观察思考,我想你也可以。

动物为谁而生存

徐子展

利用这个秋高气爽的"十一"长假,我再次游览了位于南京市北郊的红山动物园。

但是,我在饱览了各种动物在动物园里的情态后,不禁有了一种失落感:待在动物园里的动物们,看似吃住不愁,但这种所谓"吃住不愁",是用牺牲野生动物的自由,剥夺它们在大自然中生存的权利换来的。且看:

狮子、老虎本应在草原、山林尽情地咆哮,驰骋,威风八面,称霸一方;现在,它们却只能在动物园的铁笼子里无奈地踱步。更多的时候,它们干脆趴在地上,或是躲在角落里呼呼大睡,一副懒得跟人理会的样子。

山羊本应以自己独到的在悬崖峭壁上如履平地的功夫和猛兽们周旋,尽情地奔跑;现在,它们只能在宠物园或放养区这些"安全"的地方悠闲地散步。虽然没有了生命的危险,却也缺少了那一番野性与活力的发挥和较量,驯顺得让人可怜。

大黑熊本应在山谷和树林里逍遥自在地攀爬、游玩,那里的植物和小动物任它食用,谁也不敢欺负它;在这里,它们竟然任凭游客戏弄,甚至为了一小截甘蔗向游人作揖打躬。

看来,动物园里的当年那些野生王国的骄子们,已经越来越失去它们的野性,而堕落为人的宠物乃至玩物了。

在表演场里看到的"表演明星"其实更惨。表演时就怕驯兽师的响鞭打下来,表演一结束,就紧赶慢赶地离开场地,老老实实地回到笼子里,丝毫不敢耽搁。在表演馆看表演,有两个细节让我感到特别揪心。你看,机灵的小猴,一边表演,一边瞪着惊恐的眼睛看着驯兽师手里挥舞的鞭子。而当一只小熊在表演骑单车时不慎摔了一跤时，驯兽师的鞭子马上就挥了起来，随着"叭"的一声响鞭，只见那小熊浑身哆嗦了一下，又战战兢兢地爬上车骑了起来。不到两圈，它由于神经过度紧张又摔了一跤。全场人这时都哄堂大笑起来，而我却为之叹惋不已。

我不禁要问：动物的生存权利究竟在哪里？难道只因为人是"高等动物"了，就可以肆意指挥，甚至虐待那些比人类低等的动物了吗？

我认为，动物的生存权利应该属于它们自己，属于大自然。它们被造物主置于这世界上，就注定它们的使命绝不是做人的玩物、人的奴仆，而是肩负着保持大自然生态平衡的重任。

早在百年前的意大利，就出现了一位动物保护主义者——修士圣·弗朗西斯。他在西西里岛森林的长期居住中，与小动物们结下了"兄弟姐妹"般的亲密关系。每逢10月4日这一天，他就向所有的动物致意。

为了纪念这位修士对人与动物建立友好关系做出的卓越贡献，人们特意将10月4日这一天定为"世界动物日"，并通过举办各种形式的庆祝活动来表达对人类的朋友——动物的关爱之情。

国际上对动物的保护如此之重视，而今年，北京也举办了庆祝"世界动物日"的活动。或许，我们对待动物园里的动物们的态度和方式也应该变一变了吧？

同学分析

很多时候，人类太以自己为中心了，声称着要"改造世界，造福人类"，回顾人类发展的轨迹，可是人类真正享福了吗？

人类真的该反思自己的行为了，而这种反思需要从生活中的小事开始，从每个人的行动开始。这篇环保主义的文章无疑为我们树立了一个很好的榜样。小作者在游览动物园时发现了问题，进而向人类发问：动物为了谁而生存？也许，一篇小文无法为动物园里可怜的动物争取到任何权益，但是作为一个个体的反思却是必要的。

　　作者的观察很细致,动物们在动物园里被压抑的、楚楚可怜的模样被描绘得活灵活现,而这些都是在大量观察后筛选与文章主题相关的材料的结果,最后的发问直击人类的灵魂,有很强的震撼效果。

教师点评

　　小作者极富同情地对动物的生存现状进行了思考,而这种同情不是居高临下的"关怀",而是出于对朋友的平等的关爱之情。

　　有了这样的感情基础,作者也便有了超出同龄人的视角。别人是赏心悦目地观看动物的驯服、表演的精彩,作者看到的却是失去自由和野性、惧怕人类的人的玩物、人的奴仆。

　　具备了与动物一体同仁的感情与视角,无疑是文章成功的关键因素。写作技巧上,有两点值得学习,一是过渡自然,第六自然段和第八自然段分别完成了从动物园到表演馆、从叙述到议论的过渡;二是细节描写自然表达感情,如狮子老虎"无奈"地踱步,小猴表演时瞪着"惊恐"的眼睛,小熊在响鞭之下"浑身哆嗦"、"战战兢兢",看似无意,却把心中的关爱之情流露出来了。

无奈的力量

　　如果把我们所处的这个宇宙从诞生到今天比作一年的时间,那么,人类是在这一年的12月31日才产生的。

　　然而,这个最近产生的物种,实在是太富于好奇心,拥有太多的欲望,实现欲望的念头之强烈,其他任何物种都难以望其项背;偏偏我们这种生物又自诩为万物之灵——具有越来越强大的改变自然的能力……

　　于是乎,我们无奈地看到,在短短的两千年,尤其是最近的一百多年时间里,几乎任何一个领域,都深深打上了人类活动的印记;于是乎,地球变得面目全非,草原沙化,植被减少,水土污染,种群灭绝,凡此种种,现在仍然在不断加剧。其结果也影响到人类自身:疾病增多,健康恶化,饮水困难,食品短缺,快乐减少,生活质量下降。

　　解铃还需系铃人。被人类破坏的环境,还得由人类来恢复。怎样把人类当成地球上众多的物种之一,做环境的保护者,是我们应该思考的问题。

　　如何从我做起,从身边的小事做起,则需要我们用行动做出回答。

　　人类,只有一个地球。

　　无奈,也可以成为一种力量。

名篇赏析

　　找到谬误比找到真理容易得多。谬误浮在表面，一下子就可以找到它；真理藏在深处，不是每个人都能找到。

　　　　　　　　　　　　——[德]歌德

镜头下逃命的藏羚羊

刘元举*

由格尔木跑出去不到一小时，就到昆仑山口了。昆仑山口很光秃，没有什么色彩。一块不很规则的火山石上，镌刻着几个鲜红大字——"昆仑山口"。

草原轻柔漫展，随着我们行驶的节奏而荡开高原的韵律。(有人说，文人的笔总是多情的。是的，若不是用情写作，这从车窗看出去的普通草原一景怎会有了人般的情感动作"轻柔漫展"，更是有了音韵和节奏。)草原不够丰厚，也看不出多么肥美，甚至没有形成绿的层次感，偶尔能够看到一个小水湾，闪动着清纯的草原的灵性。在一个小水湾旁边，我竟捕捉到了一只孤独的藏羚羊。

与那么辽阔的空间相比，它显得过于渺小了，因而格外令人怜悯。我被这种情绪感染着，我觉得藏羚羊肯定通人性。对于像我这种远道而来的摄影人，的确是抓取到了一个悲天悯人的镜头。我取出三脚架，将收缩的每一节拧松，伸开，以三点的方式稳定于高原上。(将孤独的藏羚羊放在辽阔的空间中，突出"渺小"，为下文作铺垫。)

待我贴近取景窗，随着长焦镜头的缓缓调动，我与藏羚羊一寸寸挨近了。我能够看到它身上不易分辨的毛色中掺糅的杂色，还有它那娇媚的充盈着生动气息的唇线。它的腿很细很修长，身体的流畅轮廓在高原的光照下显得温情脉脉。(多么美、多么温情的画面！)

---

*刘元举，1954年岁末出生于大连。现为中国作家协会会员。他在小说、报告文学、散文领地齐头并进，均写出了有较大影响的作品。如《上帝广场》、《表述空间》等。

当我定格在它的眼睛上时，我却受到了震动。它的眼神里怎么飘泄出一串惊恐的光斑，带动着全身微微战栗？还未等我读懂它的惊恐来自何处，这只令人垂涎的小生灵竟然掉头狂奔。(藏羚羊的反应和作者的温情形成强烈反差。)

我茫然无措地搜寻着来自它周围的苍茫的空间中的威胁物。显然，我没有找到，只能任凭它像个不规则的亮点在远处的苍穹中变得越来越恍惚。正是在这种恍惚中，我下意识地瞅瞅我那架照相器材：探出的长镜头像枪口一样，正瞄准了这只无辜的小生灵。于是，我明白了我的错误——受惊的它一准是把我照相的架势，错以为射击的姿势了。它是担心，我的按住快门的手会在瞬间发射出夺命的子弹。

猎猎寒风扯破了天边的云朵。我缓缓收起我的照相器材，一片惆怅中，我看到了这样的文字：

"夜幕降临了，汽车前灯亮了，成百头怀孕的藏羚羊向危险地带狂奔而去。枪声四起，藏羚羊嘶鸣不止。飞扬的尘土染成了粉红色。"

"偷猎者驱车而去。一头藏羚羊苏醒时已经被剥去了皮，它不住地淌血。第二天，幼羚羊依偎在死去的母羚羊身上，吮吸着它的冰冷的乳头……"

这段文字已经从一张报纸上拓印在我的心上了，并且不断开始折磨我：从我的镜头下逃去的那头藏羚羊，会不会就是这只吮吸过冰冷乳头的孤儿呢？

 **读后悟语**

一只藏羚羊的皮卖200余元，三只藏羚羊的皮做成的羊绒披肩卖1.5万美元。人类的贪欲和无知正毁灭着地球上美丽的生灵——藏羚羊。谁来惩罚那沾满了藏羚羊鲜血的刽子手？谁来拯救那镜头下逃命的藏羚羊？

作者截取了镜头下藏羚羊逃命的画面，将"我"的友善和藏羚羊的惊恐形成对比，产生强烈的震撼效果。

"偷猎者驱车而去。一头藏羚羊苏醒时已经被剥去了皮，它不住地淌血……"这段文字的引用使整篇文章达到高潮，善良的、愤怒的心灵在泣血，对偷猎者的愤恨达到了顶点。

孩子与鸟儿

张秀亚

一天下午,孩子们都出去捉蜻蜓,室中寂寞如雏鸟飞尽的空巢。邻家的炊烟,袅袅地拂过花梢,玻璃走廊外徐徐飞来了暮色,温柔、无声,如一只美丽的灰鸽。

迎接暮色,我漫步走到后院,花期才过,美人蕉的残瓣,铺了一地绚烂落霞,把晶莹圆润的籽粒,留在枝头。完成了孕育、覆护作用,花朵便萎落于土———个伟大的意念——"爱",这个意念自古至今,始终充塞宇宙,一切有生之物,莫不是它的仿本? 炽烈的生命火炬,赖着神圣的爱,得以代代继续,燃烧不熄。正在沉思间,突然一个毛茸茸的小团,轻吻着我赤裸的足踝,我不自觉地打了个寒噤。是小鼠吗? 好大的胆子啊,昼光未尽,这怠惰因循的小东西,为何不躲起来做白日梦呢?

一低头,我发现那闪亮、畏葸、如云边孤星的小眼睛,正向我这庞然大物人类侧目而视。

我俯身捧它在手,原来是一只才学飞的小麻雀呢! 本是羽毛丰盈的头部、翅、尾都被烧得焦黑、短拙、凌乱。许是自谁家烟囱逃出而"劫后余生"吧? 它伸着尖尖的小喙向我啁啾着,残羽下,波动着一股生命的战栗。

我才将这小生命捧进屋子,两个孩子正巧自田塍间呼啸着回来了。见了鸟儿,又一阵"泰山"似的欢呼。(<u>"呼啸"着回来,"泰山"似的欢呼,优秀的作家总是会精心选词,如是才让人物的情态活灵活现。</u>)山山便忙着为它腾肥皂箱,在他的指挥下,才学步的兰兰,也乘我不备,蹒跚着自床垫下抽了一把稻草,凌乱地放在箱底,瞬息间鸟儿的新居落成。"看鸟儿啊!"两个孩子如热带卖果女郎,轮流着把鸟儿连箱子举在头顶,兴高采烈地呼喊着。

于是，同巷中的小玩伴们都闻声而来了，赤膊、跣足、鬌发、泥脸……（不是简单地概括说"各种各样的小孩都来了"，而是用孩子不同的外貌特征来代指每个人，这样的描写更具体活泼。）形形色色的都有。此刻，这寂寂的宅院，喧哗如一只开动的闹钟。（比喻要写得好，关键在于恰当与新鲜，而要做到这两点必须学会随时随地观察和积累。这里就有两个奇妙的比喻：举箱过顶"如热带卖果女郎"，喧哗热闹"如一只开动的闹钟"。这么有趣的比喻该随时动手摘抄下来，以后再用到自己的文里。）

一个小光头向小鸟献上蜻蜓，一个双辫女贡上了蚯蚓，小家伙们箪食壶浆，络绎于途，但小鸟儿抬抬玲珑的小头，眨眨晶亮的小眼睛，瞧瞧这些"非我族类"的小面孔，它紧紧地闭起微黄的尖喙——"不食周粟"。（叠音词的使用让文章顿显孩子般的活泼生气，工整句式的排比带来音韵上的和谐和节奏上的明快。）热心的孩子们变得失望了，不再去采粮购秣，只静静地环着鸟儿围坐成一个圆圈。

突然，屋外传来清脆动听的声音，比竹竿相击声还要利落、悦耳。

我一抬头，一个多么奇丽的伟观啊！对面人家屋檐落满了小小的麻雀，在暮光中，如朵朵颤动的火焰。它们翘尾、颔首、展翅，似怀着无限的同情，遥遥凝望着这陷入不幸的同类。

它们在踌躇、疑惧，都不敢飞下来。由那断续的啁啾，我觉察它们，似乎饱尝了"相望不相亲"的痛苦。

我遂吩咐孩子们都埋伏在帘帷后面，我也远远地站在屋子的一角。

不多时，"特冷"一声，一只较大的麻雀，竟飞进了玻璃走廊，低头亲昵地向小麻雀致慰："吱喳，吱喳，吱喳。"

小麻雀也在哀哀诉告：

"吱吱吱，喳喳喳。"（麻雀的叫声不过就是"吱喳"，需要一一记录吗？仔细体味一下作者刻意独立成段的目的，细心品读"吱喳"与"吱吱吱，喳喳喳"之间的小异大同，你会发现，这段动物的"对话"饱含深情，为下文放鸟作了极重要的铺垫。）

孩子们自帘帷后移动了一下，那个来访者拍翅惊飞了，只留下那个可怜的小囚徒，望着足边那根红绳和片片落羽发怔。

"把鸟儿放在院子里，叫它和同伴们谈谈心好不？"怀了无限的悲悯，我征得山山、兰兰的同意，把盛鸟的木箱，放在长青苔的花阴下。

立即有两只大麻雀，像影子似的，倏忽自对面屋檐移到了距小麻雀较近的篱墙。我带着孩子们，隐身在走廊的玻璃门里，悄悄观望。

只见一只大麻雀，果然勇敢地自篱墙上跳了下来，口里衔着一条小小白虫，两只细细小腿，像雨线般在地上轻盈跳动。及至四顾无人，刷的一声，飞跃到小麻雀跟前。它的头向这边歪一歪，小麻雀的头向那边斜一斜，正好一下两喙相接，那条白虫，遂落进那张饥饿的小嘴巴里。翅子一展，大麻雀划了一道斜线，飞上短篱，活跃的姿态，描绘出它满腔喜悦，目不转睛地，望着那饕餮(tāo tiè)吞食的小囚徒。这时另一只又飞了下来，以同样的态，双倍的温柔，把另一只青虫，送进那落难的小鸟口里。我至此才辨别出，它俩与小麻雀，较其他的麻雀，有更亲密的关系。

屏息站在我身后的孩子们也似乎为眼前的这一现象感动了。半晌，山山眨动着亮亮的眼睛，若有所悟，匆忙地不及穿木屐，赤足跳下走廊，走入花荫，把系在小麻雀左足的红绳解松，小麻雀"吱"了一声，带着快乐、喜悦，一道箭矢般，直飞上两只大麻雀栖息的篱边。随即三个相偕，穿过林梢，飞入白云堆里，白云渐渐掩住它们的鸣声羽影，瞬间，杳无所见，只透出一片灰蓝的天空。

山山满脸喜悦，重新跳上了走廊。

我问他："你为什么把小麻雀放走，你不是喜欢它吗?"

"叫它去找它的爸爸妈妈。"山山怪神气地双手叉腰，好像做了件生平得意的事。

"爸爸妈妈。"才学语的兰兰，也模仿着她的哥哥在喃喃着，摇着胖胖的小身躯，扑到我的怀里，短短的肥臂钩住我的脖颈。我觉得此刻我的眸子噙满了泪水，她不正是那只雏鸟的小影，对我充满了爱慕、眷恋、依恃?然而孩子啊，我——你的妈咪呢?我却不如那只慈爱的母鸟，我的口中，并不曾为你衔来肥肥的青虫——那"长养、教育"的青虫，那能滋养你身体及灵魂的青虫。我不禁想起娜达利的话："是怎样的冒昧，怎样的大胆，把活泼的小生命带到世间，却不能给予他们含有幸福本质的东西!"

暮色渐浓，夜色将临，我凝望着三只鸟儿适才掠过的天空，在它们飞去的方向，什么时候展开了一片银云，婉柔美丽，如爱神的羽翼在自由的高空中飞翔。充满了爱的三只鸟儿，该是幸福快乐的。惟其懂得"爱"，才获得了幸福本质。(孩子是贪玩的，如果我只是单纯说一句"孩子被感动了，放了小鸟。"会不会变得这"感动"之情寡薄甚至不可信?那要怎样才将这写得好呢?人物的心理变化会在动作、神情、语言上表现出来，你看作者怎么写：山山"匆忙不及"地"赤足"跳下走廊，"满脸喜悦""神奇叉腰"地告诉妈妈一个他看来理所当然的答案："叫它去找它的爸爸妈妈。"而兰兰则是"扑到我的怀里""钩住我的脖颈"哀求。这样描写以后，人物和事件是不是更可信更具体了？记得，细节重现是记叙文章打动人的极有效手段。）

读后悟语

"爱"，每个人一生下来就有机会拥有的宝贝。不过，真要懂爱，不在拥有，而在施与。古诗有云："为鼠常留饭，怜蛾不点灯。"一个人会把爱兼及他人与环境，包括动物、植物，有了悲天悯人的情怀，才真正懂得爱的真谛。而懂施与了才懂珍惜，看到孩子们最后对妈妈充满爱慕、依恃和眷恋的温馨场面了吗？那是从鸟儿身上学的。

题目叫《孩子与鸟儿》恰恰体现出了本文构思的巧妙："爱"的主题借由一明一暗两组关系表现，有麻雀父母对麻雀孩子的挚爱，也有"我"的山山和兰兰对"我"的眷恋和热爱。

鸟儿请跟我学飞行

小 军

远古以来，人们就一直向往能够有一天可以像鸟儿一样自由地翱翔蓝天。虽然人类的梦想在今天已经由于飞机的出现而接近实现，但让人不曾想到的是，一些鸟儿们却失去了它们飞翔的天性。近来在美国，出现了一幕鸟儿随着人类学习飞翔的场景。然而，这幕场景并非是表演，也不是科研，只是为了保护一种鸟儿免遭灭绝的命运。据介绍，这是美国野生动物保护组织为挽救一种濒临灭绝的鹤类所做的努力，也是他们最后的希望。这种叫做Whooping的鹤，如今在整个北美已经是非常罕见的了，有统计表明，目前全世界一共也只剩下411只，而其中能够迁徙飞行的鹤群，更是只有一个。要想挽救这些稀有鹤种，就必须让它们恢复自然习性，培养另外一群能够迁徙飞行的鹤群。(本文中的数据或名称都很确切而不含糊。想过为什么吗?是的，新闻的特点之一在于真实可信。作为说明性的文字也必须是真实可靠的。)

为保险起见，人们首先选择了一种普通的沙丘鹤作为跟随自己学习迁徙飞行的学生。这些沙丘鹤是人工饲养的，其迁徙飞行的本性也已经丧失。飞行员们装扮成鸟类，驾驶三架超轻型飞机轮班飞行，从美国威斯康星州穿越美国，飞往佛罗里达州。按照计划，他们希望在四周的时间内教会这些沙丘鹤跟随飞机一直飞回目的地。

事实上，野生动物专家扮成鸟类，帮助其他稀有鸟类学会飞行，已经挽救了许多稀有物种，如加利福尼亚的秃鹫。但是教鸟类做迁徙飞行这还是第一次。虽然轻型飞机与一群沙丘鹤共同竞翔茫茫天幕呈现出一幅奇妙的景象，但无疑让人感到悲哀。

在人类前行的脚步中，留下了太多自然界其他物种的斑斑伤痕。

125

　　无法想象,当人类如果有一天失去了所有自然物种的陪伴,而只是生活在一个基因剪贴出来的世界里,人们的感觉将会怎样?涌上心头的,是征服大自然的成就感,还是失去大自然的沮丧与懊悔?(以反问结篇,是一种写作的技巧。不直接告诉人们答案,而用问题激发人们的思考。这样的结尾总余韵绵绵,耐人咀嚼。)

 读后悟语

　　人类的发展和环境的保护之间的冲突是所有人类不可回避的话题。路易十四曾经说过"我死之后哪怕洪水滔天",这是人类愚昧与自私的最深刻证明,地球污染、生态失衡,如果我们不要我们的后代笑话我们或唾骂我们的话,我们要做的事情该有很多,何止教鸟儿飞行?也许,放缓一点我们发展的脚步,多点关注与深入理解大自然的规律,将扩张的贪欲收敛一些,这样惊世骇俗、奇怪荒谬的新闻会少一些。

大自然的哀歌

管 桦

从那迷蒙的遥远天宇走过来的大自然,飘起淡墨色烟云,斜飞着细雨。铺开广阔草原,洒下五彩鲜花。衣裙带起南风,芬芳了四月荒郊,你快活地在浓荫的枝头歌唱。麦田尽头的果园,漫着粉红色的雾,山涧撩拨着石壁下潺潺流水。你的激情奔流着波涛滚滚的江河。你的襟怀荡出无边的莽原。你的神思浮起连绵起伏的山峦,又耸出云中的峰巅。

明净的露水,滴绿了路边小草。豆棚瓜架密叶间,透出蝈蝈清亮的叫声。深川、荒谷、悬崖石缝中幽独的野藤,恬静地醉入落日的云气。湖畔最初开放的紫丁香唤出的几枝蔷薇,几枝杜鹃,羞怯地半露在山石上。一片尖尖竹笋,悄悄探出嫩绿的草丛,惊喜地瞧着湖中的天鹅,扑扇着翅膀,抖出闪亮的珍珠。到夏日,林中的柳莺、喜鹊、山鸡,闻到清香,急促地转动着美丽的脖颈,寻到茫茫水荡邀来的一朵朵红的白的芙蓉,它们争抢着展开羽毛,亮起歌喉。牝牛沉稳而又悠然地漫步在被河水浸湿的草地,哞儿哞儿地叫出朦胧着淡紫色的暮霭,唤来归巢的燕子。青山抱回一轮红日,又洒出满天繁星,送下甜蜜的梦。
(意象清新,因选用"芬芳"、"激情"、"明净"、"清亮"、"惊喜"等词语。)

大自然,你以为陪伴的都是绿叶,才开出鲜花。你以为飘荡的都是白云,才纯净了蓝天。你以为遮蔽的都是茂密的森林,才欢乐地跳,唱! 可是,在六月的阴雨天,你的眼睛为什么滴着泪水? 啊,嫣红的牡丹,苗条的郁金香,妩媚压倒群芳的水仙,漫漫白雪中浓艳而又清冷的梅花,都因为绝美的风姿和迷人的芳香,被采折,凋殒。鸟儿扇起的五彩羽毛和荡漾魂魄的歌声,夺去自己海阔天空的自由! 丛林中阔步的大象呀! 浑圆的长长的象牙,葬送了你的生命。还有冰海上被杀的海豚、白熊,山中失去的狮子、虎豹、野鹿、羚羊,

127

云中被击落的天鹅……你们美丽、纯洁、珍贵出死亡!(文章明显地分为两个部分,前两段着力描绘清新优美的唱着欢歌的大自然,后六段着力描绘饱经磨难唱着哀歌的大自然。欢者愈欢,悲者愈悲,作者的态度不言自明。)

你大气的清新污浊了自己,引来飘荡的毒雾,涌进核的尘埃。林立的烟囱喷吐出的黑色浓烟,卷向你灵魂的白云。雨后也呼吸不到早晨的清爽空气。透明的碧波肮脏了千万条江河。滋润生命的流水枯竭了河床。风中摇颤的森林,尘埃都不会玷污。七月的湿风也在芬芳的林中沉醉。可是,你的粗壮、笔直,折没了无边的绿海,葬送了獐狗野鹿和松鸡山鸟,在伐木的轰然巨响中倒下。("纯净了蓝天"、"枯竭了河床"这些句式很有独创性,简练而有特点。)

大自然在难以忍受的凌辱中,惊扰于失去自己的尊严,早已燃烧起压抑心底的怒火。啊,神圣的烈焰在天地间奔流。山峦平原在灼热的沙尘中昏迷僵卧,田野变成死亡的荒郊。大自然为了拯救自己,把核的尘埃和所有一切毒雾喷吐出来。庞大、威严、暴怒的飓风,呼唤出席卷大海的乌云,急疾地旋转着,驰过被砍伐的森林所留下的裸露的伤疤,卷起黄尘,刮上荒凉的山顶。天神一般呐喊着,发出摇山动地的雷鸣。什么也抑制不住你的激愤。击打着一路的泥沙和田园,咆哮着奔腾着,穿过宽阔曲折的山谷,又从那光秃的高山绝顶往下倾泻,惩罚着一切罪孽。

可是大自然被自己盛怒造成的景象吓呆了:旷野变成大海,漂浮着无数生灵的尸体。到处是凄凉、荒漠与空虚。你捍卫自己的纯洁、正直、善良与尊严,却加倍地失去了你的纯洁、正直、善良与尊严。你怀着一腔悲悯诅咒自己。横空亮起火焰长剑,刺穿浓重的乌云。啊,大自然撕开自己的胸膛,要扔弃内心的黑暗。接着,无力地在天空隆隆地发出低沉的呻吟。风中扭动的大树和激起的浪花,是你在翻来覆去地滚动,撕扯着长发。雨后,树叶上滴落下硕大的泪珠。田间大道和林中的小路都被浸成泥泞。穿行在烟云里雁群的叫声,悠长而又悲凉。卷着落叶的秋风,也在旷野上吹起哀愁。冬天凝冻的空气中,光裸沉重僵硬的树干,在忧郁地伫立。云雾中山峰的积雪,是沉重忧患而白了的鬓发。从阳光、大气和风的穹庐下波涛的轰响,直到夜晚满月清光中蟋蟀的颤鸣,我听着大自然的哀歌:你悲戚自己的善,寓含于你的天敌的善!(通篇使用拟人,把大自然的哀歌唱得深沉而悲郁。)

 **读后悟语**

文章的语言瑰丽奇绝,极富个性。

大自然在交织着美与丑、善与恶、正与邪、悲与欢的困境中苦苦挣扎,无奈与悲哀充斥着她的胸膛,她用她苦难的泪水向人们哀求:尊重大自然、保护大自然。

文章前后两个部分对景物的描写对比鲜明,反差极大:一面是和风细雨、绿叶红花、悠闲漫步、自由徜徉;一面是阴风毒雾、折叶凋花、生灵涂炭、尘土飞扬。美丽衬托下的大自然让人对破坏更加触目惊心;破坏衬托下的大自然让人对美丽更加无比向往。

文章使用的动词和宾语搭配很有特点,营造出参差有致的意象。如:"鸟儿扇起的五彩羽毛和荡漾魂魄的歌声,夺去自己海阔天空的自由! 丛林中阔步的大象浑圆的长长象牙葬送了你的生命……你们美丽、纯洁、珍贵出死亡。"这样的句子比比皆是,显示出作者修饰语言的功力。

面对水资源告急的呼唤

关瑞清

早在70年代联合国水资源的一次会议上，一批科学家就向全球发出了警告："世界上石油危机之后的下一个危机就是水危机。"(提纲挈领，开门见山。)

引子

人体含有60%左右的水分，大树含有80%左右的水分，蔬菜含有90%左右的水分。水是地球的生命之源。没有水，植物枯萎，动物绝迹，工厂瘫痪；没有水，就没有人类，这是最简单的常识。可是又有多少人能真正认识到水的重要性呢?请听一听水资源告急的呼唤吧!

一、还我昔日的清洁和纯净

人类的文明之舟自古就靠水承载，水是我们这个蓝色星球上生命的摇篮和象征。然而曾几何时，我们从南到北在神州大地上走过，却很难找到一条不曾受过污染的河流。(先总说，概括地说明河流受污染的情况。)

中科院1996年发布的一份国情研究报告表明，全国532条主要河流中，有436条受到不同程度的污染，七大江河流经的15个主要城市河段中，有13个河段水质污染严重。(列数字,具体说明河流受污染的情况,数字权威,准确有力。)

浩浩荡荡"卷起千堆雪"的长江,是我国第一大河,流经18个省、市,水资源总量占全国的35%,然而作为航运的黄金水道以及工业相对发达的经济带,污染却越来越严重。(分说,举我国最著名的河流,我们的母亲河为例,典型。点面结合。)

据有关部门统计,长江流经的21个主要城市,直接入江的394个排污口的水质,70%未达到国家标准。重庆段,每年工业废水9亿吨(处理率仅为60%)流入长江,工业废渣约700万吨进入长江。南京段,每年接纳南京排出的生活污水2.24亿吨,工业废水6.7亿吨;江中污染物平均超标率石油类达53.3%,大肠菌群达32%,致使无人敢直接饮用长江水,哪里还能找到雪白的浪花和纯净的碧波呢?(列数字,准确有力。)

长江如此,黄河怎样?作为中华民族的发祥地和华夏文明的摇篮,20世纪70年代后期,年排入黄河的污水18.5亿吨;80年代初增至21.7亿吨;进入90年代,猛增到32.6亿吨,比90年代初增加了50%以上;2000年排入黄河的污水总量约为50多亿吨,占其天然径流总量的10%左右。"奔腾入海流"的黄河之水谁还敢用呢?我们永远不能忘记啊,黄河的命运就是我们的命运,黄河的命运就是整个中华民族的命运!(再举黄河。选取中国最有代表性的两条河流为例,说服力强。)

两条大河如此,其他河流怎样?

钱塘江水"好看不好喝",珠江水日渐发臭,淮河临岸居住的人,夏天不敢开窗户…

山东省滕州市东郭镇的郭河水,酸臭扑鼻,行人不敢走近,用其浇菜菜死,浇果树果树得病,河中鱼虾绝迹。

京杭大运河臭味熏天,哪里有昔日明亮如镜的倩影,两岸风景如画的自然景观早已成为美好的回忆。(其他河流概说,详略处理、结合得好。)

江河如此,湖泊怎样呢?

请听一听湖泊那痛苦的呻吟吧!

二、那远逝的万顷碧波

湖泊是宁静的象征,是人类饮食之源,是蓄洪农灌的调节栓,是休闲旅游的好景观。但由于生活污水和各种工业废水源源不断地流入以及雨水冲卷着农田的肥料泻入其中,使得这些水体里生物所需要的氨、磷等营养物质过剩——富营养化。无论是洞庭湖、鄱阳湖、太湖，还是华北的白洋淀，东北的镜泊湖，都受到了不同程度的污染。昔日的"高原明珠"云南滇池，近年来藻类丛生，水质恶化，部分水面发黑发臭，"明珠"暗淡无光了。著名的济南胜景大明湖，流入湖中的泉水与污水之比竟到了1:20，如此下去，大明湖将成为一潭臭水，哪里还能供人们旅游观光呢？有报道说，目前，巢湖全流域有工矿企业3 000多家，工业废水排放量1.4万多吨；城镇人口145万，生活污水年排入量5 292万吨。一年夏天，臭水袭击了巢湖市，腥气冲天，奇臭难闻，饭不能煮，水不能烧，持续了一个多月。(河流之外的另一种重要的淡水存在形式，就是湖泊。写了河流，必须写湖泊，否则不完整，不严密。且河湖相通。)

　　湖水污染，水质恶化，这只是其一。更为严重的是，有些地方填湖造地，围湖造田，湖泊面积一再缩小，有的甚至消失变成了农田或村庄。据有关方面提供的资料：江汉湖群目前幸存湖泊仅为309个，水面约为2 656平方公里，只有20世纪50年代初的29%左右。洪湖在解放初有水面760平方公里，现在仅存水面350平方公里。梁子湖50年代初有水面458.5平方公里，目前仅存原来水面的1/2。我国第三大湖太湖，与60年代相比，水面面积缩小了139.9平方公里，平均水深不足2米，最浅处只有几十厘米。衔山吞江、浩浩荡荡的洞庭湖，是我国著名的第一大淡水湖，而现在湖水面积仅存2 000多平方公里，已退居为我国第二大淡水湖。每年有1.38亿立方米泥沙注入洞庭湖，使湖泊萎缩，湖床升高，西洞庭有的水域已被淤积成陆地。现在的洞庭湖可谓支离破碎，不仅有东西南北之分，还有内外湖之别，仅内湖就有667个之多。昔日的鱼米之乡，今天只剩湖光而无碧色了；过去的"八百里洞庭"，今日只有烟波而无浩渺了。国内一些权威学者预测，再过五六十年，往昔横无际涯的洞庭湖水，我们只能到残梦中去寻找了。如果现在对湖泊治理不采取强有力的措施，那么将来连湖水的呻吟都听不到了。

　　(列举几个湖泊的情况，特别是中国历史上的第一大淡水湖，典型有力。)

　　河如此，湖如此，大海呢？

　　请听一听大海伤心的抽泣吧！

三、到哪里去寻找那雪白的浪花

　　大海,曾以它的浩瀚无际为人类所景仰;大海,曾以它的博大胸怀为高人雅士所赞颂。它忠诚地为万物调节气候,执行着地球水圈的大循环,无私地为人类提供着几千万吨的食盐,上亿吨的海产品,丰富的矿产资源,廉价的航运,水利电力能源……一句话,没有海洋,就没有生命,它那雪白的浪花曾拍打出多少动人的神话传说,它那万顷碧波曾孕育了多少名垂青史的英雄豪杰。可如今——("百川东到海",写完河流、湖泊,自然要写到海。)

　　据有关人士统计,我国有1.8万公里长的海岸线,管辖着300多万平方公里的海域。1995年,我国沿海地区工业和城市污水直接排放到海洋的高达86亿吨,致使近岸海区生态环境质量逐年恶化,近海污染范围不断扩大。例如山东省青岛市崂山区沙子口湾,仅仅一个啤酒厂的排污,便将这一湾清水变成了臭潭,站在岸边,海水恶臭,黑稠稠的竟翻不起浪花。再如渤海锦州湾,沿岸聚集着众多的大型冶金、石油、化工等企业,每年有3 000多万吨工业废水排入,使五里河入海口处水面浮油厚达2—4毫米,附近5平方公里的海滩已成为"死滩"。又如上海市,每年约有20亿吨污水排入长江口和杭州湾,在西区市政综合排污口附近的海面上,常年可见一条宽300~500米,长达7公里的黑水带。(无论河水还是湖水,最后都流进大海。淡水被污染,海水在所难免。况且,海水本身也在不断受到污染。)

　　到哪里去寻找它那雪白的浪花,到哪里去寻找它那碧波万顷连天涌的雄伟景观?生命之源的海洋已受到严重污染,生态平衡遭到严重破坏,我们还有什么理由不快些行动起来?保护海洋,就是保护人类自己。(海纳百川,故最后以保护海洋来作为保护各种水资源的代表。上升到人类生存问题的高度,振聋发聩。)

读后悟语

　　一些权威的政治家、经济家预言,如果今天一些国家为争夺石油而发动战争,那么明天,引起战火的将是水。

　　水贵如油,并非神话,在干旱和沙漠地区,水比油贵,沙特阿拉伯淡水的价格比汽油贵20倍。

　　世界缺水,中国更缺水,我国工业部门每年缺水350亿立方米,农业生产每年缺水1 400亿立方米,饮用水每年缺 344 亿立方米。但我国地下水却有 1/3 受污染,全国江河水有 4/5 受污染,全国湖泊有2/3受污染。

　　长江、黄河在呼唤,洞庭湖、鄱阳湖在呼唤:治污防污,迫在眉睫!
我们生活在地球上,喝水用水,天天与水打交道,你熟悉水吗?你爱护水源吗?你应该为水做些什么?

哭泣的草原

郭雪波*

一、哭泣的草原

"鄂尔多斯",你穿了吗?

有穿羊绒衫的吗?有不知道鄂尔多斯的吗?又有多少知道生态难民?有多少人知道骆驼的最后一滴眼泪?(用设问开头,触目惊心,吸引读者的关注。)

今天,我只想让大家知道一些事情,能在看完后做一些力所能及的事情!昨天上完下午课,信步来到百年大讲堂(北大)想看看有什么好的演出,却远远看到前边好像有画展。条幅上的"骆驼的眼泪"吸引自己走了过去!已经写不出来当时看的时候和看完时候的心情,一幅幅图片都是一个退休老工人近10年自费走遍内蒙全境和青海、宁夏、新疆部分地区拍下来的。生态在一步一步恶化,沙进人退,已经到了黄河边上。草死沙进,昔日高可没人的草原现在使骆驼都没法生存而成批饿死!一个被黄沙湮没的村庄,一堆堆死不瞑目的白骨,一群群看似滑稽穿着各种衣服的山羊!(因为山羊只能相互吃彼此的毛生存!牧民不得不用此来保护自己的财产——羊毛!)(惨不忍睹的现状及其原因。)

推掉了晚上的约会,早早到理教113坐下,7点,一个铮铮的在蒙古支边几十年的退休

---

*生态文学作家,其作品多以沙漠为题材。有小说《大漠魂》、《沙狐》,小说集《沙狐》,小说集《沙狼》。《哭泣的草原》是作者的一个自选集,本书选其中两篇。

工人卢彤景老先生,这个散尽自己家产呼吁生态危机的老先生,要再用语言来让更多的人来救救生态!老先生上来的第一句话就是:"牧区真穷,牧民真苦,牧业真危险!"让我没有想到的是,卢老先生告诉我们,草原如此退化最大的一个魁首竟然是1981年日本合资的鄂尔多斯羊绒集团! 1981年以前,草原没有山羊,到1985年山羊始成倍繁殖,从1990年到如今的10年之间,是草原恶化最严重的10年,在鄂尔多斯崛起的背后,是牧区的退化,是生态的急剧恶化! 日本人在1981年以前是在自己国家养山羊,很快发现了养山羊带来最大的问题——山羊不但吃草,而且吃草根!乘着改革的春风,打着支援中国经济的旗号, 用"恩赐"的资金和原鄂尔多斯毛纺厂合资成立了羊绒厂!给内蒙古大草原带来了噩梦! (列数字,作比较,指出问题的根源。)

看看日本人的手段吧! 上世纪80年代,牧民的羊绒可以卖到280块一斤,现在是七八十块钱! 先给你甜头,让你大量养殖山羊,再压价收购,羊毛不是粮食,只能卖给羊绒厂!羊毛便宜了,就再多养一些来维持生计吧,多养一些带来的却是价格的更低! (恶性循环,欲要取之,必先予之。日本人已经运用得极端娴熟了。)

一方面是日本人满足的笑脸,因为他们的钱包越来越鼓,一方面却是牧民的生活更加穷苦和我们的草原的一步步消失!(对比手法。)现在,欧洲不大量养山羊,美洲不大量养山羊,澳大利亚也不大量养山羊,连非洲都不养,亚洲的新加坡、日本、韩国都不养,只有中国,在大量地养殖山羊! (排比句,增强气势,对比手法的运用,突出强调。)

当然,日本和在八年抗战中一样,是需要代理人的!当地政府号召大家把绵羊换成了山羊,在一个牧区,只能承载20万头的草原,竟有120万头吃草动物,最多的是山羊! 用长远的生态换来了短视的当前利益! 换来了所谓的经济发展! 换来了这些"人民公仆"的政绩和顶戴! 就在最近的凤凰卫视西部行对内蒙的采访中, 某些领导人依然挥动着胳膊:"我们的支柱产业是一黑一白,白的就是山羊,是我们最大的外汇支柱! "是他们有难以言表的苦衷?当然,近几年,中央出台了一系列的退耕还林、退牧还草的政策! 可是图片上铁丝网圈起来的禁牧区的铁丝网上到处都是洞,牧民要吃饭啊! 不从根本上想办法,表层上的形式主义只能给那些官老爷们更多敛财的借口! 就在今年,在河套地区又兴建了一个羊绒厂,号称世界第一! 光鄂尔多斯一年就需要70万吨的羊绒,目前已经注册的三千家中小羊绒厂和那些没有注册的甚至上万家的羊绒厂已经让草原变成了沙漠! 我们真的还需要一座世界第一的羊绒厂吗?(指出问题根源。)

现在的草原,没有了一点生气,昔日的万峰驼乡现在已经人烟荒芜!连骆驼都不能生存的地方,还有什么可以生存?草原啊!(回到现实,感叹,抒情。)

二、哭泣的骆驼

在自然环境的变化面前,就算有"沙漠之舟"之称的骆驼也无法抗拒残酷的考验。(点明本文所要写的内容,开门见山。)

沙尘暴时刮起的强大风沙能够将骆驼的眼睛打瞎。骆驼有双层眼睫毛可抵御风沙,但是在强烈的沙尘暴面前,骆驼也没有办法抵抗。被打瞎眼睛的骆驼,由于看不见草,结果只有被活活饿死。(沙漠之舟饿死在草原上,触目惊心。)

一般情况下,小骆驼在出生半个小时后就能自己站立起来。但是现在由于母驼的营养不良,小骆驼生下来就极度虚弱,结果经过几个小时的挣扎,腿软得就是站不起来。这时人要想过去帮忙也不行,因为母骆驼根本不让人靠近小骆驼。这样小骆驼必死无疑。只要小骆驼死了,母骆驼也会跟着死去。这就是母与子的感情。(另一种死亡原因。)

等小骆驼长到一岁时,就可以自己吃草了。骆驼是三年两胎,而不是一年一胎。骆驼可以很长时间不吃不喝,但最多也只能撑半个月时间。饥饿的骆驼开始时站不起来,慢慢地,腿就水肿,最后腿肿得像水桶一样,并且开始溃烂。没等到烂完,骆驼就死了。如果骆驼是夏天或春天死的,马上就会变成木乃伊。这主要是天气干燥,年降雨量不到50毫米。而蒸发量高达4 500至4 700毫米。牧民只要发现骆驼站不起来,就必须要用人将它抬起来,并且马上给它加强营养,喂草喂料,以便恢复健康。(草原被破坏,生态链中断,牧民们在这样的艰难情况下,还在努力。)

今年的阿拉善算是久旱逢甘雨,草原有返青的趋势。目前牧民不用买草料了,但是到了冬天,现有的草是绝对不够的。因为在沙漠里,草原的生态很脆弱。只要干旱时间一长,由于草的根茎很浅,也很脆,草就很容易被风刮走,连根都不剩下。现在还没有什么好的措施。虽然采取了退耕还林、退牧还草的办法,但是沙漠太大,水太少,而人又太少,所以不能解决根本问题。(问题得到缓解,而非根本解决。)

眼看着草原上的骆驼一天天消瘦、死亡,卢彤景坐不住了。他从2000年的8月开始来北京进行呼吁,住上一两个月,没有结果就走了。回到内蒙古后,又去了沙漠。他一趟趟往北京跑,要办"哭泣的骆驼"展览,呼吁全社会对阿拉善骆驼及生态环境的关注。至于究竟能否救骆驼,怎么救骆驼,他心里没底。(文终而问题犹存,意味深长。中国服装网上有李大云、王庆坤文,《羊绒业破坏生态环境辩驳》,载《中国服饰报》,鄂尔多斯集团总裁王祥林百般辩解,问题还很严重!)

 读后悟语

在电视上看过一个广告:一位青年女性,把一条宽大的围巾从一个戒指中穿过去。非常惊讶!如此轻巧的围巾,居然具特别强的御寒功能,什么材料做的?——就是山羊的羊绒!

在我国的草原上养山羊,低价收购山羊的羊绒;在我国土地上办厂,再把制造出来的羊绒产品在我国销售掉。草原被彻底破坏的是中国,获取高额利润的是日本。草原被破坏以后,日渐沙化,牧民们赖以维生的骆驼无法存活……

对此,我们可以做一些什么呢?

无奈的力量

卢 昱

引 子

鄱阳湖是中国最大的淡水湖,属吞吐性湖泊。每年秋末冬初(11月),从俄国西伯利亚、蒙古、日本、朝鲜以及中国东北、西北等地,飞来成千上万只候鸟,直到翌年暮春(3月)逐渐离去。保护区内有鸟类200多种,上百万只,珍禽20多种,是世界上最大的鸟类保护区之一。在这里发现了当今世界上最大的白鹤群以及白枕鹤、白头鹤、灰鹤等,总数达4 000只以上,白鹤达2 000只以上, 占全世界白鹤总数的百分之九十五。因此,鄱阳湖被称为"白鹤世界"、"珍禽王国"。(列数字,举例子,说明鄱阳湖的生态特点。名为引子,实为全文内容提要和缩影。)

为保护候鸟的生存环境,鄱阳湖保护区禁止了当地农民的狩猎与捕鱼,使当地原住民的生活水平明显下降。为解决生计问题,也是由于高额利润的吸引,当地农民偷猎天鹅、雁等情况严重,屡禁不止。保护站与村民之间的矛盾尖锐。其中,矛盾最激烈的是边山熊家村。该村民以前经济来源主要靠打鱼,保护区冬季禁渔后,该村村民收入骤降。村民对保护区非常敌视。(生态保护同村民的利益相冲突。)

原先为了体谅村民的损失,保护区从事务经费中每年给社区5 000元希望支持他们开展生产,后来发现都被瓜分用完。遂不再给。村民不断骚扰保护区要求继续给付。区区5000元,瓜分后每家不到50元。(采取的方法无效。)

1996年开始，保护区通过GEF(全球环境基金)援助边山熊家村开展社区共建项目，每户人家给小额贷款1 000元。给了60户，用于买牛犊，让村民们作为生产资料，发展他们祖辈就从事的畜牧业。许多村民们不用心看护牛犊，造成牛犊死亡严重。贷款至今未还。(换一种方法，仍然无效。)

2003年1月，中科大自然保护协会考察了鄱阳湖保护区大湖池保护站，走访了边山村。(过渡到下文。)

无奈的力量

写下这个题目的时候，我处于一种沮丧的情绪中，而且我无法消除我的沮丧，也就是说，我处于一种无奈的无奈之中。(先议论，一唱三叹，引起关注。)

但为什么还要说"无奈的力量"呢？我是这样想的：对于我们每一个人，无奈都是人生中必要的一课。它之所以重要，是因为它教会我们力量的边界在哪里。象牙塔里的我们，是人不是神。如果生活不教会我们无奈，我们永远无法认识自己的真正渺小。而这种不能离开大地的沉痛，让我们真心地渴望飞翔的翅膀。(议论，说理。采用设问，先引发思考。)

之所以选择江西鄱阳湖，是因为这片土地，这八百里绵延泽国养育的，不仅仅有越冬的候鸟、珍稀的白鹤、白鹳和天鹅，有那杀之不尽、铲之不清的血吸虫与钉螺，更有那旱涝和贫困交相攻掠，勤勉和情怠费劲纠缠的人民。(选取鄱阳湖作为研究对象的两大原因。)

作为一个环保者，我常常会面对这样的问题：我们的天平应该向哪边倾斜？ 是人吗？可是那贪婪无耻的人们，会为了口腹之欲，竞比之心，把那样美丽的鸟儿放上餐桌，成为一盆既无口感，更无美感的败羹。那么，是鸟吗？可是在那翩翩的鹤、鹳和土气的鹬、鸭之后，又是那家徒四壁、室如悬磬的民居和敝衣败褐、茫然无聊的妇孺和老人。

这样的问题，在我们的中国，总是那样无法回避，也无法回答。(提出问题，似乎是一个悖论。)

来鄱阳湖之前，我已经想到了这些。带队来这里，也正是想让大家亲身面对这一个问题，亲眼看看中国农村中的真实，看看环保的另一个面目。

可是我也不曾想到，当我真正面对这些无奈的时候，我依然会这样难过，这样痛恨自己的渺小与无能。念天地之悠悠，怆然泪下。

　　不是没有见过贫困,可是没有见过贫困和闭塞,会这样消磨人的意志,消磨与生俱来的奋发的冲动。

　　而在重新拾起这份拼搏的自尊时,我又看见他们不得不面对的痛苦。这样公平吗?如果是公平,那么这样的代价和惩罚,是否太过于残酷?

　　在大湖池保护区边上的边山熊家村,村民们说起GEF(全球环境基金)给他们的牛时,一脸的不屑。尽管他们都承认牛是家里最值钱的东西之一,可是他们有理由不领这个情。他们看不惯保护区的工作人员:老外给的钱都给他们拿去了。买车的买车,造房子的造房子,为什么不给我们?可是为什么一笔笔老外签的项目都以实物而不以现款的形式出现呢?钱分给了谁?谁又用钱买了什么?他们不说。他们只有一个字:钱,钱,钱。没有其他的要求。他们反反复复地说,这地方原来是我们的,你们现在要鸟吃饭,我们就要你们给我们吃饭。(描写现状,分析原因。村民可能有误解。)

　　水牛是给的,不是自家出的钱,于是大家都把这笔意外的财富当做理所当然,既没有精心地维护,也不想进一步发展。一头牛三年以后就可以下仔,一年一只。然而那不能控制的疫病,却一年年把新生的小仔,甚至老牛杀死。真的无计可施吗?农民们说:"冬天牛吃滩上的草,夏天水淹了河滩,牛就没有吃了。"真的只能这样吗?——养牛是这里祖祖辈辈从事的产业,他们的老祖宗,又是怎么过来的呢?(批驳农民难以成立的所谓理由。)

　　一只援助的手,是否就能把我们可怜又可悲的老乡们拉出贫困的泥淖?

　　我以为这里的水稻产区应该有米酒和年糕。可是,跑了好几个村子,没有一家做米酒。没有一家。"莫笑农家腊酒浑"——这些年来的风俗和淳厚呢?

　　农人们说:"懒了,现在谁还做酒做年糕?都是买。"

　　年轻人的衣着总还是好的,保养得不错。上了年纪的人才有粗糙的手和脸,陈旧的衣服。(由于某些原因,民风已悄然改变。)

　　懒怠、妒忌和长期以来"等,靠,要"的习惯,使得他们对保护区、对从保护区过去的我们,抱着轻蔑与反感,这一切,又怎能用简简单单的几句话来释怀?(指出其根源。)

　　自然资源是匮乏的。农网没改造,一度电一块五。一户人家只有8分地,原来一年可以有三四千块收入的打鱼工作,由于保护区的严令禁止,也不许再做了。鸟多了,有时鸟也成灾,野鸭子一起一落,庄稼就没有了。而鸭子不是保护动物——但是在保护区里,你就是不能打……我们的农民为了我们这些吃饱饭的人能看到这些美丽和不美丽,为了让我们这些无所事事、细皮嫩肉的家伙能够度过短短的几天的有趣,付出了沉重的代价。(分析现状,指出现实的无奈。人们认识水平低下,生存困难。)

不过也许,我们也不是完全无能为力。这里的牛得病多,都不知道什么病。我们在十里之内看到的棉花,棉桃都只有核桃大小,而且有不开的。也许我们可以告诉他们,怎样防止疫病,怎样增产,怎样改良种苗……

可是这些有多大用处呢?无论走到哪里,我们都被告知:改变这块地方的最好办法,只有移民。

总是在晚稻快要收割的时候,一年一度的洪水来了。湿地,这块被我们颂扬着的土地,我们这些所谓的环保精英们高唱的"地球之肾",贪婪地吞噬村民辛勤了半年的稻田。(这些土地是否适合耕种?是否围湖造田?)总是这22米的水位线,淹没了50年前人定胜天时开垦的土地和道路,把冬天时小小的一个鄱阳湖,扩大了5倍。也在许多人家的墙壁上,刻下凶狠的啮痕。往高处迁移,再往高处迁移——可是,这么多人,还能到哪里去?(指出问题的历史根源。)

到底由谁来付过去的愚蠢留下的代价?(令人深思。)

不是想要在肆虐的洪水面前贪图侥幸,如果不是因为希冀那几分地上的几十块上百块收成,谁愿意辛苦地劳作,然后祷告上天,收割完稻子之后再让洪水过来——等来的却往往是倒伏的穗实,腐烂的根茎。(举例子,指出在此耕种也少有收获的事实。)

诚然,洪水不是不能带来好处。这里的习惯是"涸泽而渔",也就是在将要被洪水侵涝的土地上筑起几道坝,等水退以后,许多鱼就留在了这些坝里。把坝里的水抽干之后,鱼就留下了。这叫做"堑秋湖"——可是,现在再也不让这样做了,保护生境,保护鸟类不被惊扰,保护区必须要禁渔。(指出保护区给居民带来的另一个问题。)

我们记得有一个词,叫背井离乡。我们记得那是在说委屈的、悲愤的、不公平的出走。那是过去的事情了,不是吗?我们去采访一户人家,3个小孩,两男一女。女孩儿13岁就出去打工了,在郑州给人带小孩。这里的孩子上完初中的没几个。上面给的升高中指标是60%,却很难完成。儿子一个在湖南,一个在郑州,都给人家打工,一个月只能挣那么三四百块钱。(举例子,说明农民谋求生活的出路。)

然而不管怎么说,背井离乡总比留在这里要好。涝,每年田地有3个月的时间在水下,其余的时候都在水上。既不全旱,也不全水。没法建路,也没法一直用船。吴城的冬瓜和茭头有名,但是运不出去。吴城镇范镇长打趣永修到吴城的公路为:永吴公路,也就是永无公路。有钉螺,日本血吸虫。1928年的吴城镇炸完就完了,烧完就完了,可是血吸虫从来没有离开过。60%的感染比例,没人敢来投资。(日本侵略者制造的灾难,现在还在毒害我们。)

镇长对鸟一点也不感冒:候鸟给这里的老百姓带来什么?喊了20多年,名声在外,可是有什么用?人家旅游是赚钱,我们这里是亏钱:看这么差的交通,外国人有兴趣,能来几个?国人哪有什么兴趣?他们以为来看鸟就是像动物园里一样,几只被摘掉飞羽的呆鸟在人周围被拍照。来到这里一看几百米以外的鸟,只有望远镜才能看到,摇摇头走了。只有些领导,一到节假日,开着小车,拖儿带女的就来了。可是你又不能不好好招待……毕竟,镇长不能老是撤。(三种不同的人,带来的结果大同小异。)

当我们听到一个小镇的人以迁出为最佳生存手段时,我不知应该作何感想。是鸟赶出了他们吗?从某种意义上来说是的。可是也不尽是。恶劣的环境,困塞的交通,失去了信心,失去了方向。眼睛里也看不到什么,我们只能收到3个电视台,除了江西的电视台,其他的台都是一片雪花。(直接原因和间接原因,哪一个起的作用更大?)

镇长说,就是因为这里的贫困落后,长期没有开发,才会有这么多鸟,才会有这块被GEF和ICF(国际鹤类基金会)、WWF如此关注的土地。

这是幸抑或不幸?

没错。保存了美丽的白鹤和白鹳的,就是这块土地的贫困。尽管它给生活在上面的人们带来了这么多的灾难和痛苦。我还是在离开之前,向那里的人这样说:

你们手里有一个宝库,一个生物多样性的宝库,一个现在还没有开发,但将来会给你们的子孙带来无比财富和荣耀的宝库。你们的后人一定会以生活在这里为荣的。(畅想未来,运用想象和联想的方法。)

那是我真诚的祝福。

只是我不知道他们的子孙还有多少会留在这块先人留给他们的土地上。

我无奈地言不由衷。我无奈。

我们站在几百百几千公里之外的校园中慷慨陈词,说起无辜的动物,说起人类的无知和无耻。我们知道鄱阳湖围湖造田,造成无法泄洪,使得几道堤坝都成为虚设。我们知道偷猎的猖獗,ICF(国际鹤类基金会)和GEF对于这块土地的担忧——"最后的湿地"——

长江流域的湖泊都已经被围垦。这里候鸟的增多,意味着别处生境在恶化。万一有流行病发生,白鹤这个高雅的物种,将从这里被抹去。(对比分析。)

我们的队员小龚看到捕雁的网、流刺和长竿、挖的沟,她说:"太残忍了!怎么会有人去伤害那么漂亮的动物?"她说,她几天心情都不好。

可是,当我们看到那些和这些鸟共争这一块土地的人们时,我无法抑制住自己作为一个人,一个有着同样的父母兄弟的人,一个同样尝历过饥寒困顿的人所具有的悲伤。人,还是鸟?就像"生存,还是毁灭"一样。这是无法回避,也无法回答的问题。(相关联想。)

保护站的站长最重要的工作就是去边上的几个村做工作,被拉住要钱,被人们鄙夷,被人围攻乃至于挨打。至于巡护的人,则装做没看到捕鸟的人。抓到一个就必须要罚款,太危险。农民们有气,保护站的人就有伤。

也许,无奈是我们环保的本来颜色。

走了那么多地方,我已不相信世界上有什么灵丹妙药可以方便地拯救我们,而不留下一点悲伤和遗憾。我们谋求所有人的福祉,可是,是否牺牲一部分人就是道德?我们珍惜我们子孙后代的利益,可是,是否牺牲这一代人就是正义?

环保不能脱离人,尤其是与我们要保护的东西息息相关的,为之做出牺牲的人们。尽管在许多时候,人,这些自以为是的物种,让我们如此生气,可是我们,至少在于我,还是不能弃他们而去。这是一种无奈,我没有什么办法来摆脱这种无奈。那就姑且把它留着吧。

我无奈地相信,然而,也是坚定地相信:这种无奈,终会带给我一种力量。(点题。)

尽管我现在还不知道这种力量来自何方,会怎样出现。但至少,我能感觉到,它开始沉积在我心里。它教会我世界的复杂、人生的艰难、蜕变的痛苦。它教我不要飞扬浮躁,不要以救世主自居,教我平等与自由的珍贵与难得,也教我审视自己的来历。无奈把我的脚放到地上。把我像一棵树一样种上。等待着,或许有一天,我可以生出绿色的枝叶,或者,生出翅膀。(照应开头,乐观积极。)

这也可以称为力量吧!

读后悟语

哈姆雷特王子说过："To be or not to be is a question."(生存，还是毁灭，这是一个问题。)当环境保护同人的生存相矛盾，甚至相冲突的时候，我们应该如何面对这样的两难？我们是否有办法走出这个悖论？

人权之基本要义就是生存权和发展权，当人的生存和发展同环境产生巨大的冲突，尤其是生存空间的冲突时，我们应当怎么办？也许，我们现在还无力走出这种两难的境地；环境问题不是一个单纯的问题；我们还需要作更加深入的调查、研究和思考。

亲爱的同学，如果你有兴趣，欢迎你也加入到这一行列中来。也许，正是由于你的参与，这些问题能够尽早解决呢！

拯救地球，你可以做什么

《文汇报》*

　　人类每年从地球"榨取"的农牧产品，比地球能够天然补回的多20%，也就是说，我们每年从地球抽取来种植农作物、养殖动物的养分，要14.4个月才能补充回去。

　　联合国开发计划署负责人提醒："当资源都被用光的时候，人类也就毁了。"我们提倡走可持续发展之路，就是要匡正"超用"地球现象，扩大天然资源的"生存根据地"，同时调整人类的消耗习惯。(指出危害。)

　　日常生活中，我们每个人都能为保护环境做一些简单而又力所能及的事。英国《卫报》配合地球峰会推出特刊文章，介绍了拯救地球的50种简单做法，特选摘如下：(提出方法，切实可行，身边小事。这些做法，有一些现在就同我们有关；有一些将来同我们有关。)

　　用布和缎带包扎礼品，因为两者可再利用而且比纸和胶条漂亮；

　　放慢开车速度，每小时开50英里比每小时70英里节省25%的燃料；

　　关小中央暖气，多穿一件衣服；

　　当你准备给家电更新换代的时候，选择节能家电；

　　购买小型日光灯泡，它们的使用寿命是一般灯泡的8倍，而且耗电很少；

　　利用图书馆，少买书；

　　到汽车维修站或加油站时对你汽车油箱中的剩油进行回收，它里面含有铅、镍和镉；

　　购买本地产品，或者更好是自己种食物，这样能源不会浪费在运输上；

*选自2002年9月27日《文汇报》。

请朋友吃饭，大量的食物比同量的单独小包装食物用的包装材料少，烹调起来耗能也少；喝自来水或过滤水，不喝瓶装水；

据测算，电视机、音响、微波炉、洗衣机等家电产品在备用状态时所消耗的电力，占家庭总用电量的15%左右。因此，在不用这些家电时，要拔下电源插头；

把你家的墙壁刷成浅色，这样可以少要一些人造光线；

来顿烛光晚餐，不光可以烘托气氛，同时还能省电；

经常清洁冰箱背面，布满灰尘的线圈要多消耗30%的能量；

尽量不坐飞机，飞机产生的人均二氧化碳是火车的3倍；

带个陶瓷或金属杯子到办公室，不要用聚丙乙烯的杯子；

用36张的胶卷而不是24张的，这样可以减少包装和冲印的浪费；

取消昂贵的健身俱乐部计划，每天走着去上班；

少购物，这样可以节省时间和金钱，也挽救了地球。

(把多种方法一一列举出来，具体细致，切实可行，并且加以简要说明，有理有据。千里之行，始于足下；从我做起，从现在做起。)

 读后悟语

我们只有一个地球。这是我们唯一的家园。不要指望星际移民，那个家太遥远；不仅如此，如果我们在地球上不能注意地生存，换一个星球，就会善待它吗？

古人云：勿以恶小而为之，勿以善小而不为。拯救地球，保护环境，是每一个人的责任。其实，并非高不可攀，只要我们愿意，只要我们真诚，从身边的小事做起，每一个人把自己份内的事情做好，把小事做好，就蔚为大观矣！

世界上的事，怕就怕"认真"二字。让我们认真做起来。

江南名镇掠影

潘浩泉

初冬时节,秋意未尽。我们马不停蹄地浏览了江南名镇——同里、周庄和甪直。作为一个在苏北小镇上长大的人,我对它们神往已久了。三大名镇皆古镇,有的有数千年历史,皆大,大得像座小城。都是水镇,既水而相对隔绝于世,也因水的滋润而妩媚昌盛,同时又有几个走出古镇令华夏目的名人。真可谓人杰地灵。(总括三大名镇的相似点。)

周庄的名气最大,号称"中国第一水乡",它以"小桥、流水、人家"的保存完整蜚声于世,甚至受到联合国青睐。陈逸飞的一幅以周庄为素材创作的油画《故乡的回忆》,曾经充当国际政治舞台上的一件雅致的道具。周庄还有永远令人好奇的巨富沈万三的神话。(分述周庄的名气。)可惜周庄的游客太多,令人如入闹市,缺少观赏的从容与优雅。如果为了确保游览必需的氛围,能否控制每天游客数量?这个建议也许不是太傻,就是过分奢侈了。

同里幽静多了。有的街道清寂异常,不但人少,店也不多,店主的神态恬淡跟古镇十分和谐,时间好像定格于千百年前,这时,思古之幽情才会悄然升起,才有可能跟古镇真正神会。(分述同里的幽静。)同里的点睛之处显然是退思园。它的魅力不仅来自园林建筑艺术的别致,更来自浓厚的传统文化意蕴。无论一水一石一楼一阁,还是地上铺砖图案的构思及园内树木花草的设计,无不精妙,又无不寄寓主人郁结的情思。可以说,退思园就是它的主人任兰生。任兰生是位武将,相当于现在的大军区司令,因为出了廉政方面的问题,革职回乡,他借用《左传》中的"进而建功、退而思过"的意思,造了退思园。其实,这多半是给朝廷看的姿态,他与其说是退而思过,不如说是韬光养晦,以屈求伸。不过,他"退思"的姿态还是奏效的,后来皇上一声召唤,他便又"进而建功"去,但几个月后就以身殉职，留下一个艺术化了的任兰生——退思园，让后人观赏凭吊。

角直也是钟灵毓秀。无论是唐代的保圣寺，还是一幢幢并不比周庄逊色的古宅民居，都令人流连。作为一个爱好文学的人，我最为心仪的是叶圣陶墓。没想到这位中国现代文学巨擘长眠于此。角直虽不是他的衣胞之地，却是他追求教育兴国的起点和文学创作的发轫之处。《多收了三五斗》就是这里的故事，长篇小说《倪焕之》在此呱呱落地。我是60年代初读到《倪焕之》的，30多年后站在孕育倪焕之的地方，心绪难平，又想到80年代末，《雨花》在扬州举办笔会期间，叶圣陶之子叶至诚谈及大时代与知识分子命运的情景，感慨就更多了。墓地一侧是棵高大的银杏树，圣陶老人当年初到角直，第一眼就看到了它，从此刻骨铭心，直到弥留之际还深切地把它呼唤。此时，秋风早把它染得遍体金黄，温煦的阳光下，犹如一道闪耀百年的圣洁的烛光。(分述角直的钟秀。)

三大名镇的芳华不仅美不胜收，也是发人深省的。

三大名镇都属苏州版图。比起苏州的位处要津，三镇都在僻壤，然而偏僻同样可以孕育绚丽的文化，因为文化的真谛在于创造在于积累，同时还在于尊重和保护。如果说苏州是座大山，三镇则为幽谷，无论外面的世界如何精彩，三座古镇的文明会像幽谷之兰，芬芳不绝的。(总括三大名镇的共同点。)

三大名镇的形成与发展显然有个漫长的过程，其构思大概源于各自人文、经济和地理的自然融合，不会瞄准旅游名胜的蓝图，更不会有日进斗金的奢望，然而斗移星转千百年，却成了现代城市的后花园。每天都有冲出钢筋水泥包围的城市人，潮水一般地涌去，休闲度假，感受一方历史文化的余韵，打发永恒的乡愁。

文化的创造是寂寞的。文化的作用不能立竿见影，更不能以经济效益来衡量它的价值，尽管戏剧大师曹禺说过一句名言："文化是明天的经济。"当然，似乎还可以说，经济是明天的文化，甚至更可以说，文化就是文化。

我想，文化是三大名镇的灵魂。

 读后悟语

文章用散文化的语言来介绍江南的三大名镇，能紧紧抓住三大名镇共同的"文化"共性，又能突出各个名镇与众不同的"文化个性"，用"总—分—总"的结构加以说明，思路清晰，说明、叙述、描写、议论抒情多种表达方式熔为一炉，古今人事聚为一体，内容丰富而不庞杂。

绝版的周庄

王剑冰*

你可以说不算太美,你是以自然朴实动人的。粗布的灰色上衣,白色的裙裾,缀以些许红色白色的小花及绿色的柳枝。清凌的流水揉成你的肌肤,双桥的钥匙恰到好处地挂在腰间,最紧要的还在于眼睛的窗子,仲春时节半开半闭,掩不住招人的妩媚。仍是明代的晨阳吧,斜斜地照在你的肩头,将你半晦半明地写意出来。(我们常常从局部去平视某个地方,缺少的,正是这种能整体地立体把握景观的视角。从此以后,多一种视角,多一种写作方法。)

我真的不知道,你在那里等我,等我好久好久。我今天才来,我来晚了,以致使你这样沧桑。而你依然很美,周身透着迷人的韵致。真的,你还是那样纯秀、古典。只是不再含羞,大方地看着每一位来人。周庄,我呼唤着你的名字,呼唤好久了,却不知你在这里。周庄,我叫着你的名字,你比我想象的还要动人。我真想揽你入怀。只是扑向你的人太多太多,你有些猝不及防,你本来已习惯的清静与孤寂被打破了。我看得出来,你已经有些厌倦与无奈。周庄,我来晚了。(被拟人化的周庄多美!色彩明艳、神情妩媚。在对周庄的声声呼唤中,我们听出了爱与悲哀。)

有人说,周庄是以苏州的毁灭为代价的。眼前即刻闪现出古苏州的模样。是的,苏州

---

*王剑冰,中国作协会员,中国散文学会常务理事,全国第二届鲁迅文学奖评委,《散文选刊》主编。出版作品集有《日月贝》、《有缘伴你》、《欢乐在孤独的那边》等。评论集《散文创作谈》获全国首届冰心散文奖。

脱掉了罗衫长褂,苏州现代得多了。尽管手里还拿着丝绣的团扇,已远不是躲在深闺的旧模样。这样,周庄这位江南的古典秀女便名播四海了。然而,霓虹闪烁的舞厅和酒楼正在周庄四周崛起,周庄的操守能持久吗?(形象的对比,苏州的今天让我们为周庄的明天而忧虑。)

参加"富贵茶庄"奠基仪式。颇负盛名的富贵企业和颇负盛名的周庄联姻。而周庄的代表人物沈万三也名富,真是巧合。代表富贵茶庄讲话的,是一位长发飘逸的女郎,周庄的首席则是位短发女子,又是巧合。"富贵"、"茶"、"周庄"、"女子",几个字词在濛濛春雨中格外亮丽。回头望去,白蚬湖正闪着粼粼波光。

想起了台湾作家三毛,三毛爱浪游,三毛的足迹遍布全世界,三毛的长发沾的什么风都有。三毛一来到周庄就哭了,三毛搂着周庄像搂着久别的祖母。三毛心里其实很孤独。三毛没日没夜地跟周庄唠叨,吃着周庄做的小吃。三毛说,我还会来的,我一定会来的。三毛是哭着离去的,三毛离去时最后亲了亲黄黄的油菜花,那是周庄递给她的黄手帕。周庄的遗憾在于没让三毛久久留下,三毛一离开周庄便陷入了更大的孤独,终于把自己交给了一双袜子。三毛临死时还念叨了一声周庄,周庄知道,周庄总这么说。(三毛的足迹遍布全世界,她在周庄的"哭"、她的"唠叨"、她的"吃",是对周庄最高的赞美。这是典型例子的力量。)

入夜,乘一只小船,让桨轻轻划拨。时间刚过9点,周庄就早早睡了,是从没有电的明清时代养成的习惯?没有喧闹的声音,没有电视的声音,没有狗吠的声音。

周庄睡在水上。水便是周庄的床。床很柔软,有时轻微地晃荡两下,那是周庄变换了一下姿势。周庄睡得很沉实。一只只船儿,是周庄摆放的鞋子。鞋子多半旧了,沾满了岁月的征尘。我为周庄守夜,守夜的还有桥头一株灿然的樱花。这花原本不是周庄的,如同我。我知道,打着鼾息的周庄,民族味儿很浓。(新颖的形象比喻,不用心去感悟是写不出来的。)

忽就闻到了一股股沁心润肺的芳香。幽幽长长地经过斜风细雨的过滤,纯净而湿润。这是油菜花。早上来时,一片一片的黄花浓浓地包裹了古老的周庄。远远望去,色彩的反差那般强烈。现在这种香气正氤氲着周庄的梦境,那梦必也是有颜色的。(由视觉到嗅觉,将读者裹入那古老而芳香的梦中。)

坐在桥上,我就这么定定地看着周庄,从一块石板、一株小树、一只灯笼,到一幢老屋、一道流水。这么看着的时候，就慢慢沉入进去，感到时间的走动。感到水巷深处，哪家屋门开启，走出一位苍髯老者或纤秀女子，那是沈万三还是迷楼的阿金姑娘？周庄的夜，太容易让人生出幻觉。

 读后悟语

作者的拟人手法绝佳地表现出了纯秀、古典的周庄。"绝版"说的是周庄的劫后余生。我们的浮躁和无知毁了苏州，不知周庄还能保持多久？我们应该知道，只有民族的，才是世界的。我们这个民族饱经沧桑，不能再迷失自己，让我们保有我们民族的文化遗产，找回自己吧！

寻找远逝的江南

张加强

倘若这个世界还有原先,还有旧时月色,还有过去的时光,这个地方便是江南。行走在江南软土,偶然间踩到的散珠落玉,发现是江南精华,好奇着串联起来,放胆着交给读者数落去。(文章的结构采用并列式,这是作者非常聪明的处理方法。全文不需要完整连贯的线索,只需每个篇章有独立完整的主题即可。在文章内容难以驾驭的时候,这样分小节行文就避免了杂乱无章的危险。)

一

徜徉在宋词的意境里,很古典地品味江南,在"杏花春雨"的氛围里,身心让黄鹂婉转、燕子啁啾的软绵绵的江南紧紧缠住。

周太王的长子泰伯自愿放弃王位迁居被称为"荆蛮之地"的江南,在今天的无锡梅里建吴城,转眼三个春秋,曾经沧海之后,"荒蛮之地"竟成"梦忆之嚏",令无数英雄竞折腰,令无数文人魂魄销。(举典型的例子,用抒情的笔调,先声夺人。)

江南的风是轻的,只撩人表面,只让人感到它掠过而已;江南的雨是疲惫的、倦怠的,无法爽快,仿佛不想从寂寞和沉睡中醒来;

江南的山是灵性的,虽无质感、缺霸气,但能聚人气,育一方深沉;

江南的石是女性的、柔软的,年久日长以后,光洁如玉,裸露出一种性感和占有欲;

江南的田野总是滋润,但却害羞,拒绝展示赤裸的胴体,故难见肌肤与刚毅,所有的

153

隐私化为色彩斑斓；

江南的桥是装饰，是风景，是理念，是哲学，欣赏和被欣赏都在其中；

江南的河是气量、是心胸，拒绝所有的不公，气势汹汹的官船、富绰豪华的商船和简陋寒碜的夜航船均被无私地承载；

江南小镇清一色的青石小街，精品深藏于小巷，老底子叫做"弄堂"，弄内偶尔的门楼是一个镇的猜想或秘密，古镇的神秘由此生发；

江南的古井直通历史深处，井不管深浅，只要常用，定有碧水，只要细究，必有经典，井的传说与故事，屡屡验证江南小镇为何藏魂隐魄。(9个排比句，娓娓道来。)

在江南看生活，只有美丑，无所谓对错；

从生活看江南，依旧魅力无限，风情万种；

从世俗看生活，还是江南的好。

石板小街作为一种文化，是汽车时代以前和帆船以后的事。人在这里适合过闲云野鹤似的生活，一定不是他的本意或初衷，长袍马褂、青面布鞋并不昭示着博学，是一个生存方式。

马致远钟情"小桥流水人家"的江南安逸生活，张志和神往"斜风细雨不须归"的隐逸日子，杜牧不忘"十年一觉扬州梦"的风流往事，李煜长叹"一江春水向东流"，落难君王梦江南。即使是布衣少女，"采莲南塘秋"；即使是匆匆的旅人，"路长梦短无处寻"。(写江南：生活方式，引用古人诗文以增其色。)

丘迟看江南"暮春三月，江南草长。杂花生树，群莺乱飞"，江南旖旎的风光在清丽的词句中跃然而出。陈寅恪学贯中西以后，回眸江南，宛若依门之少女、绸缪鼓瑟之少妇。张大千眼里，江南生活在水里，烟雾缥缈。

西湖太湖秦淮，一条鲜艳的血脉，流淌出了江南精华，流到来人那里，江南成为一种人生范式，一种天堂式的境况。我呱呱坠落在江南小镇，一生未曾离开，却几乎访遍所有小镇，发现江南小镇们一个模式，平静如太古，码头酱坊、药铺烟店、酒楼茶馆、小桥石岸，组合成江南小镇的基本格调，小镇上屋檐不敞，住家不多，不远便见田野，农舍俨然，依稀耕种人家，在江南过日子，调理得好，很有些神仙味，不会有局促悒郁之感。

牵一根柔肠在小巷里转悠，摆脱不了一水幽远。江南文章永远地不能做完，即使想做。江南的城镇倘若要作细品，内涵不能觅得，石拱桥、石驳岸、踏级入水的石阶、依水而立的宅第、沿河而去的街巷、柱廊翘檐的街楼,高墙深院与沿街骑楼连成一体,高低错落有致。大户人家一般藏于深巷,青石板将华贵铺进,雕花门庭,石柱石阶庭院中透着古朴秀美之气。住宅高敞宽大,木质长棂窗扇,广漆楼梯地板,主人不管有无学问都有附庸风雅的爱好,旧书字画、雅致古董、盆栽小景,直往悠闲上靠。风影远逝以后,追忆起来,会起一种莫名的沉郁的怀旧幽思。

在这样的地方养性,可以深藏虚谷,可以不偏颇也不逃避,不焦躁也不颓唐,可以做些怀抱清旷的事体,再贫寒的人家,日子照样过得滋润。(举例之后议论,富于变化,多姿摇曳。)

<h1 style="text-align:center">三</h1>

江南河湖的烟水芳草,依湖古城的迤逦气韵,傍水青山的松风幽径,修竹清池,构成江南山水的倾情之美,构成这温柔富贵之乡、大雅与大俗共融之地。

江南的古村落,行走得慢的,与时代失去了联系,作为一种标本存在,但居住者却是鲜活的,现代的,与外界的关联是隐藏的,用一种不敞开的开放姿态欣赏着自足。江南的树木不乏千年以上,樟、槐、榆、松、银杏、黄杨,都喜欢成群结队地遮掩着大地,将古典呵护。

江南的水散发在空气里,湿润的气息让男人不能为英雄,女人极易为狐狸精,令世界销魂铄骨。顺着江南小镇的小弄走进时间深处,会发现青苔都很古典,苍藤的长茎盘根错节在历代生灵里,人类所有的轮回被高高挂起,让后人欣赏嬗变。

江南老妇人信奉王母娘娘、观世音、张天师,不指望奇迹出现,时不时叙说些遥远的、老掉牙的动人美妙的故事,只痴想着来世投好胎。

江南的老男人喜好喝茶,专有茶客一族簇拥。茶客不问季节,不问时辰,不问搭档,不问茶质,漫无目的。饮个过去未来,饮个烦腻顿消,饮个耳目朦胧,饮个无欲则刚。江南的茶馆低檐、棂窗、木桌、长凳、大壶、绿茶、麻将、评弹、烟雾、水汽,构成江南生活脱俗出世的一部分,养成生活中顺从老婆、尊老爱幼的好性格,养成与世无争、朴素温和的生存方式。

江南园林,置身假山石径、池塘水榭、亭廊楼阁之中,雅赏寺塔幽巷、烟柳鱼桥、户盈罗绮古韵，江南园林那种雅致堂皇，宏深富丽，回环繁复，吐纳近远，剔透玲珑的文化流韵迷人之至，比起水乡小镇，另是一番天地，江南园林洋溢的浓重的文化气息，令人忘俗。

杨柳青青、蜜蜂蝴蝶、人面桃花、风流才子、外婆桥永远摇不到；童年的阿娇永远不会长大，这大概就是江南情结。

四

江南的山虽没有拔地横空盖世凌人的孤苦和傲气，虽不能让人虔诚让人顶礼膜拜让人诚惶诚恐。但江南的山是人性化的，溢着灵气，游江南名山不会有前路茫茫、孤旅天涯的体悟，因为江南山重水复，移步换景，山不转水转。观江上渔火，沐林间轻风，心境自然是不错的。

置身于这诗化的群山，很有些道骨仙风的体悟。山道弯弯，偶见山居人家，修竹绕屋，溪水边草木滋润灵秀。站在山顶看世界，小溪澄、小桥横、小雨冥、小亭冷，重重叠叠山，曲曲弯弯路，叮叮咚咚泉，高高下下树，零零碎碎河，隐隐约约屋，清清白白云，朦朦胧胧雾。一江春水穿山而去，横江泛舟，竹筏悠悠，青山古河，渔火远树，恍若渔人入桃源，一幅绝妙的山水画。

江南文化在整体上给人一种甜软温馨，男士文弱精明，女子娇嫩柔美。音乐如春江花月夜，徐缓悠远。歌舞如荷花仙子，采茶扑蝶，柔和清丽。轻歌曼舞、甜润细腻的女子越剧只能在江南土壤成长。美学上讲，江南文化太过秀气，无不透出一种阴柔美，比起北国"骏马秋风"的阔大气象，江南的"春花秋月，暖雨熏风"显得太过纤弱、细腻、委婉。

没有如泣如诉的塞外狂飙下如泣如歌的号角；

没有猎猎雄风下遮天蔽日的滚滚烟尘；

没有叱咤风云扶摇直上的强悍之力；

没有沸沸扬扬的卷帙和荣枯跌宕的故事；

没有坦荡从容的风骨；

没有弥漫腾升的苍茫大气。(6个排比句，从否定的角度写，构成鲜明对比。)

北方仅凭风的遒劲尖厉，便将北人的胸怀磨砺得更加粗犷宽广，雄劲剽悍；任凭风的利刃刺破耳目，镂刮脸面依然如故。北土是苍鹰的故乡，江南是灵鸟的巢穴。难怪鲁迅不

浑成、文气奔放、大气盘旋、沉郁顿挫的氛围下铸就的英雄豪杰之气。

江南天生一种诱惑，塞外的剽悍与粗犷终被江南的纤弱所吸引，精工细作的美肴的确比马血羊肠好吃，谁不喜欢锦衣华车，在春江花月夜的境况里，学点繁文缛节算得了什么？大草原的雄浑不能当饭吃，成吉思汗的十三万骑兵可以征服半个世界，却不能征服一个江南，照样乖乖地坐进江南的破旧茶馆，眯起双眼，去欣赏残垣断壁上的衰草斜阳。(指出江南孕育文人的特点以及这种文化的特点，运用对比手法。)

十一

江山须有文人撑，才气需有大气支。文人推崇"落笔惊风雨，诗成泣鬼神"，这一点上，江南文人中强者有的是，可惜依附于别人，也是悲哀。三国时，有位叫陈琳的江南人替袁绍起草的《讨曹操檄文》使曹操为之出一身汗。江南才子骆宾王的《讨武曌檄》，连被骂的武则天看后也拍案叫绝。清军兵临扬州城下，一股子书卷气的史可法面对敌方的劝降书，起笔写《复多尔衮书》，文章写得十分了得，大有誓与扬州共存亡的气概，并请书法高手誊写，扬州虽被攻陷后屠城三日，然史可法傲骨不朽。一代鸿儒方孝孺竟也在明成祖登基前的大喜日子里，披麻戴孝行走于陛前，傲然抗旨，被灭十族，浩气永贯。(指出江南文化的内核，其精华，浩气长存。议论、抒情，并提出希望。)

把气节从一种文化监护上升为一种文化内涵，为官荡涤五脏六根浊气，为文洗却尘世肮脏，使书香千古，使皎洁永恒。气节给江南以反思，江南何去，乃千古疑问，看来清一清江南水乡千年厚积的淤泥，实属必须。让江南从深厚走向宽广，让文化在种种转换中完成某种关怀。

读后悟语

江南，令人产生许多联想。想起了白居易的"山寺月中寻桂子，郡亭枕上看潮头"，想起了杜牧的"春风十里扬州路，卷上珠帘总不如"，想起了"江南可采莲，莲叶何田田"。江南,是和桂子、春风、莲联系在一起的。还有余光中的《春天,遂想起》的"那么多的表妹,走过柳堤/走过柳堤,那许多表妹/就那么任伊老了/任伊老了,在江南",郑愁予的《错误》"我打江南走过/那年在季节里的容颜如莲花的开落……我嗒嗒的马蹄是美丽的错误/我不是归人,是个过客",江南,又注定是和爱情联系在一起的。

太多关于江南的诗。而这篇文章,寻找的却是民族的、文化的江南。我们民族梦幻般的生活方式,正离我们远去,不知是幸还是不幸。

学 生 作 品

　　人类的任何探讨，如果不是通过科学的证明进行的，就不能说是真正的科学。

——[意]达·芬奇

心绿·新绿

黄海军

绿是古人的。只有王安石才会为"春风又绿江南岸"的一个"绿"字而冥思苦想,百般推敲;只有李清照才会为帘外的海棠情到深处无限伤感:"知否? 知否?应是绿肥红瘦。"也只有古人才会对"绿"百咏不厌,反复吟唱。绿是他们的魂,绿是他们的情,绿是他们吟诗作赋的根。

绿是前人的。只有朱自清才会为眼前诱人心魄的绿而油然生出"掬你入口"的欲望;也只有宗璞才会为西湖的绿而留下"绿,是生命的颜色"的吟诵。

绿是今人的?我不清楚。

我只记得在乡下上小学时,老师常叫我们下课出去转转,看看校园对面绵绵的群山、绿绿的田野、清清的河水。老师说绿能使我们消除疲倦、放松心情。于是,绿色成了我们那时顶礼膜拜的颜色。可惜那时课本中没有朱自清的《绿》,也没有宗璞的《西湖的绿》,而对唐诗宋词我们只是摇头晃脑地吟唱,却不懂得欣赏品味,只知道这世间存在着这么一种颜色,神奇好看的颜色。

然而更可惜的是待到读了《绿》,眼前却没有了绿,取而代之的是那满目的灰白——人们现在更满足于用灰白的水泥裹住自己甚至自己的心。所以我们只有抱着书望"灰"兴叹,口中大声诵着朱先生的《绿》,那种感觉真像是啼哭不止的婴孩儿被"残忍"的医生死按着,从那张开的小嘴中硬是灌入一匙匙苦药水……有时真的感到有愧于朱先生。

水泥固然坚实,然而灰白毕竟过于单调,绿还是在灰白的缝隙里"苟延残喘"着。人们在一些街道的拐弯儿处或是一些重要的场地,铺下一片绿,必要时又"卷起收回"——

绿，几乎成了没有生长权利的奴隶。在这些地方，绿是一种装饰物，人们用它来卖弄"风情"，或是作为人们在灰白的"笼"中呆腻后仅存的一份还算自然的"看资"。绿，也许成了一种奢侈。

自然被人们撕去了绿色的皮，更令人心寒的是人们的心灵也开始沙漠化。电子只是电子，它不会变成甘霖。沙漠的心，寒冰的脸，冷漠的笑，至少在亲切的笑后还是会给人一种沙粒吹进眼角的不自在。

但我想，绿不会死去，绿是生命，它可以繁衍、扩展、绵延。只是，人们应该尽早放下"绿淋淋"的屠刀，让绿的伤口渐渐地痊愈，让人们心灵的绿洲渐渐地滋润。

让心变绿，让绿变新。

绿应该属于今人。绿也应该属于后代。

同学分析

长期待在钢筋水泥樊笼里的都市人确实是已经和"绿"久违了，抬眼望望我们周围的世界，绿得那么矫情和做作。《心绿·新绿》的意义在于此：告诉那些忙碌而盲目的都市人——"让心变绿，让绿变新"。

作者从读古今名家的作品中看到了"绿"在当下的问题，以这种方式来写"绿"是很新的，文中的许多看法也很有见地。"绿"是前人的，"绿"似乎只存在于一篇篇美文中，对绿活生生的感受不属于我们，我们只能面对灰白而兴叹，在高速运转的计算机时代麻木，在人与人的冷漠中穿梭。进而，作者真情地呼唤"绿"的到来也就有了更深刻的寓意——实际上是在呼唤伴随着绿而来的人间温情。虽然现实是灰色，但是作者的梦是绿色的，他坚信他的梦会生根发芽，成就一片人类的绿荫。

教师点评

　　作者结构巧妙地,以古今名家名句来串联全文,描绘出"绿是古人的,绿是前人的";自然而然地提出"绿是今人的"这一问题,并对此展开论述。

　　文章通过作者儿时对绿的见闻,读书时对绿的感想,与现实中的灰白、"苟延残喘"的绿作对比,由此引出人类心灵的沙化。

　　文章以小见大,寓意深刻;举例丰富,比喻形象;文笔细腻,结构巧妙。结尾点出作者的希望,使主题升华。

　　"前人"是否包含了"古人"?

　　"它可以繁衍……"之"可以",是否改为"应该"或"必须"稍佳?

从"野鸟投画"说开去

李霞

　　不久前,许多家晚报登载了这样一条新闻:山东省日照市岚山童庄子村农民张树一天正在家里看书,忽听见"嘭嘭"的响声。他循声看去,见一只绿羽的小鸟,正扑向堂中壁上的山水画。他怕小鸟儿惊醒熟睡的婴儿,便抡起衣服把鸟儿驱赶走。不料,40分钟后,又飞来一群鸟向着山水画猛扑。张树呼来邻居,一同驱赶,鸟儿们才飞走。

　　野鸟投画,表面上看来似乎不可思议。然而,仔细琢磨,也就不足为怪了。众所周知,翠绿如盖的森林,历来是鸟类的天堂和乐园。可是近年来,因为人类急功近利,疯狂地掠夺自然资源,对自己环境的破坏日趋严重。许多农民把砍伐森林作为致富的手段。他们不择大小,惟"树"是伐,致使乱砍滥伐现象相当严重。全国每年减少的森林面积高达26亿平方米,许多郁郁葱葱的青山变为了荒山秃岭。自然环境恶化,鸟类的安乐窝遭到破坏,使鸟儿很难找到理想的栖息地,于是只好到山水画里去筑巢了。然而,让人吃惊的是,世人对此毫无察觉,认为这只是趣闻轶事,并没有认识到这是对环境恶化的警示。这不能不令人慨叹!

　　世界上离不开鸟类,鸟儿是人类亲密的伴侣和朋友。鸟儿对人类的贡献是多方面的。鸟儿不仅是一些植物种子的传播者,而且还是生态平衡的维护者。科学家们发现,世界鸟类95%以上以昆虫为食。鸟儿是害虫和鼠类的天敌,是保护农林牧业的忠诚卫士。一只灰喜鹊一年能消灭18 000多条松毛虫、金龟子,一只燕子仅在一个夏天就能捕食120万只苍蝇,一只啄木鸟一年能吃100万条(个)木囊虫、金龟子。至于猫头鹰、鹞隼等猛禽,则以捕捉田鼠为食。一只猫头鹰一个夏天就能捕食1 000多只田鼠,如果按每只田鼠糟蹋1 000

克粮食计算，就等于给人类夺回了一吨粮食。据报载，美国的犹他州有一年蝗虫成灾，施用农药仍然无效，后来突然飞来了一群大海鸥，天天啄食蝗虫，结果没几天就彻底消灭了蝗虫，保住了庄稼。因此，一位鸟类学家说："如果没有鸟类的存在，人类就不能在地球上生存。因为一旦昆虫的力量超过鸟类，所有的植物就会消失。"

鸟类还可以陶冶人类的性情，美化我们的生活。"两个黄鹂鸣翠柳，一行白鹭上青天"，色彩明丽，令人神怡。"春眠不觉晓，处处闻啼鸟"，百鸟争鸣，叫人心醉，假若没有了鸟的鸣啭，春天会寂寞许多，自然界会荒凉许多，生活就会大为枯燥。

我们应该清醒地认识到，保护鸟类，实际上就是保护人类自己。让我们都来善待鸟类，爱护鸟类，为鸟类生存营造必要的条件，退耕还林，封山护林，使鸟类安居乐业。这样，人类自己才能生活得幸福美满。

同学分析

作者从晚报上登载的一件"野鸟投画"的新闻趣事说开去，分析事件后面深刻的原因，进而引出文章的论题，从鸟类是人类亲密的伴侣和朋友、鸟类可以陶冶人类的性情美化我们的生活两方面展开论述，最后得出保护鸟类就是保护人类自己的结论。整篇文章论述思路清晰，逻辑严谨。在论证过程中，作者采用大量事例来支持自己的观点，加上自己的论证，具有很强的说服力。另外，语言晓畅自然，行文势如破竹，读者读后能产生很强的认同感。

值得注意的是，作者很善于在生活中积累素材，思考生活，大量的积累和思考才能成就这篇文章。这也给大家一个提示，要擦亮自己眼睛观察生活，做一个有心人，多思考，及时记下生活中的点点滴滴，这样，作文的时候自然思如泉涌。

教师点评

　　古有飞鸟投画的故事,折射出画家以假乱真、出神入化的高超技艺;今有野鸟投画的新闻,作者独辟蹊径,计上心来,写出了一篇关于环保的好文章。

　　不知道岚山童庄子村的自然环境如何,但既有野鸟,而且还有"一群",大约应该不会差;野鸟敢向堂中壁上山水画冲撞,大约也就不怕人了。

　　列数字、举例子,增强了文章的说服力。

　　文笔朴实无华,亦不乏佳句。"警示"一词,一字千钧!

　　把鸟类的命运同人类的命运联系起来,自然,真切,振聋发聩。

169

虫 灾

袁建梁

宇宙飞船平稳地飞行着,一颗蓝灰色的星球正在慢慢地变小……"这就是地球吗?"我低声问自己。在我手中,有一张100年前从太空拍摄的地球照片,那上面分明是一颗天蓝色的、耀眼的星球。

"你在想什么?"不知什么时候,赵阳已站在我的身后。他和我一样,也是空间工作站的研究员。

"有个消息告诉你,我终于研制成功了一种登山车,能够抵挡肉虫的进攻!"

"肉虫?这不可能,再厚的装甲板肉虫也能在半小时内击穿呀!"

"也许,但这种车辆周围有许多喷射孔,能用高压气流阻止肉虫的进攻。"

"原来如此,要是在地球上时能研制出来就好了。"我叹了一口气,不禁想起当年在地球上经历的那场噩梦来……

公元2230年,地球上的资源已近枯竭,许多物种纷纷灭绝。面对环境急剧恶化的地球,联合国总部早已提出"星际移民"的计划,希望能在火星上定居。然而,就在人类为建造大量的宇宙飞船而变本加厉地开采地球资源、滥用核能源的时候,一种体长约6英寸、形状酷似菜青虫的生物出现了。谁也不清楚是什么导致了这种变异生物的出现。总之,它们迫使"星际移民"计划提前了10年,它们的繁殖速度极快,行动迅速,能够改变自身密度而浮于空中。更可怕的是:它们竟然是食肉的!

虫灾很快覆盖了地球上三分之二的空间,所到之处,人畜无一幸免。一切武器都无法彻底消灭这些肉虫。最后,许多宇宙飞船不得不在没有模拟试飞的情况下升入太空,逃离地球,却发生了大部分飞船机毁人亡的惨剧,只有三艘没有出事,我就是其中一艘上的幸运者。

飞船终于在火星着陆了,三艘飞船上的三套环境改造系统立即启动,试图用三天左右的时间使人类能在不穿宇宙服的情况下踏上火星。

三天后,火星已被改造了80%。就在这一天的晚餐后,我正在舱内看书,突然间警报响了!几乎是在同一时刻,赵阳冲进了我的房间,拉起我就往外跑。

"这是报应!"赵阳边跑边说,"是环境的改变使它们复苏了!""什么东西?""我疑惑地边跑边问,这警报又是怎么回事?"

飞船内的人群已乱作一团,正四散奔跑,我预感到什么严重的事情发生了。

"别问了,快走!飞船舱壁坚持不了多久的,我们要在它们进来之前赶到登山车内去!"

"它们是谁?"我一急,站住不跑了。

"肉虫!"赵阳转身冲我吼道,我怔住了。

随着纷乱奔跑的人流,我们挤上了登山车,并发动了高压气流开关。登山车果然发挥了作用,但其他人都成了肉虫们复苏以来的第一餐。不一会儿,飞船内的喊叫声便停止了,取而代之的是肉虫们"刷刷"的蚕食声。

"我们得快离开这儿。"赵阳发动引擎,登山车冲出飞船,在火星上奔驰着。

"早知如此,何必当初!"

"是啊,这也许是大自然对我们的惩罚吧!"赵阳叹了一口气。

"我们去哪儿呢?"

"随便吧,但愿能遇到适合我们的星球。"我转身进入内舱,找出笔和纸,写下这样一句话:

"无论你们是谁,请珍惜自己的家园。"

我把纸装进玻璃瓶内,想以这古老的方式警戒那些正在或将要毁坏自然家园的外星人。

同学分析

圣人曾经说过,"未知生,焉知死"。曾几何时,有人对这一句话颇不以为然,其实,对于生活、生命、生态,我们究竟了解了多少呢?虽然距圣人说这番话的时间已过去两千多年。

自工业革命以来,人类的生活环境日益恶化,地球上的生态日益遭到破坏,大量物种灭绝,由于化工、辐射的作用,又使某些物种产生变异。据说,有的老鼠受到核辐射之后长到一百多斤。如果这不是小说家言,那么,本文作者的虚构,未必不会变成现实⋯⋯我们但愿它不要变成现实,永远也不要。

人类的生存环境正在遭受着严重的破坏,人类的家园一天天地走向毁灭,而这一切的罪魁祸首竟是人类自己!作者这篇对未来时空幻想的文章源自于作者对现实生存环境的担忧。

教师点评

文章将时间定位于几百年后的未来,将故事发生的地点置于火星之上。因为由于人类破坏环境的虫灾导致地球早已不堪居住;然而灾难并没有停止,火星上人类重蹈覆辙,悲剧再度上演。作者的想象可谓离奇夸张,可是顺着作者的逻辑细细思考却是合情合理。

文章的写作技巧也是相当娴熟的。作者运用了插叙的手法组织文章的结构以吸引读者;大量对话的运用生动活泼;情节安排上很有科幻小说的波澜起伏的特点;寥寥几笔人物形象的刻画跃然纸上⋯⋯

《虫灾》又为我们敲响了一记警钟,和那句"不要问丧钟为谁而鸣,丧钟为你而鸣"一起回荡在我们的耳边。

站在生态地图前

聂兴尧

这是一张关于中国生态环境的地图。我拿起它，目光从上面慢慢掠过，所见之处无不使我触目惊心。

先看看西北，这是美丽的新疆。提起它，人们总会联想起香甜多汁的葡萄和西瓜。然而现在它几乎全部都被划进了沙漠化的范围。如果我们再不抑制沙漠的侵略，很难想象几年后我们吃到的是美味的水果，还是令人恶心的黄沙。

再看过来，这边就是青海省了。顾名思义：青色的海洋。但是它的北边已被划进了沙漠化的范围。它的南部被标识为"森林破坏严重的地区"。如果我们还不珍爱和保护仅剩的一点绿色的话，也许用不了几十年，我们就只能叫它"沙海"省了。

看到这里，我的心已经凉了半截。我惊诧人类如此伟大，却为什么不能与绿色大自然和谐相处。一个好端端的北方生态环境竟然被毁成了这模样。再往南方一看，我简直惊呆了。只见四道紫色的竖杠犹如四把锋利的匕首插进祖国的胸膛。我仔细阅读了图例：紫色为酸雨危害区。毫无疑问，这是我们人类在进入工业化之后的新杰作。我真不知道该为这种进步感到骄傲还是耻辱……

然而这张中国生态环境地图上标出的仅仅是现实中的一部分。报纸上不是披露了吗？藏羚羊在世界屋脊上发出绝望的求救声，扬子鳄、白鳍豚在江中苦苦挣扎……我实在不忍心再看下去了。我从心底发出呼喊：每一个生活在祖国土地上的人们啊，给你们自己和你们的后代留下一笔绿色的遗产吧！

同学分析

简短的几百文字却犹如几座大山压顶般沉重得令人窒息，字字句句无不令我们汗颜！作者怀着无比的痛心、愤恨与嘲讽之情给我们讲述了这场场痛彻心扉的生态灾难。但，这只不过是冰山一角，更多的，我们甚至都不忍提及。

人类的魔爪一次又一次蹂躏着自然的美梦。我们在此看到了我们赖以生存的绿色地球被蚕食的痛楚及无奈，看到了人类的鼠目寸光与极度的贪婪自私，以及因此而即将遭受的生存危机。既作为绿色地球的代言人，更是代表人类向自身呼唤一种危机意识的警醒，作者以此立意，可谓深也。

2003年的SARS如一颗重弹掷向世界，令全人类惶惶不可终日；正当各类媒体在为即将过去的2004年纵横总结时，印度洋长啸一声吞没了几十万条鲜活的生命，血洗了人类的历史……这是怎样的一种伤痛！是自然在惩罚人类，还是人类自己在惩罚自己？

面对日趋反复的地球生态，我们不应只是抱怨，不应只有被动地适从。纵观自然的历史，我们该是反省的时候了，该是行动起来用我们的良知与道义护卫我们这有限的生存空间的时候了。"……人类如此伟大，却为什么不能与绿色大自然和睦相处？"

作者结尾的"呼喊"，直指人类自己，警钟无情敲响，谁还能醉卧钢筋与水泥的夹缝间？

教师点评

世界上有无数的地图，我们也曾见过交通、矿产、气候等地图，但是，生态地图，有多少人看到过，看到之后，又会作何感想？没有看过的同学，能否把这张生态地图找来看一看？

你也来评一评，看看从写作方面这篇文章有何特色？

阿诺的绿色精神

常 歌

"嘿,走了!"

"走了走了!"

我和几个要好的朋友一边笑闹着,一边从王府井步行街的长椅上站起来,准备继续享受周末逛街的自由感觉。一起身,"哗啦"一下,一堆麦当劳可乐纸杯、汉堡包包装纸蹦蹦跳跳地散落了一地。一位朋友优雅地挥动纤手,一只装苹果派的纸盒也落在身后。

热闹的王府井,似乎没有人对我们的行为提出异议,甚至没有人多看我们一眼。转身走出没几步,朋友妮子轻轻敲我的肩:"那人是清洁工吗?"

我回头一看,一个和我们年纪差不多的男孩正弯腰很认真地捡起我们丢下的垃圾。"不像啊!也许是勤工俭学吧!""是吗?哎呀大热天他也挺不容易的!"

"阿文,快上啊,再给人家扔几个去!"

那男孩一抬头,恰好看到我们几个女孩正没心没肺地笑作一团。他倒是也没说什么,接着低头捡他的东西。

第二天是周一,学校照例有升旗仪式,仪式上照例有人讲话。我不经意地把目光扫向主席台,天哪!竟然是昨天在街上捡垃圾的男孩。他还穿着昨天那件胸前印着地球图案的绿色T恤,正慷慨激昂地倡议着什么。

"……我在街上看到有些中学生十分缺乏环保意识,甚至还有人随地乱扔废弃物……"我心虚地向身边看看,妮子、阿文她们也正低头傻笑。

"……因此,为了提高我们的环保意识,为保护我们身边的环境尽自己的一份力量,我校学生会决定成立GREEN PARTY(绿党)，有志愿参加的同学请到某班阿诺处报名。谢谢大家！"

我这才知道他的名字叫阿诺，而且居然就在我隔壁班。唉，看来以后走路都要多多留意，不要碰到他，不然多丢面子。

谁知老天难遂人愿，我的一位热爱环保事业的好友自从听到这个倡议便兴奋莫名，非要参加不可。偏偏她又是个腼腆如黛玉的小姑娘，死活不愿一个人到陌生的男生那里报名，非要我陪她去不可。面对她可怜兮兮的请求，我实在拗不过，又不好意思告诉她不能去的原因，只好厚着脸皮，怀揣"但愿他认不出我"的侥幸心理，陪我的朋友一起去报名。

我请隔壁班的同学帮我们叫出阿诺。听说是报名的，阿诺立刻神采奕奕要我的朋友签下名字。又转来问我："你也参加吗？"兴奋得有些不辨南北的朋友随口说道："对，我替她把名字也写上了。"

"你怎么……"看到阿诺一双善意的眼睛，我只好把"忘恩负义"四个字吞了下去。就这样，我糊里糊涂地成了CP的成员。

在认识阿诺之前，我本以为一个中学的环保组织，能起多大作用？无非就是在自己学校搞搞倡议，做做宣传，提倡节水节电什么的。没想到阿诺他们几个灵魂人物本事还真不小，除了在学校做一些诸如节约、保洁等日常工作之外，还在校刊上开辟了名叫"绿色放大镜"的环保专栏，在学校的HOME　PAGE上专门设了链接，又连续成功地搞了几次规模较大的环保活动：保护野生动物千人签名，组织同学周末上街宣传垃圾分类回收，请雅鲁藏布江科考队员作报告，每隔一段时间回收废纸再运到林场换树苗，还有设立废电池回收箱……

一开始，我这个原本没有丝毫环保意识的人就像是"外星人"，看着别人做这做那。渐渐地，我被他们的"绿色精神"打动了，被一种不知名的热情驱使着，也开始尝试去做环保工作。我还发现，其实自己和阿诺挺投缘的。在校外搞活动的时候，他有条不紊地组织着大家的行动。记得有个非常小的孩子把饮料包装盒扔在地上，阿诺走过去替她捡起来扔进垃圾箱不说，竟然还蹲下身温柔地对那个孩子说："小姑娘，不能乱扔废弃物。你知道什么是环保吗？"

休息时，我旁敲侧击地问阿诺，还记不记得在王府井的第一次见面。阿诺一脸茫然地瞪着我。我心里窃笑不已，可还装着无所谓的样子拍拍他的肩："咱俩关系不错，是吧，嘿嘿。"一头雾水的阿诺看着我，重重地点了点头。

很快我便知道做阿诺的好朋友是要付出代价的。从我第一次请他到我家来，我们就开始了对我家不够环保的地方进行改造的"系统工程"。多余的电灯泡被拧了下来；洗衣机"炮换鸟枪"，整个自动洗涤程序被抛弃了，每一个洗衣程序完成后，流出来的水都被我们截流用来拖地板，于是每次家里洗衣服都成了大事，有放水的，有管接水的、拖地的，忙得不亦乐乎。马桶水箱里放进一个装满水的可乐瓶，因为据说这样每次冲水能节约1升之多。我算是彻底被阿诺"绿化"了。对了，捎带说一句，"改造工程"中我失手摔了马桶水箱的瓷盖，只好拼命写文章赚稿费补足那三位数的"赔款"。

转眼到了新年。我早早买来一堆贺卡，其中也有阿诺的一份。谁知节前一周的时候，阿诺代表绿党在校会上发言，要开展"减卡救树"行动。这我倒是没太在意：反正贺卡也买来了，难道还扔了不成？新年那天，我提着满口袋的卡片来到学校，第一个就是去找阿诺。把卡片递给手中空空的他，没想到，他劈头就是一句："谁叫你买贺卡的？"

"我买贺卡还用别人批准？"

阿诺气呼呼地盯着我："你忘了咱们'减卡救树'行动了？真没想到你会第一个来拆我的台！"送人贺卡也会挨骂！"行，算你狠！"我心里说着，瞪他一眼，扭头就走。

一直到新年那天的联欢活动结束，我一直躲着阿诺。也许我是有一点小心眼儿，可他怎么能这样让我下不了台呢？送卡给他明明是一片好意。唉，算了！我把贺卡往课桌里一扔，抓起帽子围巾就随一群朋友逛街去了。

又是在王府井，又是吃麦当劳，又是熟悉的"哗啦"一声，等等，等等，我怎么好像听见自己在说："不能乱扔废弃物。你知道什么是环保吗？"看着朋友惊愕的表情，我忽然笑了。我想我知道自己会给阿诺打个电话，也知道自己会对他说些什么。

同学分析

作者选取生活中十分常见的一个素材给文章开了一个引人入胜的头。场面描写中误把"GREENPARTY'"党员当成清洁工，为下文情节出人意料的发展作下一个很好的铺垫。

或许你，或许我，都曾经或仍是这"GREENPARTY"外的一员，甚至还属其"通缉、教训"之类，这，或非成心，或许只是一种"绿色意识"的匮乏，为何匮乏？那是教育的不到位，宣传的不到位。

文章结尾和开头生动的两幕形成了鲜明的对比，从"绿色意识"的匮乏到"绿色行动"的开展，"绿色"贯穿全文，且首尾呼应。

主人公阿诺用每一个细致入微的行动证明了自己的"绿色精神"，这种精神感染着他身边的每一个人，大有"绿色革命"蔓延开来之势。读罢此文，一种"环保理念"深深烙在读者脑海之中。

教师点评

伟人毛泽东主席说过很多富于深刻道理的话，有人说，这一句永远不会过时，这就是：人总是要有一点精神的。只要精神不灭，在任何艰难困苦下，我们都能战胜困难，渡过难关，迎来曙光。环保固然如此，其他方面何尝又不是如此呢？

读你千遍也不厌

　　睁开了混沌的双眼，人类开始寻找自己，探寻自己生活的世界的秘密，于是开始了漫长而又艰苦的历程。他们走向高山，穿过丛林，游入海底、飞上太空，人类正是以惊人的魄力与胸怀，挑战着自我，征服着自然。

　　这个探索的过程，有成功的喜悦，有失败的悲哀，开阔了视野，激荡着胸怀。大自然的谜团在一个个地解开，自然的生态也在一天天遭到破坏，在探索大自然的时候，我们仍应怀有感恩的心，仔细品味大自然的赏赐，领悟大自然的玄机。

　　大自然，一本神奇的书，读你千遍总不厌。

名 篇 赏 析

　　奥秘引起惊奇，而惊奇则是人们求知欲的基础。谁能知道，在我们这一生能解答什么样的奥秘，新的一代又将面临什么新的奥秘的挑战?

——[美]尼尔·阿姆斯特朗

人类必须了解宇宙

[美]尼尔·阿姆斯特朗*

我们在月球的静海着陆,当时正是月球凉爽的清晨,颀长的影子有助于我们观察。

太阳只升到地平线上 10 度,在我们停留期间,地球自转了将近一圈,静海基地上的太阳仅仅上升了11度,这只是月球上长达一月的太阴日的一小段。这令人有一种双重时间的奇特感觉,一种是人间争分夺秒的紧迫感,另一种是宇宙变迁的冗长步伐。(原来同一个事物用不同的视角去看待它,结果也不一样。)

两种时间感都很明显。第一种可用日常飞行来说明,其计划和措施细微到以瞬息来计算;后一种可用我们周围的岩石来说明,自从人类有史以来它们一直没变。它们30亿年的奥秘,正是我们所要寻找的宝藏。

登月舱"鹰"的饰板上有这样一句话,凝练地表达了我们的愿望:"公元1969年7月来自地球的人首次在这里登上了月球。"

我们是为了全人类的和平而来的。人类的一千九百六十九个年头构成了春分点留在双鱼座两千年的大部分,而这只是黄道带的1/12。它是根据地球轴的岁差计算出来的,

---

*1969年7月20日,美国的"阿波罗11号"飞船成功地降落在地球的卫星——月球上,美国宇航员尼尔·阿姆斯特朗率先踏上月球那荒凉沉寂的土地,成为人类登月第一人,他当时所说的那句"这是个人迈出的一小步,但却是人类迈出的一大步"已经成为后来在无数场合被引用的名言。

春分在黄道带中移动一周需要一千代人的时间。

未来的两千年是春分点逗留在宝瓶座的时期，我们的青年们会在这时期满怀希望，人类也许能开始了解最令人迷惑不解的奥秘：我们向何处去？事实上地球正以每小时几千英里的速度朝武仙座方向宇宙中的未知目的地运行。人类必须了解宇宙，以便了解自己的命运。

但是，奥秘是我们生活中必不可少的。

奥秘引起惊奇，而惊奇则是人们求知欲的基础。谁能知道，在我们这一生能解答什么样的奥秘，新的一代又将面临什么新的奥秘的挑战？科学还不能准确预言。我们对下一年的预测过多，而对今后10年的预测却太少。对挑战做出反应正体现了民主的伟大力量。我们在太空方面取得的成就使我们有希望把这种力量用来解决今后10年地球上的许多问题。(提出这种观点正是作者的高明所在。)

几个星期之前，我思考"阿波罗"精神的真正含义，不由得心潮澎湃。我站在这个国家靠近大陆分水岭的高地上，向我的几个儿子介绍大自然的奇观和寻找鹿、麋的欢乐。(这个寻找鹿、麋的故事其实是一个生动的比喻，折射的是关于长远目光和眼前利益的关系。)

他们热切地想观看，但是却常常绊倒在岩石小道上。然而当他们只顾注意自己的脚步时，却看不到麋了。对你们当中那些主张高瞻远瞩的人，我们表示衷心感谢，因为你们使我们有机会看到造物主所创造的一些最壮丽的景色。

读后悟语

阿姆斯特朗作为第一个登上月球的美国宇航员，自然有着非凡的洞察力和思考力，他的这篇演讲词显示出他高瞻远瞩的睿智和广阔的宇宙情怀。

他告诉我们，人类必须了解宇宙，以便了解自己的命运，而这命运，是关系到长远的全人类整体的命运。人们不应局限于自己的见解与胸怀，只顾着顺从本能、习俗，或只从自身利益出发，着眼于眼前的利害得失。

　　且看这个句子："(我)向我的几个儿子介绍大自然的奇观和寻找鹿、麋的欢乐。他们热切地想观看,但是却常常绊倒在岩石小道上。然而当他们只顾注意自己的脚步时,却看不到麋了。"这个句子意味深长,似乎可以和"我们对下一年预测过多,而对今后十年的预测却太少"相呼应,其比喻义是很明显的:人们必须有长远的眼光与博大的胸怀,并以此为基点去探索未知世界的奥妙。

　　要说明一个道理,形象化的语言是有力的帮手。一篇庄重的演讲词,加入了"我"和儿子寻找鹿、麋的故事,其实就是形象化说理的运用。听众、读者在领会其内涵时,也会获得一种理解的快乐。

对自然要自然

李敖[*]

昨天收到你的信。你写的看到秋天枯叶遍地、增添凄凉感伤一段，我另有不同的看法。

自然对人的意义，既不该是迷信宗教式的敬畏，也不该是骚人墨客式的感伤。自然本身并没有任何种类的感情，更没有感伤。但有些人总错误地把感情赋予自然，认为自然有情，于是天地为愁，草木含悲，落花有意，流水无情……这些人先把自然变成一个"多情体"，再把自己的情绪随着这"多情体"转，于是悲从中来。这实在是一个很有问题的人生态度。至于黛玉葬花之类，那更是病态了。(由否定众人对待自然的看法，引出自己对于自然的态度——对自然要自然。)

自然对人的意义，应该只有两点：第一点，自然本身是变化无穷的壮观，不论是朝晖夕阳，不论是暴雨明霞，不论是飞絮满天或落叶满地……种种奇景，都值得人在恬静中或快乐中赏心悦目。第二点，自然应带给人对宇宙的远大看法，物换星移，时序代谢……都是使人了解宇宙真相的凭据。西方的诗人从一粒沙中看世界，从一朵花中看大气；东方的诗人从长江看逝者如斯，从明月中看盈虚者如彼……这种种观察都可在赏心悦目以外，别有妙语：人与自然本是一体。(条理清晰，层次分明，写作意图一目了然。这部分文字看

---

*李敖，1935年生于哈尔滨，14岁到中国台湾。他个性张扬，崇尚自由，曾因不满中国台湾政府，锒铛入狱，出狱后狂性不改。文笔自成一家，被喻为百年来中国人写白话文之翘楚。以评论性文章最脍炙人口，西方传媒奉其为"中国近代最杰出的批评家"，有《胡适评传》、《蒋介石研究集》、《李敖快意恩仇录》等代表作。

似平实,实际蕴藏着几十年的中西文化底蕴。)《圣经》上说"你是从土而出的,你本是尘土,仍要归于尘土"。但说这话的先知并不了解这一现象的科学原理。现在我们知道了"氮碳循环"等化学现象,知道了万物都要复归原始,人生只是过眼云烟,"自己乃是不断地在死亡中"。有了这种达观的心胸,再回过头来看人世,人才会觉悟到这辈子该怎么活才不虚此生,才会觉悟到此生已为错误的安排浪费许多,实在不应该再浪费下去。这时候人会活得更积极起劲,肯定适合自己的,摆脱不适合自己的,使自己的生命越来越发光,而不是越来越暗淡。这种炉火纯青的人生看法与做法,人都可以从孤独地面对自然中学到。诗人华兹华斯说"让自然做你的老师",我想就是这个意思。(有人说:天地万物无所谓悲喜,人间万端悲情愁绪本由心生。情哀则景哀,情乐则景乐,说的不正是这个意思吗?)

感伤一类的情绪,是对短暂的生命的浪费,实在是没有必要的。

1973年11月18日在台湾狱中作。

(中国人推崇:不以物喜不以己悲,心平常,人自非凡。一个失去自由之人能以如此豁达之心境看待自然,实在难得。)

读后悟语

本文系李敖身陷囹圄之时所作。从开头看来,似是对友人来信的回复,从题目看,是谈人对自然的看法,但细细品来,更多的则是表达自己的生活态度。自然本身并没有喜怒哀乐,离恨情仇之分,只是人们往往把自己的情感附着于自然景物,希望通过自然表达自己的心境。这种写法,在艺术上叫做移情。这种做法,好处是可以恰到好处地表现自己的思绪,但若做得过火,就会整日沉溺其中,无法自拔,陶醉于自我营造的小圈子,失去生活和心境的平衡。作者当时正逢牢狱之灾,身体处于极端不自由状态,按说心情无比苦闷,正是借景伤怀的大好时机,但李敖却能抱定一颗平常心,用坦荡豁达的态度看待生活和自然,真是难能可贵。我们生活在竞争激烈、节奏明快的现实社会中,在躁竞奢华、追求闻达的上下求索里,在压力重重、情绪负重紧张快捷的生活中,要时时反观自己,内省自我,静观自然梳理思维,摆脱喜怒哀乐、离恨情仇之纠缠,从容面对,坚强前奔,用有限的生命去不断寻觅创新,才不辜负人生旅程。

谁会怜悯一只蚂蚁

多　果

　　蚂蚁阿良是一只大黑拟刺蚁，在蚂蚁的世界里，他的种族算是人高马大，而且蚁丁兴旺，是很成功的家族。阿良小时候住在地底温暖安全的家里，受到兄长们无微不至的照料，现在他已经成年，长得高大英俊，和他的其他兄弟姐妹一样拥有他的家族所有的传统美德：勤劳、勇敢和虔诚——就是对蚁后——他的家族的母亲、至高无上的女神的绝对忠诚。根据与生俱来的分工，他成为一只工蚁，他每天辛勤而热诚地投入工作，只为了唯一的一个信仰：把最好的奉献给他的女神。

　　天空刚刚泛白，阿良就离家开始工作了。他的这个年纪的分工(工蚁根据年纪进行工作分工)是搜索食物，因此必须起得比其他伙伴们更早。阿良迈出家门，找了个方向就出发了，谁也不知道他是经过思考还是随便挑了这个方向，反正没人教过他。穿过挂满露水的腐叶纤维，翻上碎石小丘，阿良沿着曲折的路线不停地爬呀爬呀，细心搜寻着他所见到的一切，希望找到一只不慎落地的毛虫，或者麻雀吃剩的蚱蜢，又或者熟透的甜浆果甚至饼干屑，管他呢，蚂蚁是不太挑食的，只要富含蛋白质和糖就行。

　　然而今天阿良很不走运，他整个早上所遇到的能吃的东西，不是跑得比他还快，就是小得捡不起来。转眼日上三竿，阿良还是一无所获，他不禁起点失望和惭愧：今天难道要空手而回吗？这时他那不争气的肚子也开始咕咕地叫了起来，腿脚愈发酸软。回家吃饭吗？想象到其他伙伴都兴高采烈而只有他两手空空垂头丧气，虽然仁慈的女王不会责怪，但那多没面子呀，他一直是负责搜索的工蚁中最棒的。"我要坚持下去！"想起了他们的女王，阿良立即又充满了勇气，他活动了一下腿脚，又向前爬去。

当阿良再次翻过一块石子,忽然发现前面草叶上有东西在闪闪发光,这个时候,露水应该早已干了呀?阿良连忙爬过去看个究竟。原来是一块半透明的胶质,散发着一股熟悉的气味,哦,原来是蜗牛的气味,在蚂蚁的字典里,蜗牛=食物,饿坏了的阿良毫不犹豫地把这块"果冻"塞到了嘴里。(注意:这里说的那块"果冻"是蜗牛吗?还是只带有"蜗牛的气味"?辨析清楚了,否则可要读不懂这个故事了。)虽然很黏口,又没什么味道,但阿良还是很满意,至少不用再挨饿了,更重要的是,这说明他今天的运气并不是那么坏,"这是转运的标志。阿良想。有了点东西垫肚,阿良爬得更快了。(请留意这句话,很有意思:"这是转运的标志。阿良的运气原来如何,后来又如何?我悄悄告诉你,这可是文章很妙的一处伏笔。)好运果然降临,阿良继续爬了不到一刻钟,就被一堵白色多孔的墙挡住了去路,阿良立刻嗅到一股令人迷醉的甜香,啊,原来是一片面包,分量完全够全族蚂蚁吃上好几天!阿良知道自己再次为女王立下了大功,他努力克制住内心 (狂喜和"超凡的认路本能"体现的是阿良的勤劳和虔诚。)

收到这样的好消息,巢里剩下的蚂蚁都沸腾起来,他们立刻组成浩浩落落的大军,在阿良的带领下朝面包进发。阿良精神抖擞地走在队伍的最前面,他喜欢这种感觉,就像自己是女王麾下最善战的将军。然而就在这踌躇满志当中,阿良却又感到了某种不安,身体里似乎有个声音在问:"这就是你追求的吗?"这个想法让虔诚的阿良感到害怕,他努力不去想这个问题,把所有的精力投入到工作中,和热火朝天的伙伴们一起,把面包往家的方向搬。但还未搬到一半的路程,他身体里的不安已经变成了不适,许多意念在里面胡乱游走,冲击他的每一个神经节,到最后,心烦意乱的阿良实在无法继续工作,只好趴在面包上让伙伴们把他一起搬回家。

这实在是从未有过的事情,阿良一回到家,就立刻找了一个清凉的角落躲了起来,脑子里有许多意象在盘旋,许多声音在呐喊,阿良感到自己就要发疯了,他努力管住自己的手脚,大脑里属于他的只剩下这样一个想法和希望:快睡过去吧! 快睡过去吧! 明天一早就什么都好了……

这一夜好长啊! 当阿良睁开他的眼睛,吃惊地发现伙伴们都正以疑惑的眼神看着他,接着他就看到了洞口的阳光——"我睡得太晚了!"他感到既羞惭又慌乱,连忙起身,跌跌撞撞地冲出家门,然而今天他不再有平日的方向感。甚至不知道自己出来是要干什么,只是慌慌张张地在阳光下乱窜,他发觉自己控制不了自己的手脚,明明想向西,却跑到了东方，一会儿朝南，一会儿又向北，有时甚至莫名其妙地原地打转……最后，他发现自己躲在了一片枯叶的阴影下，疲累得动弹不得。这一晚，伙伴们很晚才看到阿良回来，他蓬头垢面，目光散乱，当然，什么也没找到。关心他的伙伴们过去用触角跟他打招呼，但得到的只有冷漠。第二天蚂蚁们一早醒来，发现阿良已经不见了，当其他侦查蚁回巢时，带回来更令人不安的消息：有伙伴看到阿良在清早爬在一棵草叶尖上，摆出一个奇特的姿势，茫然地向天空祈祷。伙伴跟他问好，却理都不理。到了中午，他就不知跑到哪里去了，这一晚，他甚至没回来过夜。

关于阿良的事很快就在蚁群中流传开了，年长的蚂蚁听了都摇头叹息：阿良是中了邪了，自古以来，蚂蚁中便常发生这种事，邪魔攫取了他们的心灵，使他们背叛自己的女神，变成邪魔的奴隶，他们不再为自己的家族和女王服务，不再需要亲人和朋友，只懂得在草叶尖向邪魔祈祷。

自此以后，阿良回来的越来越少，偶尔有蚂蚁在早上看到他在某株草叶上对着天空祈祷，又或者蜷缩在枯枝落叶下，终于，不知从哪一天起，再也没有蚂蚁见过他。

蚂蚁们无法知道这个"邪魔"是如何入侵的，只能任由这种悲剧一再上演。但生物学家却有了发现：他们在这些"中邪"的蚂蚁体内找到一种寄生虫，叫肢双腔吸虫。这种寄生虫和许多寄生生物一样，有着复杂的生活史：他们的成体生活在牛的体内，卵随牛粪排除，被蜗牛吞食后，在蜗牛体内发育成幼虫。幼虫刺激蜗牛的肠道，引发蜗牛的防御反应，用黏液将其包裹后吐出，蚂蚁通常会将这种黏液看做食物吃掉，于是，幼虫到了蚂蚁的体内。它们大部分呆在蚂蚁的腹部，少数则钻到蚂蚁的头部，在这里，它们施展出神奇的手段，控制了蚂蚁的大脑，改变了蚂蚁的行为本能，让他爬到草叶尖上，呆呆地等待食草的牛来把他吃掉。这样，幼虫终于来到牛的体内，在那里发育成成虫。(前面叙述了许多关于阿良的变化，却只字未提起这种寄生虫，你是不是一直很好奇？然后到这刻才有了恍然大悟的快感。这就是悬念的魅力！)

在肢双腔吸虫的生活史中，蜗牛和牛的损害都有限，蚂蚁是最大的牺牲品，一旦被寄生，躯体就不再属于他自己，他不再为他的家族做任何事，除了满足基本生活需要的吃喝，唯一要做的就是在清早爬到草叶尖上，等待牛来把他吃掉。因为他腹中的寄生虫怕热，中午炎热的时候，寄主们还会令他找个地方躲起来。如何解释肢双腔吸虫这样一种"简单"的生物，却拥有如此复杂而高超的生存技巧呢？恐怕连进化论都显得苍白无力。

我讲这个故事,并不是因为觉得蚂蚁阿良特别可怜,更不是觉得肢双腔吸虫特别可恨,如果我斗胆鄙夷寄生这种生存手段,也许寄生生物们会这样反唇相讥:你们人类不也是寄生在鸡呀牛呀这些家禽家畜身上呀?你们对被你们控制的生物任意改造,它们中的大部分终生活动范围未超过一平方米,最后也免不了一刀的命运,你们是不是更残忍?我是无法面对这种批评的。生存竞争本来就是残酷,也许本来就无所谓谁可怜或可恨,只是阿良的故事跟我们人类社会中的某些现象何其相似,使我不禁心生恻隐。(若没有这段的宕开一笔,故事该就这样结束了。恰恰是这种开阔的联想,才让文章的思考趋向更深入的人生。这是拓展或深化主题的有效方法之一。)

我的生活就是追寻这样那样的目标,为种种是非曲直争斗,为了不至于在无谓的忙碌中耗尽精力,我不得不常常这样提醒自己:在这浩瀚的宇宙中,我的生命也不过是一只蚂蚁的生命而已。

 读后悟语

动物世界是神秘的,一只小寄生虫能改变一只蚂蚁千百年来的传统信仰,造就另一个完全不同的异化了的生命。世界太奇妙!

事实上,浩瀚宇宙无所不奇妙,人的思想就是更奇妙的东西。有一个顺口溜很有意思:思想改变态度,态度改变行动,行动改变习惯,习惯改变性格,性格改变命运。我们是不是一只蚂蚁?我们能自己把握自己,找到自我的信仰,并虔诚奋斗;还是我们也会很容易在生活中因一些我们都不察觉的细微目标、或不经意的是非曲直争辩迷失自己,开始自己都控制不了的改变?或许,我们不必复杂地想太远太多,这无非是一个用很特别的拟人化写法写就的一个科普故事而已,当然,悬念的写法让文章倍添神秘魅力,而拟人的写法又使故事更生动迷人。科普要趣味化、生活化,多运用类似的创作手法就可实现。

地衣苔藓的世界

李乐诗*

以前的南极探险家争先抵达南极,拼命赶程,为了插一面旗到地球最南端,可是错过了欣赏沿途很多微妙的生态。像大卫单独驾船前往,充分表现了个人英雄主义,他们想"征服"大自然,与我们中国人的"天地与我并生,万物与我为一"的境界完全不同。中国人的精神是和大自然合一的。况且,南极的"英雄年代"早已过去。(作者在这里提到了两种探险观:一种是英雄式的征服,一种是诗意而又细致的欣赏。请仔细体味两者之间的差异,你会更明白作者区别于一般探险家的独特思考。)

吸引很多人的南极光,虽然是极地上空电离层特有的发光现象,而弧形的彩色光带出奇地移动与变幻,跟太阳风及磁力场有密切关系,可是,不少匆促的探险家却忽略了南极"绿洲"———一些小水池和岩石上的小小生命,它们同样奇异地吸引人,同样与天地共生。(许多人说,别人写过的话题很难再翻出新意。是的。难,但非不行。瞧,许多人都写过南极,但李乐诗却仍感到有说不完的新鲜内容。新鲜内容自何来?自仔细观察而来。关注别人关注的风景,还要关注别人未关注到的风景。)

虽说南极是最洁净单纯的"无菌世界",人在冰雪上割伤也不怕受感染,可是,在最荒芜的南极"绿洲"中,比如圣琼安池,也有一种微生物和溶在水里对生物有害的氯化钙存在。

---

*李乐诗,香港极地博物馆基金创办人,著名华人女探险家,现为香港科技协会副会长。曾八赴北极,五登南极,三攀珠穆朗玛雪域,成为第一位踏足地球三极的中国女性。

使我目瞪口呆的不是要到最南部才可侥幸碰到南极光,却是寄生在赤裸裸石上土上的枷多种地衣和70多种苔藓,它们全属群生,和水池中与雪面上的200多种淡水藻类,都是最接近南极点的低等植物。它们的生命力比较南极仅有的两种显花植物(一为禾本科的草,一为康乃馨)还要强,能和南极70多种很原始的扁虱同时并存。

这些地衣、青苔、石上发草,与木化石、南极玛瑙、水晶石、玄武岩等一样富有历史性,可说是最卑微的"活化石"。它们大多数生长在沼泽地带,如冰海旁边的石块一样相貌奇怪。我觉得那些南极青苔带动了青春气息,使一大片雪白中有一丁点儿青绿存在,否则色调太冷太空便了无生气。那些苔藓地衣色调更奇妙,那种褐黄色与土黄色像国画中点苔用的天然颜料,具有矿物质的色素。火山岩的纹理,与国画中的披麻法、劈斧法更互相吻合,可见国画不少东西也是与大自然融合为一的。(将地衣青苔的历史价值与具体的"化石"相类比,将苔藓地衣的纹理用图画知识来介绍,没有丰富的知识,科学性说明怎么可能写得深入浅出?)

冰雪湮没不了它们低微的存在,它们才是坚韧强横生命中无数的"无名英雄"。

 读后悟语

在数千篇备选文章中择取本文,是因为它刻画的是独特的南极生态:在众多南极考察报告中,本文的选材最为独特,是那低微得有些卑贱的苔藓。然而看罢全文你会感到这些地衣的坚韧与可敬。然而同时,我们还想告诉大家,李乐诗女士还有关于南极的许多其他作品,63岁,经历了18年探险生涯的她,仍未忘生命短暂、要积极探求人生精彩的理念,积极传播极地科学。她长期致力于编写适用于不同年龄层次学生的科普教材,还经常被邀请为各地学生作公开讲座,分享她在推动环保问题上所进行的工作以及她的冒险经历和最新科研资料。曾有30多万学生通过聆听她的讲座,获得鼓励,以积极的态度面对人生,关注及爱护地球。在此我们仅借此篇抛砖引玉,我们热情地推荐大家借助网站借助图书馆了解更多。

非洲野生世界·丛林

央视国际*

　　这里是非洲的中心,一个隐秘的世界。这是一片茂密的丛林,日光摇曳, 树影斑驳。这个地方生机勃勃,但是也充满了巨大的挑战。这是地球上一个壮观的生物进化实验室,这是一个我们刚刚开始了解的世界。(直陈,铺叙,类比,有趣。)

　　非洲的心脏并非漆黑一片,而是生机勃发,一派郁郁葱葱。这就是热带雨林。太阳在赤道上空升起,非洲的雨林苏醒了。从非洲东部的乌干达到西部的塞拉利昂,是一条莽莽苍苍的绿带。它横跨整个非洲大陆,长达5500公里。这里比非洲其他任何地方都拥有更多阳光、热量和雨水,特别适合于植物生长,植物完全覆盖了整个地区。(运用列数字和作比较的方法,说明非洲热带雨林是植物的天堂,也是动物的。)

　　非洲的清晨,绿叶接受着初升太阳的抚爱。密林中的地表几乎见不到一丝阳光。在这个下层世界里,你看到的只有粗壮的树干和树根,是它们撑起了森林顶部,它们还扮演着输送管道的角色,把营养和水分送到树叶那里去。人在这里最好小心一点——植物身上布满了锋利的刺,还有咬人的蚂蚁,同时植物本身也有毒——所有这一切手段都是为了不让自己被吃掉。在这样一个充满了敌意的丛林里,还有什么东西可以生存下来呢?可是这里并不缺乏机会,尤其是对于那些知道如何抓住机会的动物来说。

　　巨大的果实从空中落下,砸在地上的声音在森林里回荡。大象总是生活在丛林的深处,果实落地的声音将它们吸引过来。成熟的山榄树的果实跟西瓜差不多大,比椰子还要坚硬。

---

*本文选自"央视国际"频道。

对于那些能够把它打开的动物来说，一枚果实就相当于两公斤重的、营养丰富的食物。果实是大象的主食，这些天上掉下来的"馅饼"含有丰富的能量。这也是一种珍贵的礼物，但一枚果实还不足以喂饱非洲这种最大的陆地哺乳动物。所以大象学会了尽可能多地利用这样的机会。没有哪一棵结了果实的树大象不知道，每一头大象的头脑中都有一幅森林地图。

往上40米的地方阳光灿烂，微风习习，完全是另外一个世界。这里还是所有森林生命的源泉。树叶吸收阳光的能量，再把它们转化为植物食品。猴子仿佛天生就适合在树上跳来跳去，它们在雨林的树梢上来回穿梭。这种黑白疣猴和这种中非红疣猴专门靠吃树叶为生，可是这些树叶并不像表面上那样平和。它们用一种致命的混合毒素来保护自己，其中包括丹宁、马钱子碱和氰化物。那疣猴怎么能吃这种树叶呢？原来经过漫长的进化，疣猴的胃里产生了能使毒素中和的大量细菌。它们一天吃下去的毒素足以将一个人毒死好几次。(按空间顺序，写了生物之间的共生现象，举了两个例子。)

树梢上是一极端的世界，灼热的阳光、干燥的风，还有狂风暴雨。从旱季到雨季，这里的季节更替非常明显。漫长而难熬的雨季很快就要结束了，树梢上悄悄地发生着变化。目光所及的地方，树叶都变成了红色，不是老树叶，而是新长出的树叶。新长出来的、柔软的树叶还没有毒素的保护。于是为了确保自己能够活下去，树上长出了特别浓密的叶子，哪怕再饥饿的猴子也吃不完这么多的树叶。随着季节的更替，花儿也谢了。生活在树梢上的动物又能够饱餐一顿甜美的蜜腺了。树冠是一个宝库，不过只有对那些够得着的动物才是这样。(描写细致，文字优美，语言简练，激情洋溢。)

读后悟语

在许多作家的笔下，非洲的丛林总是如此充满神秘的色彩。开头短短的几句话，仿佛透出朱自清先生《荷塘月色》中的意味："高处丛生的灌木，落下参差的斑驳的黑影，峭楞楞如鬼一般"。

以空间为顺序，作者还用典型的例子让我们感受到了这神秘世界里生物进化、相生相制的神奇。

掩卷退思，仿佛那生机勃勃的丛林在向我们闪着熠熠神光，令人浮想联翩。

从防风林到"植物子弹"

裴树平

在千里风沙、人迹罕至的沙漠上空,只见一架巨型飞机飞掠而来,突然对地面开始猛烈扫射。一串串奇特的"超级大子弹",伴随着尖利的呼啸声,"噗!噗!噗!"地射进沙地之中。这是在进行实战演习吗?不!这是科学家们设想中的一次大胆的实验。他们希望通过特殊的方法、特殊的材料,把不毛之地的沙漠,彻底改造成绿色的王国。

这个愿望能实现吗?

(开篇造势,引人入胜,峰回路转,切入话题。)

有缺陷的措施

人类在过去的岁月中,所犯的错误实在太多了,无数的森林消失了,无数的良田被沙漠吞噬。"沙漠化"的可怕后果,引起了科学家的极大关注,于是,一场与"沙漠化"的斗争开始了。

为了阻止沙漠的进一步扩张,最常用的办法是,在沙漠周围种植一道道防风林带。谁都知道,沙漠向四周蚕食,主要依靠强大的风力。当狂风卷起漫天的沙粒肆意横行时,能在几小时内将成千上万顷良田覆盖。而防风林带却像一道道绿色的城墙,通过树冠的摇摆和树身的阻挡,使风速大大降低。除此以外,这些树木发达的根系,密布于土壤之中,互相交错在一起,既能保水固沙,又可以改良土壤。

营造防风林的效果不错,但这仅仅是消极防御。在征服沙漠的斗争中,采用什么战术才是积极进攻呢?科学家们把注意力集中到植物改良方面。

全世界的沙漠中,有一些靠近海边。两者虽然相依为邻,但大海里波涛翻滚,沙漠中却干燥无雨。能不能用海水直接浇灌沙漠?植物能在咸水中生长吗? (科学命题常常来源于科学问题。连续几个设问显得既有科学性又有趣味性。)

美国科学家曾在墨西哥考察,找到了100多种盐生植物。经过试验后发现,它们很适应海水浇灌,只是在种子发芽期间需要少量淡水。后来,美国科学家爱伯斯坦通过多年的育种试验,培育出一系列适于咸水浇灌的农作物品种。他先后在沙地上种植了大麦、西红柿和小麦,引海水灌溉,都获得了成功,而且这些植物的体内,盐分含量也很正常。因此他预言,用不了20年,世界上的一些沿海沙漠将变成产粮区。

然而,沿海沙漠毕竟不多。若要彻底征服沙漠,在沙漠上发展农业,必须要有新的技术手段。

植物要想在沙漠中安家落户,水是不可缺少的先决条件。在地球上,淡水的来源不外乎雨水、江河湖水和地下水等。而干旱的沙漠尽管极少下雨,地面也几乎见不到江湖河的流水,可是在地底,却往往蕴藏有丰富的地下水;科学家们着手实验,取得了可喜的进展。

在中东的一些沙漠之国,一排排依靠地下水浇灌的特殊温室建立起来了。这种温室与外界完全隔绝,内部能自动调节温度。它的构造与普通温室不同,有两层顶,在两层塑料顶之间还有隔离层。隔离层在白昼可以为温室内制造阴影,到夜晚又可以减少温室内热量的散失。

在沙漠温室的内部,菜畦是一块块白色泡沫塑料板,蔬菜的根部外露,定时喷洒营养液。通过吸取地下水,使水分不断蒸发到空中,保持作物生长所需的高湿度。由于沙漠温室提供了这样优越的生长环境,种在里面的南瓜、土豆、白菜和西红柿,不仅收获量达到常规菜地上种植的两倍,更重要的是,所消耗的淡水很少,只有露天种植的1/50。

沙漠温室的效果的确不错,但其中最大的问题是,建造这类特殊温室,需要付出昂贵的代价,只适合局部地区的特殊需要,若要大规模推广,经济上难以承受。

人造树

由于沙漠太热太干,有生命的绿色植物在那儿无法生存,于是科学家们提出,设计一种特殊的人造树,种到沙漠中,作为改造沙漠的先遣队。

这种人造树的结构和天然树差不多,有根系、树干、枝条和叶子,树高将近10米。为了抵御沙漠中的大风,用聚氨酯和酚醛泡沫塑料做成的人造树,树根是由三根空心管道组成的一个三角形框架,空心管管壁上密布着小孔,用高压将聚氨酯塑料灌注到空心管里去,塑料会从管壁四周的小孔中渗出来,向沙土的深处和远处延伸。等塑料凝固后,人造树的根就被牢牢地固定在沙土中,再强的风也无法将它吹倒。那些深深扎入沙土中的塑料细根,还具有毛细作用。它们能将沙土下面极少量的水分,不停地吸到叶片上,在阳光下蒸发,使周围的空气变得湿润。

沙漠中的气候有这样的特点,就是白天很热,到了夜晚又会变得很冷。人造树的树冠铺展开来有较大的面积,当夜晚沙漠中的温度一下子降到很低时,空气中的水分就会在人造树的大叶片上冷凝成许多露珠,这些露珠被叶片吸收到枝干里去,等到白天气温升高后,再缓缓蒸发出来,这也能增加空气中的湿度。

除此以外,人造树的树冠还能形成树阴,使周围的气温降低。如果成片成片地栽种人造树,还会在树林上空形成小小的冷气团。我们知道,大气中的冷热气流是在不断地对流着的。平时,从沿海地区深入到沙漠上空的暖湿气流,都因为沙漠上空的气温太高而流过。如果沙漠上空有了冷气团,那就会迫使暖湿气流降低温度,气流中饱含的水蒸气聚合凝聚成雨滴,洒向干燥的沙漠。

当沙漠中有了人造树后,还能在下面种上小树、小草。这些天然植物在人造树的庇护下,完全能在沙土中扎下根,生存下去。到那时,沙漠就有可能变成绿洲。(科学性在于"准确",事实就是事实,没发生的只是"可能"。)

神奇的吸水树脂

很久以来,科学家一直在研究这样一个问题:沙漠干旱的真正原因不是缺水,而是沙子不能保留水分。为了解决这个难题,科学家们研制出了吸水树脂。这是一种奇妙的物质，它具有海绵一样的本领，不仅能吸收相当于本身重量几百倍的水分，而且在受热以后，还能把这些水分缓慢地释放出去。

吸水树脂的结构像一张大网，由许多长链高分子连接起来。这张网上含有许多亲水基因，一遇到水分子，就会快速把它们吸附住。由于高分子的链很长，在通常情况下，它们都卷曲着，所占的空间体积很小。一旦这些长链全部伸展开，体积就能扩大许多倍。也就是说，随着外界的水分子不断被吸附进去，长链一点一点地伸展开，当长链完全伸直时，上面的亲水基因已经吸附了大量的水分。如果把这种吸水树脂混在沙土中，受到猛烈阳光的灼烤，热量使树脂中的水分子剧烈运动起来，最后冲破束缚蒸发而去，这就是导致水分慢慢释放的原因。

科学家将吸水树脂拌在沙子中，然后浇足水和养料，并种上植物进行实验，结果妙极了。在这种混合的"土壤"中，第一年种草本植物，用不了多久，附近就产生一层薄薄的腐殖土，达到了能栽种庄稼的要求。

"植物子弹"

神奇的吸水树脂的发明，使彻底征服沙漠迈进了一大步，但科学家仍不满足。不久前，科学家提出了一个创造性的大胆设想，为沙漠的未来描绘出一幅振奋人心的图画。（承上启下的过渡，让小节与小节之间的联结更为紧密。）

我们都知道，现代的机关枪或机关炮，能在一分钟内发射成百上千发的枪炮弹。如果把植物的幼苗或种子，放入一个特殊的"植物子弹"中，四周填满这种吸水树脂，"子弹"的外壳非铜也非铁，而是一种能在短时间内自动分解的化学物质，这样，只要通过特殊的发射器，在飞机上对沙漠进行发射播种，就像机关枪扫射一样，可把"植物子弹"射进沙土。（打比方是便于读者理解科学内容的说明方法，用人们熟识的军事知识来解释新科技创想，能帮助读者更容易揣摩出事物的形象。） 一旦"植物子弹"的外壳分解消失后，里面幼小的植物利用周围的吸水树脂，吸收到足够的水分，便可破沙而出，茁壮成长。

这种方法还适宜改造贫瘠的黄土地，特别是在陡峭的山坡两边。那里不仅蓄水能力差，而且人工种极困难。如果用这种新的种植法，在行驶的汽车或火车顶上，向两边发射"植物子弹"，岂不太方便了！

发射"植物子弹"的方法，目前仍处于尝试阶段，但我们坚信在不久的将来，当一颗又一颗充满生命力的"植物子弹"，射入荒芜的沙漠和黄土地之后，这些昔日的不毛之地，都将披上生机勃勃的绿装。

 读后悟语

从"有缺陷的措施"到"人造树"再到"神奇的吸水树脂"继而到"'植物子弹'"的构思，可以看出人类锲而不舍的精神。所谓"骐骥一跃，不能十步；驽马十驾，功在不舍"，相信总有一天，水滴石穿，科技足以让人类的生存环境最优化。科技进步能促进环境变化，反之亦然，只有不舍的追求才有不断的进步。为了我们的生存环境，有有识之士开始以身作则，保持自然生态环境，有人却嘲笑环保人士迂腐守旧，也有人精神上大力支持环保，落实到人就逃之夭夭。仔细看看，环保还真的不是一年种一棵树那么简单。

此外，一篇文章能够吸引人，有一个精彩的开头非常重要。千万别小看"开头"的作用，头开好了，就是"凤头"，一下子把读者的心抓住，让你不得不往下看，直到读完全篇。下次写作文，给自己的文章设计一个"扣人心弦"的开头吧!

一棵树倒下后的故事

任真

密林深处

早在19世纪20年代，科研人员就发现死亡的树木为某些森林动物提供了栖息的巢穴，但人们一直并不真正了解这些树木到底起了多大作用。这种情形一直延续到19世纪80年代，一个偶然事件改变了人们的看法：在一个森林公园的伐木工人们将古老森林中的许多枯木残余清除干净后，森林中发生了意想不到的事情：原来栖息在那里的斑点猫头鹰等各类动物都陷入了生存困境。(开头一个事例引起读者思考——枯木到底有什么用?)

据统计，在原始森林里每公顷的枯立木——死亡之后依然屹立的树木，可达 70—100株，而且它们可能在那里默默地站立 40 年或更长的时间。当它们倒下后，个头大些的甚至还可以再存在 300 年。那么，在这数十年甚至数百年的时间中，枯木身上发生了什么变化呢?

首先进驻并享用枯木的是真菌。它们从内向外吞噬着枯木，并让其腐烂。接着，细菌、酵母菌、节肢小寄生虫作为后续部队登陆枯木，而后生态链进一步延长。人们已经发现，有许多动物的生存都依赖于枯木，其中首先是红冠啄木鸟。它们攀爬在枯木上，用强有力的嘴钻出一个个树洞，这不仅为自己找到了食物，而且还保证了树洞的第二次利用。在森林中有不少动物比如蓝鸟、褐雨燕等都需要树洞，但是它们自己并不会挖。因此，红冠啄木鸟成了以枯树为起点的生态链中的一个基础生物种群。随着树洞空间的进一步扩大，树洞拥有的恒温或可调节温度的环境，最后还引来了许多以树洞为家的哺乳动物，比如松鼠、貂、树鼠以及黑熊等。科学家发现：几乎一半的黑熊都喜欢在朽木的树洞里照顾幼熊或休息。同时，原始森林还养活着木匠蚂蚁的巨大种群，而这些蚂蚁既是红冠啄木鸟的美食，据说可占其食量的97%，同时又是喜欢舔食蚂蚁的黑熊的最重要食物来源。(享用、后续部队等词，生动地展现了以枯木为起点的生态链条的活动。)

此类神秘洞穴不断地被人们发现。在19世纪90年代中期以前，大部分蝙蝠曾被认为喜欢居住在矿坑和山洞里，但后来的研究却发现许多蝙蝠实际上喜欢在啄木鸟遗弃的树洞或是老树松弛的树皮下栖息。有生物学家用无线电设备跟踪了8种生活在美国科克尼诺国家公园的蝙蝠，这些暗夜的飞行者喜欢躲藏在一种松树的树皮中，这些树都有150—300岁高龄了。有人曾经在一棵树上数出了984只神秘的亚利桑那蝙蝠。最近又发现，一种体形微小的会筑巢的鼠也喜欢在橡树的烂树洞里安家。

一棵树倒地后，一个新的阶段就开始了。一些啮齿类动物借助倒下的枯木作掩护筑窝并形成自己的领地，而猫头鹰则埋伏在枯木的底部，更多的两栖动物的觅食、生殖和躲藏都需要众多潮湿的树木残骸。因此，当人们将森林中的树木残骸清除以后，某些物种就随之销声匿迹了。

传统的观点认为，树木的残骸腐烂后变成养分埋藏在森林土壤里，可以培育新的树木，但是新的研究表明，许多种植物的幼苗其实就是在树木腐烂的最后阶段——碎片堆上面直接发芽的。科学家分析可能是某些真菌会侵害土壤中的幼苗，但这些真菌在枯木中却无法生存，因此枯木为幼苗创造了一线生机。

顺流而下

过去我们认为，漂浮在小溪、河流中的枯木会阻塞航运，妨碍鱼类的生活，但最近的研究发现，至少对鱼类来说事实正好相反。

更重要的是，在江河流水中，木头、树叶可以为水生真菌、海藻和无脊椎动物提供食物和生存环境，这是食物链的开端。据研究，这些水中枯木为河流中的一些鱼类提供了多达50%的食物。虽然由于体内没有相关的酶，除少数的无脊椎动物而外，其他水生动物一般都不会自己直接啃食枯树，但是它们喜欢舔食树表的黏液。

当树木漂流到河口时，就可能在沼泽地带搁浅，并为鱼狗、鹰和其他各种食肉动物提供栖息之所。同时，由枯木拦成的小坝、小瀑布，形成许多深水潭，而这些水潭就是鲑鱼休憩、躲藏和觅食的乐园。但是如果枯木碰到了咸水，那就是另一番景象了：海洋无脊椎动物不像它们生活在淡水中的"亲戚"那样"温和"，它们对待枯木的方式是凶猛地"吃"，已知至少有175种蛀船"虫"，它们披挂着长满锋利"牙齿"的贝壳见木头就钻，这时它们的身体甚至可以拉长近1米。

现在，那些在水中的大块的漂流木已经成了生物学研究的热点。有科学家曾在一条河里发现了延绵达400米长的"木材堆"，仅打捞了10分钟就装满了一个小卡车。水下摄像表明，一些昆虫钻洞时抛洒出的碎木屑和其他动物的粪便，可以依次吸引扑食喊、蜗牛和小鱼等前来抢食，然后再大鱼吃掉小鱼。金枪鱼就经常跟随着大个头的漂流木巡游，这些木头也许已经在海上漂了5年之久，历程数千公里。最后，一块漂流木可以重达几吨，成为包括各种鸟类和鱼类在内的"可移动的生态系统"。于是，就有了本文开头的一幕：一些聪明的捕鱼船船长学会了在漂流木上装备无线电信号设备以跟踪鱼群。在没有可以吸引鱼类的天然漂流木的时候，船长们甚至用船拖着用成堆的竹子做成的人造原木来吸引鱼类。

随着数量惊人的漂流木沉落到海底，在深达8000米海底还有许多特殊的"团体"渴望着它们的到来，这些团体包括许多软体动物。海洋生物学家发现，随着纽约长岛枯木的减少，一些以此为生的软体动物用人们目前不知道的办法在几周内便迁徙到其他的海底安家了，它们在沉落海底的枯木上钻出了许多硬币大小的洞穴。(让人意想不到的是，枯木在水中会扮演如此重要的角色。)

保护枯木

随着森林被人类迅速地破坏，枯木在以其为中心的生态系统中的统治地位也许正面临终结。曾经阻塞河流的巨大天然原木因为妨碍航运早已被清理干净了，同时，绝大部分提供枯木的古老森林已经绝迹，树桩、原木，甚至是漂流木也正在消失。

为了扼制这种情形的进一步发展，美国有关人员做了一些尝试。比如，成年的长叶松在美国东南部供不应求,所以一些森林公园正尝试着用注射真菌的办法让一些年幼的松树内部腐烂以"人造"出更多的枯木。同时在全美国,伐木工人开始被要求在每公顷土地上必须保留出一条狭长的未砍伐地带。在过去的一个世纪里,人们曾竭尽全力将河流里的木头拖出来,但现在美国陆军特种工程部队不得不费巨资在临太平洋的一些地区和海域堆放木材——人们希望鱼类和鸟类能回到这些栖息地上来。我们也许不可能再回到从前,但是我们必须去尝试,因为太多的物种都依靠着它们。(科学的研究为我们提供了可行的策略,保护了枯木也就保护了以其为中心的生态系统。)

读后悟语

一棵树倒下以后,其生命就宣告结束了,随后的年月便慢慢干枯、空洞。人们往往会基于实用的角度认为这种树木是没有价值的。本文正是以科学的事实、生动的例子讲述不为人知的"一棵树倒下后的故事"。

文章写作思路很清晰,结构布局值得我们学习:

一、总体的结构:文章分三个部分,前两个部分分别写枯木在密林深处和小溪河流中的生态意义,阐述枯木在生态圈的价值。有了这样的事实基础,在文末提出"保护枯木"的呼吁就很容易让人接受了。

二、前两部分的内部结构:两部分结构很相似,都是采用欲擒故纵的写法,先写人为破坏枯木现状的后果,再写枯木对于森林生态和江流生态的作用,颇有引人入胜之感。

鲨鱼不是"嗜血杀手"

刘祥武

凶狠的攻击手

鲨鱼被视为自然界里最凶猛的黑亮怪物。它总是静静地游来，无声地游去，演绎着诗人徐志摩的经典绝句："轻轻地我走了，正如我轻轻地来。"它们通常有三种攻击方式：流动攻击、撕咬式袭击、悄悄咬噬，一般以流动攻击最为普遍。在流动攻击中，鲨鱼总是伺机而动，以寻觅美味，目标也是确定的。而撕咬式攻击造成的后果最为严重，鲨鱼常把游泳者的手脚看做鱼蟹而咬之。

几乎每隔一段时间世界各地便会有鲨鱼伤人的报告。一旦被鲨鱼盯上，幸运脱身的机会可说是微乎其微的。

1993年10月，道恩·肖夫曼被一条3米长的雄鲨所伤。她后来回忆道："就像一辆卡车飞速撞来，我感到强烈的挤压，身体左部似乎在燃烧。"鲨鱼在她周围猛冲，鲜血染红了海水。鲨鱼去后，已有半年身孕的肖夫曼忍着伤痛回到了岸上，她的孩子也早产了。几个月来，她总在凌晨3点醒来，脑中闪现着那恐怖场景。

1999年10月夏威夷群岛，18岁的杰斯·斯潘塞正在冲浪，突然一条3米多长的虎鲨蹿出海面，把他撞下冲浪板，它的头部向斯潘塞猛击，然后咬住了他的手臂。他后来说："我看到了整条鲨鱼。我的胳膊肘被塞进了它的喉咙。鲨鱼撕破他的皮肤、肌腱和血管，最后把他吐了出来。斯潘塞九死一生终于靠了岸，今天他已经痊愈，当时他忽略了天色已黄昏的时间条件。

在加利福尼亚州靠近尤里卡的海滩,29岁的斯考特·耶伯正在尽情享受冲浪所带来的刺激和快乐,突然一条大白鲨向他冲来,几乎把他举出海面,接着他感到一阵剧痛,他看到了自己失去肌肉的股骨及水中大片的鲜血,他不顾很重的伤势挥拳猛击鲨鱼的鼻子。在最后的反击中,他击破了大白鲨的鱼鳃,鲨鱼这才负痛而去。他设法回到船上,与伙伴一块划回岸边。早已在岸等候的急救车把他送到医院抢救。当时他体内已失血近50%,濒临死亡。当他痊愈后,有人询问他是否打算向鲨鱼复仇,耶伯回答道:"我认为不能这样,况且它已经适应了环境。"

最幸运的一次逃离"鲨"口的要算爱奥那·亚瑟了,他是一位采珠人,当他1937年在澳大利亚大堡礁附近工作时,被鲨鱼攻击。当时,他正在10米深的水中潜行,他看到一条大块头鲨鱼笔直朝他冲过来,离他只有不到两米远了。当时他除了恐惧地闭上眼睛听天由命以外,根本没有时间避开这位猛冲者,他的头一下子被咬住了,顿时一阵剧疼传遍全身。绝望中亚瑟伸手摸到鲨鱼的眼睛,使出全身力气拼命挤那圆圆的眼球,直到鲨鱼放开他的头。亚瑟以冲刺的速度爬上小船向岸边划去,匆忙赶到医院,在那儿,医生用了200针才总算缝合好他那可怕的伤口。然而,他却奇迹般地存活下来了,三周后,外科医生打开他的脖子上的一个脓肿时,攻击者的身份才被确定,脓肿中有一颗虎鲨的牙。(在此作者连续列举四个鲨鱼袭击人类的事件,营造可怖的氛围。看似与文章标题相矛盾,实际是为下文作反衬。)

尽管世界各地鲨鱼攻击人类的事件屡有发生,但相比各地发生的其他故事,仍然微不足道。据研究者提供的数字,在美国加利福尼亚州每100万人中仅有1人被鲨鱼咬伤,而被雷击死亡的人数却是鲨鱼伤亡人数的30倍。由于质量低劣,用于装饰的圣诞树灯所伤害的人数也远远超过鲨鱼。狗是人类的朋友,可被它们咬伤的人不计其数,更非鲨鱼所能比。(其实通过这组对比不难看出,人们对鲨鱼的认识有待重新审视。)

由于鲨鱼潜伏在广阔神秘的海洋里,人们对它仍有一种莫名的恐怖感。科学家正在逐步揭示鲨鱼的行为奥秘,他们使用卫星来研究鲨鱼的行踪,从而进一步探求它伤人的原因。

大自然的杰作

科学家一直在探求有关鲨鱼的秘密,以抹去电影《大白鲨》中描述的大白鲨疯狂伤人的恐怖阴影。那是史蒂文·斯皮尔博格根据彼特·本奇利小说《利鳄》改编的电影。本奇利自称是"一个专职海洋环境保护者"。他说:"若在今天,我就不会再写《利鳄》。"他还说:"大白鲨并不专门针对人类发动攻击,除了罕见的例子,它几乎从不伤人。"海洋生物学家罗特博士进一步解释说:"原先我习惯于称鲨鱼攻击——现在则称为事故。这是人们在海洋中与鲨鱼共处时,偶然造成的。"

鲨鱼是大自然的独特设计,堪称杰作,它经历了4亿多年的进化——以自信、优美、凶猛而著称。一些鲨鱼能感觉电流的变化,即使只是微小的波动。它们常利用这种特性探索海面下隐藏的食物,并根据地球磁场而导航。它们随身携带着自己的"雷达",像安装了某些高性能的仪器。鲨鱼常把人体错认为海豹或其他猎物,常常在发动第一次攻击后马上离开。今年8月19日,美国一名50岁左右的妇女在加利福尼亚州风景如画的阿维拉海滩游泳时遭到了鲨鱼的袭击身亡,当时与她同游的还有一群海豹。专家们说,鲨鱼很可能把她错当成了海豹。(段落开头的"自信、优美、凶猛"三词的使用可作"杰作"的注脚,回应小标题。)

并非都是鲨鱼的错

受鲨鱼攻击的人们,其实不少是由于漫不经心地挑逗而成了受害者的。1998年4月,16岁的男孩凯文·莫里森在佛罗里达被一条鲨鱼咬伤。这一事件被广为传播,报纸都用大标题"恐怖的大鳄"来加以报道,而事实上,这些报道都没有提到两个要点:第一点,这条鲨鱼只是不到1米长的一条护士鲨,不是食人鲨。第二点,这条鲨鱼其实是被小男孩搞得厌烦了,直到被男孩抓住它的尾巴才决定自卫咬了他。鲨鱼咬得如此紧,男孩挣不脱,他只得带着它爬到小船上,鲨鱼最终在医院里被像做外科摘除手术一样取掉了。鲨鱼当然死了,而凯文活着。

与鲨鱼打交道的科学家,特别是鲨鱼饲养者们发现,被饲养的鲨鱼总是把发动机声音与食物联系起来,一般情况下只会在受到其他鲨鱼攻击后才会对饲养者变得不耐烦。

国际鲨鱼档案馆馆长乔治伯吉斯这样认为："当你驯养动物时,你也改变了它们的基本行为及对人类行为的重视。"这将是一种奇怪的逻辑:海洋恐怖动物被非自然地禁锢,环境的改变会使鲨鱼疯狂撕咬喂养者的手脚。大自然毕竟有它的天然规律。(这一节之所以有说服力,在于举一个恰当的例子和引用了一段有分量的话。)

鲨鱼其实并不可怕

鲨鱼被人授予"嗜血杀手"的称号,但它担当得起吗?多年研究鲨鱼的专家认为答案显然是否定的。首先,400多种不同种类的鲨鱼中,绝大部分都不会伤人。大部分鲨鱼都是见人就躲的。

鲨鱼可能伤人,但给人造成致命伤却很少。受到鲨鱼攻击的概率非常小,尤其是同游泳、冲浪以及在海里潜水的总人数相比。不过,在任何肉食动物面前,无论是丛林里的狮子、老虎还是大海里的鲨鱼,小心一点都是值得的。

我们大概认为鲨鱼是所有海洋生物中最可怕的一种,然而其他海洋生物也可能咬、夹甚至是蜇我们。它们中大多数只不过在利用自己的武器进行自我保护罢了。通常情况下只有当我们将它们抓起、意外地碰到它们或者是不小心踩到它们时,我们才会受到攻击。你会喜欢让体重超过自己数十倍的生物踩到吗?

至于说到可怕——人类才是这个星球上最可怕的生物。地球上的人口超过 60亿,所做的每件事情都影响地球上的所有生命。大海看起来桀骜不驯,而大海里的生物却无拘无束、自由自在。倒是从海岸直到海洋深处,人们对海洋生物的影响随处可见。(文章的高明之处还在于,并不是说清楚一个道理就结束全文,而是在文中提出了充满人文关怀的希望——)

对可怕的海洋生物感兴趣也许能让你开始爱护大海,爱护它里面形形色色的生命。了解可怕的海洋生物也是让它们显得不太可怕的好方法。我们对海洋生命了解得越多,就越懂得尊重与珍惜它们,长此以往,有朝一日我们人类和鲨鱼完全有可能成为朋友。(理解、尊重与珍惜,这是人类之间交往的准则,人与动物又何尝不是如此呢?这一节的说理注意了条理性,从数量比例、可能性及生物本能三个方面进行说明,让人一目了然。)

读后悟语

也许已经习惯了对鲨鱼的印象,人们一说起鲨鱼,就会给他们一个"嗜血杀手"的称号。本文的作者作为一个海洋的环保者,用翔实的事实为人们消除了疑虑。

文章采用先抑后扬的写法。一开头就详细列举了四个人类遭到鲨鱼攻击的例子,营造了一个"血腥"的氛围,与文章标题的说法正好相反,读者不禁会疑惑:既然如此,为什么还说鲨鱼不是嗜血杀手呢?读者有这种疑惑,正是作者希望达到的效果。紧接着,作者再不慌不忙地列出一个个不为人知的现实:鲨鱼的危害相对于其他的事故是微不足道的;绝大多数鲨鱼是不会伤害人的;往往是人类的挑衅才造成鲨鱼攻击的恶果。

这种先抑后扬,先制造谜团后解疑释惑的方法往往能吸引读者。这篇文章你是一口气读下来的吗?

世上本无害虫

詹克明*

大自然中所有的物种都处在一个巨大的和谐与多重的平衡之中。它们既相互依存又相互制约，除了植物直接吸收日光能量，通过光合作用奠定了生命传承的初始自养外，其他物种都在"吃"与"被吃"的"他养"锁链之中。植物才是我们大地上真正的"普罗米修斯"，正是它们承接了太阳的"天火"，点燃起地球生命的熊熊火炬，把它逐阶传递给其他物种，养育了全球所有生命。纵观整条生命锁链，也许我们并无依据，更无资格界定谁是"害虫"。(普罗米修斯，古希腊传说中盗天火的神，他为人间带来了光明和温暖。这儿是比喻，说明了植物对于人的意义。)

自然界的任何物种都必须同时具备"自主生长"与"自我保护"两种能力。两者缺一不可。其生存当各怀绝技，互利互惠，正像那句德国谚语："蜜蜂盗花，结果却使花开得更茂盛。"(引用谚语，生动说明了物种间互利互惠关系。)(甚至怀疑罂粟花会不会让昆虫成为"瘾君子"，好长期为它工作?)其防卫又各有绝招，有的长刺，有的含毒，有的恶臭，有的干脆以极大的繁殖力，产下成千上万的后代，只要有一二成活就不会绝种。凭借着这两

---

*詹克明先生首先是位科学家——核物理学家，又是一位知名的作家。他的作品往往以科学的眼力、文学的明敏想象，通过辨证的分析，论说人与自然的关系、人与天地的关系、保护生态环境与人类自我保存的关系。他希望人们注意到："大自然的精髓是——和谐。"

种天赐本领,在天敌存在的环境里,每个物种才能有效地抵御各种侵害,在大自然中立足,生生不息,并与其他物种动态平衡,偕同繁衍(有时没了天敌反而会泛滥成灾。1895年有位名叫托马斯的人乘坐英轮,带了20只兔子到澳洲,由于没有天敌而大量繁殖,毁掉草场,酿成灾难,至今仍未解决)。

人类不断地将原本野生的植物移入田园。受到特殊保护的植株也逐渐自行解除武装,退化自我防卫能力,完全依赖人类的庇护。它们按照人类的意愿,使自己长得叶肥、果大、粒饱、味美、株高,奉行"全力发展,不要防卫,依靠保护"的政策,使自己成为"不设防"的物种。它们这种体态特质不仅满足了人类的口福,也成了各种动物伺机捕食的首选目标。(护之,实则害之。)

许多农作物其原始的野生形态本非这般招摇。它们懂得隐藏自己,不那么"露富";懂得收拢自己,不那么"张扬";懂得坚实自己,不那么"虚胖";它们甚至懂得节制自己的生长速度,不使自己过于"冒尖"先摧。("露富"、"张扬"、"虚胖"、"冒尖",很贴近生活的用词,让科学不再枯燥。)经过人类调教,它们现行的生存状态,实乃生命之大忌。这等于把自己的软腹部完全袒露给对手,又怎能不招引大批天敌蜂拥而至呢?对此局面已经难以招架的人类,无奈之际,将其一言以蔽之,统称"害虫"。可见是,先有人类育出无防卫能力的肥美之物,然后才引出"害虫"概念。倘它们仍是旷野中的野麦、野菜,怕什么害虫呢?

我们所面对的害虫群体是一个十分顽强、有效、狡狯,诸多兵种齐备的野战军团。在它们中间有长翅的空军,有披甲胄的装甲兵,有从天而下的空降兵,有能两栖作战的特种兵。它们有时可以结成亿万成员的集团军,浩浩荡荡、铺天盖地,进行大兵团作战(如蝗虫)。更多的则是小规模游击式的单兵作战。它们训练有素,能飞、能游、能穿地、能爬树、能疾跳,会钻树心、咬树根、啃硬壳,机动善变,各自为战。它们全天候出击,不管风雨,不舍昼夜。它们立体作战,从空中、地面、水上进行偷袭,让我们防不胜防。在这场斗智斗勇的人虫大战中,似乎虫越战越强,越斗越勇,越灭越多。只要让哪位上了年纪的老农回忆一下,将五十年代与现在的病虫害进行比较,就能看出"道高一尺,魔高一丈","害虫"真是越来越多,越来越猖獗了。去年听新疆当地干部讲到他们的独特优势是"一黑(石油)一白(棉花)"。特别是棉花,现在内地不少产棉大省都饱受棉铃虫之害而大幅减产。面对这种来势越来越猛的虫害趋势,人们内心里也充满着忧虑。在与虫作战上,我们已有点底气不足了。"要扫除一切害人虫,全无敌"的诗人气概恐已消解过半了。(科学的内容,文学的外衣,生动而吸引人。)

对付害虫,我们人类唯一的法宝——杀虫剂也越来越失灵了。我们的对手不仅是一个数量上占绝对优势的群体,更是一个繁殖周期短,迅速更新的种群。不管人类施用什么药剂也只能灭其一部分,留下来的却成了抗药性一代胜过一代、危害能力越来越强的品种。人类更新药剂的速度永远也赶不上它们应变出新的速度。据悉,现已出现不怕任何鼠药的老鼠。这个自人类之初就已与我们结成生死冤家的鼠辈,颇为让人敬畏。拥有如此先进高科技手段的人类,最多只能说是跟它打了个平手。要知道,我们无所不有,它可是赤脚空爪呀! 倘若它也能打造一两件合用的兵器,结局又会如何?迄今,人们通常只对大型的凶禽猛兽以"老"相称(如老鹰、老虎),而对这些长仅数寸、貌不惊人的小东西却也破格地尊称为"老"鼠。据说在即将爆炸的矿井里,或就要翻沉的船上都早没了老鼠踪影。这小东西也许还有点先知先觉的灵气呢。

杀虫剂是人的两难之物,既要虫死又要人活。这场难于取胜的人虫之战弄得我们多少有点气急败坏。跟害虫斗红了眼的菜农,有时真有点失去了理智;不顾后果地使用了剧毒农药。食此蔬菜使人致命,集体食物中毒的事故频频发生。在人虫"化学战"上,我们人类真不如蛇族。你看人家眼镜蛇所施剧毒可使猎物当即毙命,所含毒液对自己绝对无害。哪像人类的蹩脚农药,杀不绝害虫,倒常常把自己赔在里边。

我们是否应该改换一下思路,更新一下现有观念,从根本上跳出这种恶性循环呢?我们能否牺牲一些产品的肥美高产,选换一些味虽差些、实虽小些,但自我防卫能力强,基本上无需农药的物种?虽说不可能人人都去采挖野菜,但我们能否不断地移植野种,限定人工培育种植代数呢? 也许这种野性未脱的园中作物反而更有利于人体健康。草——这个让我打心底里充满敬意的家族。其实我们现在食用的稻麦豆菜原本也都是草。人类选择了几种"可教"之草加以驯化,才有了农业。它们一经人类调教,也就脱离草籍,不再称"草"。而把那些野性不改,久驯不化,不甘为我所用的顽璞物种,一概地轻蔑为"草"。其实这种野性当中,自有一种顽强保持自我的风骨,一种不肯寻求庇护的自主,一种不甘人类使役的自尊,一种不受人施舍(肥料)的自立。它们对自己的生存能力有绝对的自信——仅仅依靠自己的力量就能世世代代生存下去。它们的存在就是对人类霸主地位的挑战。它们生就一副坚根韧骨,任你人踩车碾虫咬兽啃,经得起草原荒火,耐得住旱涝蝗雹。甚至小行星撞击地球,严酷的地质冰期都没能让它们绝种。常言道"人不如草"，这句话应由贬词变为敬语才对！("凡事"将论述的视野扩大了,某个领域内的道理变成了有普遍性的真理。)

凡事都是先"养弱"而后有"害侵"也。(照应段首,精辟。)

遗憾的是,我们不光是在园田农业上养弱引害。我们在许多方面都体现了一种"养弱哲学"。"养弱"多为强者所为。通常"养"与"被养"所处地位悬殊,一方对另一方足构成支配地位时,"养弱"才多有发生。中国数千年的宗族社会更是养弱的肥沃土壤,也形成了各行各业严历的行为规范。如"慈不掌兵"、"棒打出孝子","严师出高徒",这些虽说都有道理,但也极易造成理解偏颇,酿成"养弱"的积年苦果。

在"教育园地"里,辛勤的"园丁"们确实有点把学生当做娇嫩的园田幼苗般精心呵护。但对培养学生独立自主能力方面却缺乏同等的重视。杨振宁教授以自己的亲身体验,认为这种"填鸭式"教育"考试时一比较,马上能让美国学生输得一塌糊涂",但这种教育也容易扼杀学生的创造性、主动性、灵活性以及束缚了学生们的独立思考、独立判断能力。比起外国小朋友来,中国孩子更多些 "乖宝宝"、"好孩子",但缺少独特的个性与自主、自立、自理能力。(教育方面。)

我们的一些国有企业又多有"园栽"弱态。这也许是过去计划经济束缚过紧的结果。个体经济反倒表现出某些"草"的强韧特征,灵活多变,经得起践踏。(经济方面。)

中国历来是座大学校,敬先贤、遵古训、师大人、学经典,"非礼勿视,非礼勿听,非礼勿言",每个好公民都有一副虔诚的"学生相"。我们得天独厚的教化彻底泯灭了人们的野性与个性,越是文化发达之地越是有效。有一个让我一直迷惑不解的问题,为什么从古至今,几乎没有一个雄才大略、创立霸业的政治枭雄出自名都大埠、文化发达繁盛之地,而是大多生于穷乡僻壤的青山秀水之中。大概这些远离教化之地尚能保存点强盛的野性与未曾磨灭的个性。草莽——这才是诞生英雄豪杰的真正沃土！历史总该带点斑驳的铜锈。它不该是一尊擦得耀眼的青铜古爵。生命之野性是否也应该像宝鼎之铜锈,不宜完全磨去?(社会方面。)

从生物链的角度来讲,世上本无害虫。有些垦区,一些土著昆虫小兽也许从久远的地质年代已一直世居于此。人类只是近些年来才将它们的世袭领地攫为己有。有些不识相的弱小生灵还偏有股憨劲,硬是不肯拱手相让,仍旧顽固地栖居在自己的祖业上,拒不承认我们人类的殖民地位。我们把这些驱逐无效,至今仍在做无谓抗争的土著物种科学地判定为"害虫"。可见是先有人类进犯夺地,而后有"害虫"矣!

我们人类也许树敌过多。我们几乎遍吃一切,海洋里从鲸鱼到小虾,陆地上从虎象到老鼠,天空中从老鹰到麻雀。可叹,天上飞的,地上跑的,水里游的,尽成我们饕餮之物。即使有些不堪食用之物,我们也会变着法儿地将其"入药",扩大摄入范围。翻开《本草纲目》,光一个"虫部"就达106种稀罕物:虱蝎蚁蛆,蛭囊蝼蚄,蚯蚓蛞蝓(鼻涕虫)无不入药。此外还有"鳞部"、"介部"、"兽部"(此部有两味奇药,"果然"与"败笔"),最让人大骇的是居然还有"人部",人之"骨肉胆血咸称为药"。

人类把许多昆虫称之为"害虫",倘由所有动物"全民公决",也许它们会一致认定,地球现阶段唯一的"害虫"就是人类!(振聋发聩!引人深思。)

读后悟语

本文角度新颖,将人类置于浩瀚宇宙中,再反观自然。发现所谓害虫,不过是人类的以自己为中心,以自己的利益为主体的偏见。相反,在大自然里,对大自然的破坏最大,为害其他生物最烈的反而是人类,人类才是害虫。我们应该反省自己,珍爱自然。

中国外来入侵生物调查

高　勇　阎彩娥

千万年来,海洋、山脉、河流和沙漠为物种和生态系统的演变提供了天然的隔离屏障。然而近几百年间,随着全球一体化的进程,这些屏障渐渐失去它们应有的作用,外来物种们借助人类的帮助,远涉重洋到达新的生境和栖息地,繁衍扩散,它们到底是朋友还是敌人?(提出问题开门见山。)

2003年初,一个冬日的午后,我们走进北京海洋馆,参观经过处理的食人鲳。不久前食人鲳曾是人们争相参观的热宠,它们撕扯活鱼的景象不知让多少人心惊胆战,号称"水中狼族"。但此刻,它们却只有一动不动地躺在冰柜中,睁着无望的双眼。关于食人鲳的报道随着它们的沉寂渐渐低落。然而,制造轰动的始作俑者虽已沉寂,关于外来入侵物种的思考却不会随之停止。人们为什么对它们如此敬畏,甚至都不容它们生活在小小的水族箱内,难道仅仅是因为它们生性残暴吗?(举例说明激起兴趣。)

"因为在中国本土并没有这种鱼",海洋馆的负责人介绍道,"食人鲳原产于南美洲亚马孙河流域,在我国的自然界中没有天敌。体质强壮、对水质要求不严格的食人鲳,在我国南方广大地区很容易找到适宜繁殖生长的水体,一旦流入自然水域,必将打破现有的生物链,威胁土著鱼类的生存,就如同侵略者入侵一样,对生态的破坏不堪设想。"(食人鲳在新的环境中的有利生长条件及其后果。)

我曾看过一些关于外来物种入侵的报道,但总觉得微甘菊、紫茎泽兰、空心莲子草、麦穗鱼这些略显柔弱的名字如何能与"入侵"联系起来呢?食人鲳尖牙利齿倒也罢了,太湖银鱼长不盈指,又如何能"造成生态系统毁灭性打击"呢?外来入侵物种离我们到底有多远?

（一连串的设问，引起下文，也引起读者兴趣。还为下文的内容规定了范围和方向。）

小龙虾是入侵物种

"外来种实际上已经来到我们生活之中，只是我们还不知道罢了。"中国科学院动物研究所的吴岷博士是我国贝类研究的专家，谈起贝类入侵物种如数家珍。"比如说，北京人非常爱吃的小龙虾，学名叫克氏原螯虾，原产于墨西哥，后向北美扩散，给美国五大湖泊的渔业生产和堤坝造成了极大威胁。上世纪20年代至30年代经日本进入我国南京地区，随后在江浙一带迅速繁衍，对当地的鱼类、甲壳类、水生植物极具威胁。它们会在水稻田堤坝上挖洞筑穴，现在小龙虾已经在洞庭湖大量繁殖，威胁到堤坝设施。"吴岷博士还指出，曾经活跃在人们餐桌上的福寿螺、白玉蜗牛在初期都是作为高蛋白食物引入并在我国大力推广的，然而由于市场原因，被大量遗弃或逃逸，现在已经侵入到农田和自然系统，成为农作物、蔬菜和生态系统的有害生物。（列举事例具体分析。）

原来外来入侵物种已经到了我们的嘴巴前面。接下来的采访越来越令人心惊。除农业、林业、渔业中已被作为病虫害治理的美洲斑潜蝇、松材线虫、美国白蛾等等之外，即使在我国许多繁华都市的小区、路旁、沟边、荒地、园圃、操场、草坪等容易被人们忽略的地方，也早已成为入侵杂草的天堂。婆婆纳、苘麻、曼陀罗、反枝苋，甚至还包括令美国人闻风色变的三裂叶豚草都随处可见。（概括举例。）

国家环保总局的杨朝飞先生向我们提供了部分数字：据不完全统计，我国外来杂草共有107种，外来动物40余种，从脊椎动物(哺乳类、鸟类、两栖类、爬行类、鱼类)到无脊椎动物(昆虫、甲壳类、软体动物等)以及细菌、微生物、病毒中都能找到例证。国内最早开展入侵生物研究的中科院动物研究所解焱博士告诉我们："目前我国的34个省、直辖市、自治区及特别行政区无一没有外来物种，除了极少数位于青藏高原的保护区外，几乎或多或少都能找到外来杂草。"（概括说明，列数字，举例子，增强说服力。）

关于外来种造成的直接经济损失，我国也有初步的统计报告。列举数字是枯燥的，但我们还是不得不仔细阅读以下统计报告：保守的估计，松材线虫、湿地松粉蚧、松突圆蚧、美白蛾、松干蚧等森林入侵害虫严重发生与危害的面积在我国每年已达150万公顷左右。水稻象甲、美国洲斑潜蝇、马铃薯甲虫、非洲大蜗牛等农业入侵害虫近年来每年严重发生的面积达到140万公顷至160万公顷。每年由外来种造成的农林经济损失达574亿元人民币，仅对美洲斑潜蝇一项的防治费用，就需4.5亿元，每年打捞水葫芦的费用需要5—10亿元以上。(外来物种造成的危害，列举数字。)

"生物入侵是世界难题"。据统计，美国、印度、南非外来生物入侵造成的损失每年分别高达1500亿美元、1300亿美元和800亿美元。解焱博士认为这些都只是保守的估计，还不足以包括那些无法计算的隐性损失，比如外来生物导致本地生物物种的灭绝、生物多样性减少以及由于改变环境景观带来的美学价值的丧失。(换一个角度，从全球范围来看问题。)

生物入侵导致物种濒危和灭绝

"'外来'这个概念不仅是以国界定义的"，国家环保局生物安全办公室的专家柏承寿提醒我。人们曾经有这样的疑问，为什么"四大家鱼"(青、草、鲢、鳙)也成了外来种，它们不是我国土生土长的物种吗？原因在于，"四大家鱼"在我国很多地区是当地的土著物种，但是如果它们被引入云南、青海、新疆等高海拔地区的水域中，就成了外来种，因为这些地区属于完全不同的生态系统。太湖银鱼的例子也是一样。

云南是我国鱼类种类最为丰富的省份，然而从20世纪60年代起，人们出于产业经济的目的，两次大规模地移植和引进外地鱼类。第一次是在1963—1970年间引进"四大家鱼"等经济性鱼类，并带进麦穗鱼和鰕虎鱼等非经济性鱼类；第二次较大规模的引进是在1982—1983年，把太湖银鱼和间下鱵鱼等引进滇池、星云湖等湖泊。现在云南原有的432种土著鱼类中，近5年来一直未采集到标本的约有130种，约占总种数30%；另外约有150种鱼类在60年代是常见种，现在已是偶见种，约占总种数的34.7%；余下的152种鱼类，其种群数量也均比60年代明显减少。在过量捕捞、水利工程、围湖造田、外来鱼类这4个导致云南鱼类濒危的因素中，外来鱼类是导致土著鱼类种群数量急剧下降的最大因素。滇池蝾螈的灭绝也与滇池引入外来种有密切的关系。(另一种意义上的外来生物，其危害亦不容忽视。)

肆虐上海崇明岛的可怕入侵生物——互米花草，因其具有固沙促淤作用，20年前从美国引进，由于缺少天敌，互米花草目前已成为整个崇明海滩的绝对霸主，导致鱼类、贝类因缺乏食物大量死亡，水产养殖业遭受致命创伤，而生物链断裂又直接影响了以小鱼为食的岛上鸟类的生存，"如果再不加以控制，崇明岛的生物链就将严重断裂。"互米花草目前又在福建沿海等地大量蔓延，沿海滩涂大片红树林的死亡就是互米花草造成的恶果。明朝末年，仙人掌战胜了当地的原生植物成为优势群落，那里原有的天然植被景观恐怕我们永远都见不到了。(有多少人知道仙人掌科植物并不产于我国，其危害还在继续?)

其实，我国也有一些生物进入其他地区，成为别处的入侵物种。比如葛藤，作为一种药材引入美国，然而到了美国后却大量滋生，对当地生态环境造成重大影响。再比如青鱼，在中国只不过是一种普通的肉食性鱼类，然而不慎传到美国，已成为美国渔业大害，当地政府甚至出价100美元一条悬赏捕捉青鱼。

在全世界濒危物种名录中的植物，有35%至46%是由外来生物入侵引起的。最新的研究表明，生物入侵已成为导致物种濒危和灭绝的第二位因素，仅次于生境的丧失。

入侵物种还能直接威胁人类健康

麻疹、天花、淋巴腺鼠疫以及艾滋病都可以成为入侵疾病。人类对热带林地区的开垦，为更多的病毒入侵提供了新的机会，其中包括那些以前只在野生动物身上携带的病毒，比如多年前袭击刚果等地的埃博拉病毒。前面提到的三裂叶豚草，它的花粉是引起人类花粉过敏的主要病原物，可导致"枯草热"症，在美国约有20%的人受花粉过敏症的侵扰。我国国内虽然还没有大量的报道，但在国外的许多华人到美国后一两年内就会出现花粉症的症状。目前豚草已分布在东北、华北、华东、华中地区的15个省、市，如果一旦大面积爆发，后果不堪设想。

所有这些，不论是疯牛病、口蹄疫、鼠疫病这些令人望而生畏的恶性传染病，还是在美国声名狼藉的红蚂蚁、肆虐我国东北、华北的美国白蛾、松材线虫等森林害虫以及堵塞上海河道、覆盖滇池水面的水葫芦都是"生物入侵"惹的祸。它们的危害之大已远远超出人们的想象，以致有人称它为"整个生态系统的癌变"。

它们并非生来就是入侵种

"外来种并不是天生就是入侵种,在原产地它们一般都不是危害物种。玛瑙螺属非洲土著种,除褐云玛瑙螺(白玉蜗牛)外,其他种数量都很少,甚至还是濒危种。吴岷博士的介绍使我们产生了这样的疑问:是什么力量使它们在离开原产地后变得如此肆虐?(设问,然后再引用他人的话来回答。说话者是一专家,说服力强。)

"外来种大量发生不仅仅是因为当地没有天敌这么简单,实际上外来入侵种一般都具有繁殖能力强、适应性强等特点,再加上当地的环境条件适宜其生长都是造成外来种迅速繁盛的原因。"北京师范大学张大勇教授给我们详细介绍了外来入侵种的特点。(分析大部分外来物种大量繁殖的原因。)

比如凤眼莲属世界上有6—7个种,但仅有水葫芦一种具有无性繁殖能力,因此可以迅速扩大种群。紫茎泽兰借风力传播花粉,形象地被当地人称为"飞机草",意指它像飞机一样到处扩散。多数外来种在原产地由于条件较为恶劣,对环境具有较强的抗逆性,一旦遇到良好环境,即得以生长。虽然适者生存,不适者被淘汰是自然界的法则,但是外来物种的入侵通常都是人为帮助下不公正竞争的结果。物种入侵问题是我国在进行西部大开发中需要非常注意的问题。我国西部的生态系统都很脆弱,中国环境和发展国际合作委员会生物多样性工作组对西部部分省市进行了调查和研究后认为:遵循自然演替规律,在恢复植被的过程中充分利用本地物种,重建原始自然植被功能,无疑是降低生物入侵风险的良策之一。(举例子说明,指出外来物种大量繁殖给当地生态环境带来的巨大危害,并提出在西部大开发上要防患于未然。)

是人,打破了时空限制

"缺乏天敌是造成外来种扩张的重要原因,但其引入却绝大部分与人类有关。生物入侵的根本原因是人类活动把这些物种带到了它们不应该出现的地方。物种本身无所谓'有害的'还是'无害的',入侵种也只不过是待错了地方,而造成这种错误的原因常常是人类的一些对生态环境安全不负责任的行为。"解焱博士认为,外来种入侵问题关键是人为问题。(指出根源。)

千万年来,海洋、山脉、河流和沙漠为物种和生态系统的演变提供了天然的隔离屏障。然而近几百年间，随着交通工具的发达，运输业、旅游业的发展越来越快，借助人的帮助，外来物种冲破天然的阻隔，远涉重洋到达新栖息地，繁衍扩散成为入侵物种。(进步的另一面。)"是人，打破了时空限制，缩短了时空距离，使原来物种千百年才能完成的入侵历程，得以在一夜间完成。"中科院植物所韩兴国研究员如是说。(根本原因在于人。)

入侵我国的107种植物中，有62种是作为牧草、饲料、蔬菜、观赏植物、药用植物、绿化植物等有意引进的，占了杂草总数的58%。

更有一些外来入侵生物是随着人类活动而无意传入的，它们作"偷渡者"或者"搭便车"被引入到新的环境中。"船舶的压载水就是非常便利的顺风车"，国际海事组织中国项目专家张殿荣这样告诉我。长期以来，为了保持船舶的稳定性和航行安全，空载的船只都要注入大量的海水作和压载水，而压载水中所含有的海洋浮游生物也就随着船只一起航行，当船舶到达另一国家装货时，压载水里的浮游生物就随着压载水一起被排放到当地的水体中，造成了生物入侵。国际海事组织中国项目在大连进行的港口生物调查，就发现了4种非本地的藻类，其中就有能够引起赤潮的浮游生物——有腰鞭毛虫。

防患于未然

现在人们一提外来种就谈虎色变，这是不对的。外来种并不见得都是坏事。中科院植物所李振宇研究员向我们介绍了中国历史上的外来物种："蔬菜水果多数是外来种，五谷杂粮中也不都是当地种。比如我们的红薯来自爪哇，玉米来自墨西哥，烟草来自巴西，橡胶来自东南亚，油菜来自地中海，向日葵来自美洲，还有芝麻、马铃薯、棉花等等，不一而足。"

"其实外来物种中真正能够形成入侵事态的只占很少的一部分。"解焱博士向我介绍了外来种入侵的"十分之一规律"，就是说所有被引入的外来物种中，大约有10%在新的生态系统中可以自行繁殖，在可以自行繁殖的外来物种中又有大约10%能够造成物种灾害成为外来入侵种，这些外来入侵种虽然相对种类数量较少，但给世界带来的经济损失却是不可忽视的。解焱博士说："我们需要做的就是及早发现这1%有入侵趋势的物种，防患于未然是控制外来种入侵最经济的途径。"

解焱博士认为，食人鲳的例子就是及时制止外来种入侵的成功案例。当然，食人鲳的残暴习性让人们很容易将它和入侵联系起来，而更多的物种很难通过某个特征来判断它是否能够威胁原有的生态系统。中科院动物研究所陈兵博士正在进行的一项关于"生物入侵的生态学效应与生态安全"的研究就是为了解决这个难题。他们根据物种的生物学特征，例如繁殖能力、适宜的生活环境以及在其他地域是否有入侵的历史等特性，建立物种信息库、早期预警系统，对引进的物种进行风险评估。

"然而，对于一个健康的生态系统来说，外来种很少能够形成入侵的规模，"柏成寿认为，"保持自身生态系统的健康对于抵御外来种的入侵至关重要。"尽管几乎所有的生态系统或多或少都有外来物种入侵，但是其中一些生态系统更容易遭到入侵。在云南和四川造成严重危害的紫茎泽兰，入侵的就是大面积退化的草场。这主要是因为在退化的生态系统中，一些资源被过度利用，而另一些则没有被充分利用。外来物种正是借助这些没有充分利用的资源而得到发展的。(关键是要自身健康、强大。)

柏先生认为，造成目前入侵物种严重局面的另一个重要原因就是人们对外来种的认识不足。令人欣慰的是，近年来随着人们对环境问题关心程度的不断加大，我国政府已经认识到外来种问题的严重性，并已将生物安全列为环境保护工作的新领域。

在2002年5月22日的联合国大会上，"生物多样性与外来入侵物种管理"被确定为新世纪第一个"国际生物多样性日"的主题。这表明人类开始广泛关注外来入侵物种及其对生物物种多样性的影响。外来物种到底是朋友还是敌人，不可一概而论。大自然自有其法则，只有更了解它们，人类才会少一些盲目和愚蠢。

 读后悟语

俗话说："一方水土养一方人。"很多物种本来自有它们生长繁衍的区域，在那里，它们同其他物种一起构成稳定的生物链，不但无害，往往还有功。一旦置于一个新的环境，由于没有天敌，生长环境优越，极容易大量生长，势必打破当地的生物链，破坏当地的生长环境，甚至威胁其他物种的生长。这样的事例很多。除了文中所举，你还能找到一二吗？

人类真正的光荣

[法]布 封*

　　人类的力量和大自然的力量结合起来,并且扩张到地球的大部分面积上面,至今还不过 3000 年左右;以前,地下的许多宝藏一直是蕴藏着的,后来人把它们开发出来了;还有许多财富埋藏得更深,但是它们也不能逃出人类的搜寻,终于变成了人类劳动的代价:不论在什么地方,只要人能明理安分,他就能接受自然的教训,学习自然的榜样,利用自然的资源,在大自然的无尽宝藏的怀抱中选择他有用的或能使他喜悦的一切物品。今天大地的全部面目都打上了人力的印记,人力虽然是从属于自然力的,却常常比自然力还要伟大,或者至少可以说它帮助了自然,并且是这样神妙地帮助了自然,以至于大自然之所以全面发展,之所以能够逐步达到我们今天所看到的这样完善、这样辉煌,都是完全借助于我们的双手。(开门见山,直抒胸臆。)

　　初开化的人的第一个特征就是他知道了对禽兽取得控制力;而人类智慧的这第一个特征后来就变成他统治自然的最突出的力量:因为,他只是在驯服了禽兽之后,才能借畜力之助,改变大地的面目,将荒野变成耕地,将荆棘变成良禾。他繁殖着有用的禽种和兽种,他就在大地上增加了运动量与生命量;他培养植物以滋养动物,又培养植物和动物以滋养自己的生命,因而使自己的生命由繁衍而广布着,这就提高了整个的一套动、植物类,同时也提高了自己:他到处产生着丰饶,丰饶之后必然就是人口的繁荣;古时二三百

---

　　*布封(1707—1788年),法国博物学家、作家、进步思想的先驱者。本文选自他的巨著《自然史》。

个野蛮人占着的空间现在能容几百万人居住了;从前几乎没有禽兽的地方现在有成千成万的禽兽生息着了;人发挥的力量是为着满足自己的需要,所以只有宝贵的萌芽才被发展起来,只有最优良的品种才被培育出来;在那棵无穷大的丰产之树上,只有结果的枝子存在下去,而每一个结果枝子都获得了改良。(追溯历史,从古到今说明人类活动的情况及其结果,为下文的议论张本。)人用来做食粮的谷粒并不是自然的恩赐,却是人在他那最早的技艺农业中努力钻研、发挥智慧所得来的伟大而有效力的成果。大地上没有一个地方曾发现过野麦,很明显地那是人用工夫改良出来的一种草;因此,首先要在千千万万种草之中辨认出、选择出这一种宝贵的草来;然后还要播种它,收获它,反反复复地多少次才能发觉它的繁殖力是经常与耕耘和肥料成比例的。小麦虽然和其他一切一年生植物一样,结了实就要枯死,但是它在幼苗时期能耐冬寒的那种可谓独一无二的特性,它适于一切人、一切禽兽,适于几乎一切气候、并且久藏不坏、又不丧失繁殖力的那种神奇的品质,都足以说明麦的种植是人类自古以来最幸运的发现,并且说明不论我们假定这发现是如何地早,在这发现之前一定已经有了耕种技术,而这耕种技术是有科学基础,并且是根据观察而获得改良的。(举麦子为例,说明人类如何解决粮食问题。)

由此说来,人对于他自己——我是说对于他自己的种类,如果意志经常是被智慧指导着的话,他还有什么做不到的事啊!不论是在精神方面或在肉体方面,他要是进行改善他的自然品质的话,他能达到什么样的程度呢?世界上有一个国家敢自夸着说它已经做到尽善尽美的政治了吗?政治的使命应该是以和平、丰富、生活福利和种种滋生繁息之便,来照顾人民的生存,节约人民的血汗,使全体人民虽不是绝对平等地幸福,却也不是那样不平等地不幸,这一点,有一个国家做到了吗?后来,那导致虚幻的劳民与无聊的欢笑的两个方法用得太长太久了,人类才终于觉悟到他的真正的光荣是科学,他的真正的幸福是和平。(深入挖掘,发人深省,提出希望。)

 读后悟语

"人是万物之灵",有人这样说。从某种意义上来说,这句话确实有几分道理。

读你千遍不厌倦

上帝到底创造了多少物种，连他自己也不甚了然，可是，在这无数的物种中，只有人类创造了文化。人类发明了文字，使文化得以记录和传承；人类发明各种工具，增长了人的各种器官及其功能；人类有语言，能够交流思想；人类天然就有学习的潜能；人类能够欣赏美，能够按照美的规律创造美……

经过无数代人的不断努力，文化不断积累，人类变得智慧起来。

如果人类能够一如既往地不断运用自身的智慧，为人类创造物质文明和精神文明，使不同肤色不同文化背景的人相亲相爱，和睦相处；人与自然和谐——那该多好啊！令人遗憾的是，总有一些人，往往是大权在握的人，为了一己一国的所谓利益，为了可笑的所谓荣誉，做出了很多荼毒生灵、贻害无穷的事情来，有文字记载的五千年文明史，四千多年是一直处于战乱当中的……

人类真正的光荣是什么？我们怎样才当得起"万物之灵"这个称号。

读你千遍不厌倦

伟大的悲剧

[奥]茨威格*

　　20世纪眼帘底下的世界似乎已无秘密可言。所有的陆地都已勘察过了,最遥远的海洋上都已有船只在乘风破浪。那些在一代人以前还不为世人所知、犹如仙境般的迷迷濛濛的地区,如今都已服服帖帖地在为欧洲的需要服务;轮船正径直向长期寻找的尼罗河的不同源头驶去。半个世纪以前才被第二个欧洲人看见的维多利亚瀑布如今已顺从地推动着转盘发出电力;亚马孙河两岸的最后原始森林已被人砍伐得日益稀疏;唯一的处女地——西藏也已经被人掀开羞涩的面纱;旧的地图和地球仪上那个"人迹未到的地区"是专家们夸大了的,如今20世纪的人已认识自己生存的星球,探索的意志已在寻找新的道路,向下要去探索海中奇妙的动物界,向上要去探索无尽的天穹,因为自从地球对人类

---

　　*斯蒂芬·茨威格(1881—1942年),奥地利著名小说家、传记作家,出身于富裕的犹太家庭。青年时代在维也纳和柏林攻读哲学和文学。后去世界各地游历,结识罗曼·罗兰和罗丹等人,并受到他们的影响。第一次世界大战时从事反战工作,成为著名的和平主义者。茨威格在诗、短论、小说、戏剧和人物传记写作方面均有过人的造诣,尤以小说和人物传记见长。代表作有小说《最初的经历》《马来狂人》《恐惧》《感觉的混乱》《人的命运转折点》等。茨威格对心理学与弗洛伊德学说感兴趣,作品擅长细致的性格刻画以及对奇特命运下个人遭遇和心灵的热情的描摹。

的好奇心暂时变得无秘密可言以来，足迹未至路线只有在天空中还能找到，所以飞机的钢铁翅膀已竞相冲上天空，要去达到新的高度和新的远方。(开头一段一系列的排比，展现出人类开拓新领域的雄伟魄力。)

但是，直到我们这个世纪，赤裸的地球还隐藏着她的最后一个谜，不让人看见。这就是她那被分割得支离破碎的躯体上的两块地方：南极和北极——她躯体的脊梁。千万年来，地球正是以这两个几乎没有生命、抽象的极点为轴线旋转着，并守护这两块纯洁的地方不致被亵渎。她用层层叠叠的冰障隐藏着这最后的秘密，面临贪婪的人们，她派去永恒的冬天作守护神，用严寒和风雪筑起最雄伟的壁垒，挡住进去的通道。(拟人手法的运用，使两极富有生气，展示了南北极的诱惑力与风险。)死的恐惧和危险使勇士们望而却步。只有太阳自己可以匆匆地看一眼这闭锁着的区域，而人的目光却还从未见过它的真貌。(这一段写出了探索南极的危险，为下文埋下伏笔。)

近几十年来，探险队一个接着一个前往，但没有一个达到目的。勇士中的佼佼者——安德拉的尸体在巨冰的玻璃棺材里静卧了33年，现在才被发现。他曾驾着飞艇想飞越北极圈，但却永远没有回来。每一次冲击都因碰到由严寒铸成的晶亮的堡垒而粉碎。自亘古至今日，地球的这一部分始终蒙住自己的容貌，成为她对自己造物的欲望的最后一次胜利。她像处女似的对世界的好奇心保持着自己的纯洁。

但是，年轻的20世纪急不可待伸出了他的双手。他在实验室里锻造了新的武器，为防御危险找到了新的甲胄，而一切艰难险阻只能增加他的热望。他要知道一切真相。他想要在他的第一个10年里就能占有以往千万年里未能达到的一切。个人的勇气中又结合着国家间的竞争。他们不再是仅仅为了夺取极地而斗争，而且也是为了争夺那面第一次飘扬在这块新地上的国旗。于是，为了争夺这块由于热望而变得神圣的地方，由各民族、各国家组成的十字军开始出征了。从世界各大洲发起一次又一次的冲击。人类等待得已经不耐烦了，因为它知道这是我们生存空间的最后秘密。从美国向北极进发的有皮尔里和库克，驶向南极的有两艘船：一艘由挪威人阿蒙森指挥，另一艘由一名英国人——斯科特海军上校率领。

(开头的这四段，作者不厌其烦地展示极点的诱惑，人类的好奇与征服的欲望，为下文的悲剧定下了基调。)

1911年11月1日，他们分成几组出发。从电影的画面上看，这支奇特的探险队开始有

30人，然后是20人、10人，最后只剩下5个人在那没有生命的史前世界的白色荒原上孤独地行走着。走在队伍最前面的一个人始终用毛皮和布块把自己裹得严严实实，只露出胡须和一双眼睛，看上去像个野人。一只包着毛皮的手牵着一匹西伯利亚矮种马的笼头，马拖着他的载得满满的雪橇。在他后面是一个同样装束、同样姿态的人，在这个人后面又是这样一个人……20个黑点在一望无际的耀眼的白色冰川上形成一条线。他们夜里钻进帐篷，为保护西伯利亚矮种马，朝着迎风的方向筑起了雪墙。第二天一早他们又重新登程，怀着单调、荒凉的心情穿过这千万年来第一次被人呼吸的冰冷的空气。(这段作者用的是"管中窥豹"的写法，详细描写一个人的外貌行动来概括整队的情况。)

　　但是令人忧虑的事愈来愈多。天气始终十分恶劣，他们有时候只能走30公里而不是40公里，而每一天的时间对他们来说愈来愈宝贵，因为他们知道在这一片寂寞之中还有另一个看不见的人正在从另一侧面向同一目标挺进。在这里，每一件小事都可以酿成危险。一条爱斯基摩狗跑掉了，一匹西伯利亚矮种马不愿进食——所有这些都能使人惴惴不安，因为在这荒无人烟的雪原上一切有用的东西都变得极其珍贵，尤其是活的东西更成了无价之宝，因为它们是无法补偿的。说不定那永垂史册的功名就系在一匹矮种马的四只蹄上；而风雪弥漫的天空则很可能妨碍一项不朽事业的完成。与此同时，全队的健康状况也出了问题。一些人得了雪盲症，另一些人四肢冻伤。西伯利亚矮种马愈来愈精疲力竭，因为它们的饲料愈来愈少。最后这些矮种马刚刚走到比尔兹莫尔冰川脚下就全部死去。这些马在这里的孤独寂寞之中和探险队员共同生活了两年，已成为他们的朋友。每个人都叫得出马的名字。他们曾温柔地抚摸过它们无数次，可现在却不得不去做一件伤心的事——在这里把这些忠实的牲口杀掉。他们把这伤心的地方叫做"屠宰场营地"。就在这鲜血淋漓的地方一部分探险队员离开队伍，向回走去，而另一部分队员现在就要去作最后的努力，越过那段比尔兹莫尔冰川的险恶路程。这是南极用以保护自己而筑起的险峻的冰的堡垒，只有人的热烈意志的火焰能冲破它。(这段所举例子说的是微乎其微的事情，连这样的事情也让探险队员深感不安，他们的处境就可想而知了。)

　　他们每天走的路愈来愈少，因为这里的雪都结成了坚硬的冰碴。他们不能再滑着雪橇前进，而必须拖着雪橇走。坚硬的冰凌划破了雪橇板，走在像沙粒般硬的雪地上，脚都磨破了，但他们没有屈服。12月30日，他们到达了南纬87°，即沙克尔顿到达的最远点。最后一部分支援人员也必须在这里返回了；只有5个选拔出来的人可以一直走到极点。

斯科特将他认为不合适的人挑出来。这些人不敢违拗，但心情是沉重的。目标近在咫尺，他们却不得不回去，而把作为第一批看到极点的人的荣誉让给其他的伙伴。然而，挑选人员的事已经决定下来。他们互相又握了一次手，用男性的坚强隐藏起自己感情的激动。这一小队人终于又分成了更小的两组，一组朝南，走向一切未知的南极点，一组向北，返回自己的营地。他们不时从两个方向转过身来，为了最后看一眼自己活着的朋友。不久，最后一个人影消失了。他们——5名挑选出来的人：斯科特、鲍尔斯、奥茨、威尔逊和埃文斯寂寞地继续向一切未知的南极点走去。（"握手"、"看一眼"这样的细节描写，很好地暗示了他们现在的心情以及将要发生的事情。）

那最后几天的日志显示出他们愈来愈感到不安。他们开始颤抖，就像南极附近罗盘的蓝色指针。"身影从我们右边向前移动然后又从左边绕过去，围着我们的身子慢慢地转一圈，而这段时间却是无休止的长！"不过，希冀的火花也在日志的字里行间越闪越明亮。斯科特愈来愈起劲地记录着走过的路程："只要再走150公里就到极点了，可是如果这样走下去，我们真坚持不了。"——日志中又这样记载着他们疲惫不堪的情况。两天以后的日志是："还有137公里就到极点了，但是这段路程对我们来说将变得非常非常困难。"可是在这以后又突然出现了一种新的、充满胜利信心的声音："只要再走94公里就到极点了！即便我们不能到达那里，我们也已走得非常非常近了。"1月14日，希望变成了确有把握的事："只要再走70公里，我们的目的就达到了！"而从第二天的日志里已经可以看出他们那种喜悦和几乎是轻松愉快的心情："离极点只剩下50公里了，不管怎样，我们就要到达目的地了！"从这欢欣鼓舞的几行字里使人深切地感觉到他们心中的希望之弦是绷得多么紧，好像他们的全部神经都在期待和焦急面前颤抖。胜利就在眼前；他们已把双手伸到地球的这个最后秘密之处，只要再使一把劲，目的就达到了。（这段作者抓住了人物心情的变化，选择了准确的词语进行描写，展现了人物在困难面前仍斗志昂扬、充满激情的风貌。）

读后悟语

"一个人虽然在同不可战胜的厄运的搏斗中毁灭了自己，但他的心灵却因此变得无比高尚。所有这些在一切时代都是最伟大的悲剧。"斯科特和阿蒙森,英国人和挪威人,在向南极点进发时展开了激烈的竞争,最后挪威人阿蒙森早斯科特约5个星期到达,而斯科特一行在到达南极点返还途中遭遇恶劣环境不幸身亡。作者不为成功者作传,却为失败者书写悲壮的一幕,正是因为这一幕,给人以精神的震撼和启迪。

文章先用4个段落,交代了人类探险的大背景,极言人类探险难度不断在加大,探寻未知世界,挑战自我极限需要勇气。

作者怎样写斯科特一行遇到的困难呢?请留意这些细节描写:"走在队伍最前面的一个人,始终用毛皮和布块把自己裹得严严实实,只露出胡须和一双眼睛,看上去像个野人。""一条爱斯基摩狗跑掉了,一匹西伯利亚矮种马不愿进食——所有这些都能使人惴惴不安。"几处细节描写生动展现了向南极点进发的路途上所遇到的艰难困苦,一开始就使人感受到斯科特的英雄气概和悲壮意味。

但本文更让人感觉到的是斯科特们自信乐观的挑战精神——在这样艰难的条件下,他们仍然不断鼓励自己,鼓励队友坚持下去,紧绷希望之弦——也许人类在探寻未知世界的奥秘时能勇往直前,就是有这样自信乐观的希望之光在普照吧!

作者茨威格并没有亲历南极探险,他写出这篇文章完全是依靠斯科特留下的日记,再用自己的想象来完成的。我们读的时候却觉得文章真实可信,形象可感,这都是因为作者在想象时注意了细节的真实和情感的真实。我们写作时,可以大胆地想象,但情节必须是符合生活常理的。

学生赏析

　　一滴水只有放进大海里才永远不会干涸，一个人只有当他把自己和集体事业融合在一起的时候，才能最有力量。

——雷锋

小品两则

苇 岸

秋天的果实

秋天,在大地上到处都是果实,它们露出善良的面孔,等待着来自任何一方的采取。每到这个季节,我便难于平静,我不能不为这世上永不绝迹的崇高所感动,我应当走到土地里面去看看,我应该和所有的人一道去得到陶冶和启迪,(拟人句,写出秋天的谦逊。)太阳的光芒普照原野,依然热烈。大地明亮,它敞着门,为一切健康的生命。此刻,万物的声音都在大地上汇聚,它们要讲述这一生的事情,它们要抢在冬天到来之前,把心内深藏已久的歌全部唱完。

第一阵秋风已经刮去了,所有结满籽粒和果实的植物都把丰足的头垂向大地,这是任何成熟者必有的谦逊之态,也是对孕育了自己的母亲一种无语的敬祝感激。(在土地面前,果实谦逊地低下了头颅;什么时候,人类能懂得向大地母亲致敬?)手脚粗大的农民再次忙碌起来,他们清理了谷仓和庭院,他们拿着家什一次次走向田里,就像是去为一头远途而归的牲口卸下背上的重负。

看着生动的大地,我觉得它本身也是一个真理。它叫任何劳动都不落空,它让所有的劳动者都能看到成果,它用纯正的言词暗示我们:土地最宜养育勤劳、厚道、朴实、所求有度的人。

冻僵的刀螂

　　我是在早晨散步时看到它的。当时，第一场寒流刚刚在黎明逝去，太阳正从大地的东南角缓缓升起，万物都在回暖的阳光中骄傲地亮出影子。它们的样子很像古代的大王们借着时势纷纷树起自己的旗帜。（灵感来自细心观察。）

　　而它俯伏在那里，一动不动。它的体色鲜明，仍同夏天的草叶一样。它的头很小，为三角形，两只大大的复眼，凸在头顶。它有一对壮硕的镰刀状前足，为此世代的农民都亲昵地叫它"刀螂"。它平常总是昂着头，高悬前足，姿态非常威武。在孩子们的眼里，它是昆虫中的男儿、大力士和英雄。它被这场猝不及防的寒流冻僵了，它的肢还可伸展，体还有弹性。我将它放下，并安置妥当。我深信凭着太阳的力量和生命的神圣，它能苏醒过来。（细致入微的描写，是因为观察十分深入。）

　　第二天早晨，我再次路过那里，它已经不见了。它是真的苏醒了，还是被一只麻雀或喜鹊发现了呢？时至今日，我还是不时想到这个力士。（作者有一颗悲悯善良之心。）

读后悟语

　　文章的语言非常简洁、清澈而准确，风格隽永而质朴，没有大张旗鼓的铺陈，更少枝枝蔓蔓的牵连，只是自自然然地讲述大地上发生的事情，就能让你感受到一种来自心灵的自由。苇岸是个十分敏感的人，否则，他怎能在现代城市中寻觅到土地的影子，看到乡野上人们的播种、繁殖和劳动，感受农人们的善良和淳朴，同他们一起享受丰收的喜悦？他写田野的土，写山头的树，写林中的风，甚至写一只冻僵的刀螂。无论他怎么写，你都能看到一幅美丽的风景。从两则小品中，我们要学会踏踏实实面对生活，从认认真真的生活中发现创作的源泉。

中秋月夜全记录

章淡宜

19:30,跑到阳台上看一枝刚刚开的花。不经意地抬头,便看见了那轮中秋之月——今晚的月亮挺亮的,我计划着吃完饭后去赏月。

19:50,再次去阳台,推开窗,却已寻不着刚才的月亮,只能看见苍茫的天和厚厚的云。心头一冷。随之又觉得过不久它便又会显现出来。

20:50,走出家门。凉凉的。夜幕下的西湖更加迷人,杨柳依旧悬着,柔柔的枝条在秋风中摇曳,暮色已掩盖了杨柳的嫩绿,唯有那清曼袅娜、如烟似雾的影子了。

在天宇之中,依稀可见浓云后的一抹光亮,使人不能无视月亮的存在,可只有那一抹的光亮,始终见不到月亮的容颜。

20:55,眼前是湖中的残荷,很自然地想到了《荷塘月色》,如果此刻有月色,那这一湖残荷也别有韵致吧!

西湖特有的味道与秋天的韵味叠加着,又覆盖上一层夜的凄凉,谁都无从抗拒心中莫名的淡淡忧伤。而今夜,我只乞望能再见到月亮。毕竟,中秋是属于月亮的。

21:05,在不住的仰望中,踏上了回家的路。

万家灯火——一种有别于月亮清冷孤傲的美。月之美,也许只是一种感受,倏然而来,不可捉摸;而万家灯火,则有一种温暖的力量,细密而厚实,抚慰着每个人的心,不由得想起了一句曾让我感动的话:"流浪的尽头,竟是回头。"

21:20,等待是一种牵动人的感觉,一种幸福的忧伤,一种甜蜜的惆怅。

云在天际漂流着,月亮便有意无意地探出浓云,望一眼万家灯火的人间。晚风抚弄我的发,撩动我的心,却总拨不开层层浓云。

不禁想到了自己,从上学期期末考试失利至今,一直有些低落,有些怅然若失。但那一切都已渐远渐消了,努力吧! 终有拨云见"月"时!

22:00,月亮渐渐显现出来,在薄云后面。

云,轻拂着。

月,若隐若现。

我非我,我本我,我是我。

22:30,此刻遥望苍穹,便发觉明月朗照。

月,终究是要圆的!

这才是真正的中秋。

赏月有许多境界,或依山,或傍水,或凭栏极目,或独上西楼。而我只是在窗前小坐,淡淡地笑看这轮遥远的月。想起了关于月的描述——

张爱玲《金锁记》的开头就有"三十年前的月亮该是铜钱大的一个红黄的湿晕,像云轩信笺上浇了一滴泪珠,陈旧而又迷糊",对于如此的遥想,我只能微微地聆听到属于那个年代的沙哑的吟唱,可我很喜欢这种半醒半睡的状态。真能形容我此刻感受的莫过于贾平凹《月鉴》中"我闭上眼睛,慢慢地闭上了,感受那月光爬过我的头发,爬过我的睫毛,月脚儿轻盈,使我气也不敢出的,身骨儿一时酥酥的痒……"

耳边正响着《月亮森林》,悠扬的旋律在夜空里徘徊,又陡然飞上天宇去,捎给月亮来自万家灯火的声音。

23:00,月,愈发清亮皎洁了。

银色的月光流溢着洒向窗棂。用透明的杯子,灌上一杯清水,放在窗台上,月亮便溜进了杯中,沉入杯底,捧着一杯月亮,似乎心也被月光照亮了。

长长一段时间以来的不快乐、不顺心在月光下都悄然隐去,我明白,这并不是短暂的遗忘,而是醒悟。耳边又响起 Beyond 的"漆黑的天,漆黑的空间、光明只是一个起点"。这样一个月夜,感觉很好——时间在走,音乐在走,我在走,月亮别走!

0:00 看着月亮,此刻的心情已不同于刚才任何一刻。

月亮竟有如此神奇! 难道只是因为经历过那一番等待吗?

不! 也许刚才等待许久的只是我自己。

这个中秋,不枉明月!

同学分析

作者这种写法很新颖,抓住中秋之夜几小时月亮的变化,以精确到分的格式,精雕细刻地记录下月亮的情形,很像一卷中秋之夜月亮百变胶片。这需要作者很细致的观察,良好的感受力和语言表达能力。

作者在记录的过程中也记下了自己各个时刻的感受,有一点20世纪初西方意识流小说的意味。毕竟,人每时每刻的想法是不一样,没有连续性的。作者一会儿心凉,一会儿想到了西湖,一会儿感受到了万家灯火厚实的抚慰,一会儿想起了张爱玲的小说……作者细腻的笔触将其一点一滴地记录下来,很有创意。

当然,文中的各种感受串起来还是有一条发展轨迹的,作者要表达的思想随着月亮的时隐时现、阴晴圆缺也渐渐显现出来。

教师点评

月亮同地球到底具有怎样的关系,让科学家去研究;月亮对人类到底具有怎样的影响,让我们继续猜测下去。

鲁迅为文较少写景,每有写景,往往把月亮拖出来。

古往今来,写月亮者多矣;写中秋月者亦多矣。本文以时间为序,全程记录既写月光,亦访心路。心理活动的描写,直观、细致而又逼真。

没有慷慨激昂的陈词,没有悲愁失意的痛哭,只有一种在这静夜之下柔软的思绪,透出钢性的内心。

莫畏浮云遮望眼,更携书剑到天涯。

龟

宋 杨

传说在中国古代,麒麟、凤凰、龙和龟并称为"四灵"。因为它们有灵性:"麟体信厚、凤知治乱,龙解变化、龟兆吉凶。"而龟则是四灵中真正存在的动物,由于它具有忍饥耐渴的特征,生命力又很强,所以被当做长寿的象征。又由于认为它有预测吉凶的灵性,还被看做是人与神之间的媒介。以致现在有些沿海的渔民视它为吉祥之物,常把捕获到的海龟送回它可爱的故乡——大海。

龟大致可分为两类:一类是生活在海洋中的海龟,而另一类却是生活在河流、池塘中的淡水龟。这两类龟不但生活环境不同,而且外形特点也不大一样。海龟的两只前脚是桨形的,因为这样有助于它在浩瀚的大海中活动。而淡水龟前脚却分为五趾,趾间有蹼,而且长有趾甲,便于在陆地上爬行。在这里,我主要给大家介绍一下海龟。

海龟体型很大,体长一般在0.6—1米,体重有数十公斤。据说有一种棱皮龟体长可达2米多,体重可达500多公斤。它的潜水本领非常出色,可以在水中停留一昼夜或更长的时间。因此许多国家对海龟进行特殊的训练后,让它帮助潜水员工作,有时还会救助海上遇难人员。

平时性情温顺的海龟,到了每年发情期间,活动就非常频繁,争先恐后地去找自己的伴侣,先者为胜。

海龟可以在岸边及水中交配。据有关资料记载:许多雌龟可将精液贮存四年之久,以至往往后几年内不再进行交配,也可产生受精卵,这种现象在脊椎动物中是很少见的。

雌龟常在每年的4—6月繁殖,它们在风静月明的夜晚随着涨潮的海水,成群结队地慢慢地爬上沙滩，寻找着适宜的产卵地点，然后挖穴建"产房"。我从一本书上知道：海龟一般每年产卵一次，每次能产100—200枚，棱皮龟每年可产卵多次，每次产90—150枚。海龟的卵成球形，白色，有弹性。雌龟产完卵后，便用后肢将沙土扒入坑内，把卵盖起来。经过60—80天，幼龟就能破壳而出，钻出覆盖的沙土层，纷纷爬向大海。

龟的体肤坚硬，形成了一层厚厚的外壳，用来抵御外界的伤害。但它也有天敌，那可是非常凶猛的动物——鹰。每当海龟爬上金色的岸边晒太阳时，一不小心就会丧命，特别是幼小的海龟。虽然它有坚硬的壳，可是，鹰会趁它不注意时突然间飞过来，叼住它的头或四肢，飞向万里高空，然后松开口，把海龟丢在坚硬的岩石或陆地上，这样海龟就会被摔死，那么鹰就可以享受美味了。

海龟长寿是很有名的，而且它已经在地球上生存了1.83亿年之久。海龟有一个最大的特点是，它行动慢、生长慢、进食慢、呼吸慢。说到这儿，可能大家都想到了一个寓言故事"龟兔赛跑"里龟的那种性格：慢慢悠悠，不慌不忙，信心十足，锲而不舍。我想：这也许就是它长寿的秘方。可能在不久的将来，人们会在研究海龟的过程中找到它长寿的真正秘方。

我喜爱龟的灵性：可预知未来，是长寿的象征，是祥瑞的标志。

我喜爱龟的外形：穿着绿马夹的生灵。

我喜爱龟的样子：走路一摆一摆，尾巴一摇一摇。我喜爱龟，喜爱龟的全部。

同学分析

说明文看似简单，写却不容易。它首先需要作者掌握大量被说明事物的资料，经过筛选后，抓住事物的特征，条分缕析地说清楚。应该说，《龟》这篇文章达到了一篇好的说明文的要求。

文章能够抓住龟的特征，对龟的分类、海龟的外形以及发情、交配、受精、产卵、孵化的全过程、寿命等问题逐一加以介绍。在文中，作者还引用了一些关于龟的民间俗语和故事，增加了文章的趣味性，也增加了另一类关于龟的知识。

　　文章熟练地运用了说明文的各种技巧：列数字、做比较、举例子等，在说明的过程中语言准确，说明顺序合理，即使没有见过龟的人读后，也会对这种动物有基本的了解，这也就达到了一篇好的说明文应有的效果。

教师点评

　　说明文，首先要对被说明的对象有充分的认识和了解。作者基本上做到了这一点。可见观察细致，勤于查找，是生活的有心人。

　　重点说明海龟，运用了列数字、举例子、引用等方法。

　　语言生动有趣，近于科学小品，避免了单调和沉闷。

遥望星空

顾远之

2400多年前,古希腊学者柏拉图在《亚特兰蒂斯对话论》中阐述了早他9000年的大西洋有一块具有高度文明的大陆——大西洲,他们的文明被称为"亚特兰蒂斯文明"。他还对大西洲居民的生活方式和建筑的式样做了生动的描述。如果柏拉图所说确有其事,那么这个大西洲究竟在哪里呢?千百年来这一直是个无法解开的谜。直到20世纪70年代,科学家才在大西洋亚速尔群岛附近海底发现了一片12 000年前的大陆及庞大的古建筑群,有长长的街道、雕刻精美的石柱及许多文物,与柏拉图所述惊人地吻合。12 000年前,当地球上其他各洲的原始人还在茹毛饮血时,大西洲的居民就已经创造了辉煌的文明。

利用现有科学成就对此做出的解释是很难让人信服的。这并不奇怪,因为人类掌握的科学知识还很有限。如果把我们这个行星的46亿年压缩为一天,假设它产生于零时的话,生命就在将近早上5点时产生,并且整一天都在发展演变。晚上8点出现了最早的软体动物,晚上11点产生了恐龙,它们于11点40分灭绝,使哺乳动物有了充分自由发展的空间。我们的祖先只是到了午夜前5分钟才出现的,直到最后一分钟他们的脑容量才增长了一倍。工业革命则是在最后的0.01秒才开始的。由此可见,人类历史是何等的短暂!尽管在近一个世纪,科技有了突飞猛进的发展,但相对于地球46亿年的历史,甚至于整个宇宙的150亿年来说,那实在是不值一提。然而,我们很多人已经满足于现在所拥有的一切,只是一味地享受前人留下的成果,而不再去探究新的知识。这好比一个人在夜晚遥望星空,看到了几千颗星星,便说自己已经看到了整个宇宙,殊不知他看到的只是茫茫宇宙中极小的一部分,宇宙除了他所看到的部分恒星外,还有行星、彗星、星云、黑洞、

237

星际物质等很多已知或未知的物质。人类现在所掌握的科技,就那夜空中看到的少许星星,怎么能说已经足够了呢?只要地球在转动,科技就必须不断进步。

俄国星际航行先驱齐奥尔科夫斯基说过:"地球是人类的摇篮,但是人类不能永远生活在摇篮里。"科学家曾预言,50亿年后地球将被逐渐膨胀的太阳所吞没,人类势必有一天会离开地球,去广阔的宇宙中遨游,寻找新的家园……而要实现这一梦想,凭我们现在的科技是远远不够的。50年前,在我们祖父那辈,最多每小时走50公里,而现在我们却有了时速高达50万公里的飞行器,就是将来出现光速飞船也不足为奇。但数千万光年以外的星系、漫无边际的宇宙使我们纵有光速飞船也难以遨游,难以揭开那遥远未知领域的神秘面纱。宇宙实在是太大了!

感谢宇宙,在宇宙面前,我们才发现了自己的渺小;在宇宙面前,我们才收敛了平日的狂妄。但我们决不会因此望而却步。人类将怀着征服宇宙的信念不断发展,不断前进,坚信这一目标终将实现。

同学分析

作者从柏拉图的《亚特兰蒂斯对话论》中引出话题,畅谈对科技、对人类未来的思考,由此联想到象征着人类科技的星空。遥望星空,作者感到了自己在宇宙面前的渺小;遥望星空,作者因此产生了坚定的信念和开拓进取的精神。

整篇文章引经据典,激情澎湃,思如泉涌,一气呵成。

但是,文章中要注意一些问题:比如论述的逻辑不够严密,如第二段中利用现有的科学成就不能对大西洋的大陆做出令人信服的解释,由此推出"人类掌握的知识还很有限"就有些费解;其次援引应注意交代简洁;还有就是遥望星空到行文的最后才出现有些突兀,希望作者加以改进。

教师点评

让人惊讶的是,这是一篇堂上作文,如此翔实的材料,如此准确的数据,无不显示了作者积累材料、使用材料的功力。

文章写了遥望星空时的思考,在感慨宇宙浩渺的同时,展现了人类收敛狂妄的理性、开拓进取的精神。

文章的精彩之处,一是在"星空"之下给读者上了一堂知识丰富的文明史课;二是说明事理的时候深入浅出,照顾了读者的阅读习惯,例如为了表明人类历史的短暂,作者进行了一个假设把地球诞生起的46亿年压缩为一天,工业革命则是在最后0.01秒才开始的,这就把相对较难理解的时间概念简单化了。

超越科学

郑文妮

"世界上有两样东西能长久地震撼人心，一为人类崇高的道德，二为我们头顶深邃的星空。"

这是著名哲学家康德的一句名言。光辉灿烂的群星，曾勾起人们无尽的遐想与憧憬。人们向往神秘的夜空。从传说的广寒宫，到明代万户的升天尝试，从凡尔纳的《从地球到月球》、《太阳系历险记》到V-2火箭设计者布劳恩的载人梦想，历经千载，阿波罗11号船长阿姆斯特朗第一个坚实的足印终于踏在月球上。

月球上没有水，没有大气，当然也没有嫦娥和月兔。

但就在与地球最近的月球上，也有奇怪的超出科学的事。月震仪录得月震后长达11分钟的余震。假若月球是实心的(似乎这天经地义)，月震至多只有两三分钟，于是有人问："难道地球的卫星是空的？"

澳大利亚武器专家在对激光武器进行秘密实验时，得到了4.7倍于光速的激光。众所周知的相对论是以"宇宙最高速度"光速为前提得出的。假如这位武器专家真能打破这个通行于物理界的规则，那将意味着人类又沿着错误的指引走了岔道。

万谜之谜的埃及金字塔也向人类提出了强有力的挑战。对于金字塔的每一个角落，都可以提出现代科学无法解答的问题。大西洋彼岸的墨西哥金字塔，我们也有理由提出相同的疑问。我们还应怀疑美洲金字塔的建筑者——玛雅人的历法，那一年13个月，每月20天的卓尔金年，不是地球上的观测所能制定的。

太阳系的行星排列有序，然而在木星和火星之间——本应有第五大行星的地方，却冒出一个小行星带。天王星的偏差是令200年前的人们头痛的。然而在海王星和冥王星被相继发现后，天王星仍无法完全解决偏差问题。于是有人说，在冥王星外有一颗直径仅次于木星并有一群卫星的"第十大行星"，可惜至今未觅其踪影。

天下似乎有许多事无法用科学解释。

可悲的是，人类似乎过于自信了。在国外提倡的优秀学生的标准是思维的灵活。只有灵活的思维、大胆的想象与富于忍耐与恒心的实践才能去发现真正的科学，许多事是不应套理论的。预言不可信，但假如能以超光速运行在时间轴上，就可以回到过去，飞向未来。光速不能超越吗？已有实验否定了。这就是个简单的例子。

现实似乎比理论更富真实性。

同学分析

学无止境，人类的认识对于整个宇宙的存在来说只不过是沧海一粟。因此，也就没有什么绝对的科学，而只能讲相对的认识。这同时也印证着"万事万物从无绝对"这一哲学观点。

科学每天都在不断地给我们的宇宙制造着惊喜，同时又不可避免地让自己一点一点失去着"科学"的立足点。未来的现实究竟是怎样我们无从知晓，但至少我们可以对未来进行大胆地预测。

本文从科学的正、反两面用较多的实例向我们证实，天底下的确有太多无法用科学解释得清楚的事，所以，我们要有"怀疑一切"的精神，要勇于超越科学。

教师点评

这是一篇超越学生水平,挑战成人思维的文章。字里行间我们不得不感叹作者科学方面的素养:密切关注科学界的发现、大胆地质疑。但结尾的表述不够清晰,有歧义。

对自然的探索是我们与生俱来的本能,好奇是使人类的步伐不断向前迈进的动力。你是否也在不断追问:难道月球是空心?为什么排列有序的太阳系会出现不谐调的小行星带?为什么……

多读些书吧,做一个问题(探索点)的读书笔记,你会发现很多有意思的东西,世界真的很大,我们的认识真的还很肤浅。

古韵绵延　聆听经典

很高兴有机会引领同学们进入这个特别的单元。

游山玩水，品味自然，感悟天体，非自现代起。沈括对地理天文现象的观察记录近于今人的科学考察，徐霞客该算作最早的"自助游"英雄，柳宗元的寓言诙谐生动而又深刻隽永，各类或行云流水，或雄奇明丽，或委婉清新的自然诗词，让人诵读百遍嘴角噙香。

用心从中国文化宝库中挑出一份薄礼，虔诚地送给大家，想告诉同学们，走进"古典的自然"，这里值得你参观、流连与品评。

古文毕竟有别于今日白话，品之如啖橄榄，初觉生涩，而回味隽永；初品无味，而细咽才味其甘芳。所以，品读这一部分需要注意一些特别的细节：

第一，要认真阅读原作，注意把握古今用语的区别，然后再结合释义体会原作的精髓。

第二，品读作品，还需要有更广阔的知识背景。知识背景越丰富，你对作品的理解才越深刻，所以勿忘细读文前的作者简介和文旁的点评及文后的注释翻译。

古典自然组诗八首

　　流浪精神使人能在旅行中和大自然更加接近。所以这一类旅行家都喜欢到阒无人迹的山中去，以便可以悠然享受和大自然的融合之乐。

——[中]林语堂

暮江吟

白居易

一道残阳铺水中，半江瑟瑟半江红。
可怜九月初三夜，露似真珠月似弓。

（诗尾联的比喻堪称经典，"珍珠"与"弓"点出了"露"与"月"各自的最大特色。贴切的比喻从何而来？从仔细的观察来。其实首联对夕照江水的描刻也是范例。兼以借用数词形成的巧妙照应，更显现出语言的魅力。）

十七日观潮

陈师道

漫漫平沙走白虹，瑶台失手玉杯空。
晴天摇动清江底，晚日浮沉急浪中。

（丰富的想象会为诗篇插上神奇的翅膀，把滔滔浪潮想象成瑶台王母失手打翻的美酒，使诗倍添神奇的感染力。）

村居

高鼎

草长莺飞二月天，拂堤杨柳醉春烟。
儿童散学归来早，忙趁东风放纸鸢。

（这首诗淳朴自然，浅近如话。从诗人对典型春景草、莺、柳的准确把握中，我们不难感受到诗人对春天的挚爱之情。而更妙的是四句借人写景，儿童在春日放纸鸢的快乐，侧面烘托出春带给人们的喜悦与活力，这样的诗，同样富有感染力。）

梅 花

王安石

墙角数枝梅,凌寒独自开。
遥知不是雪,为有暗香来。

(比较是创作的最佳切入点,俗语云:
"不比不知道",瞧这一比,就尽显梅花清香
的魅力了。)

钱塘湖春行

白居易

孤山寺北贾亭西,水面初平云脚低。
几处早莺争暖树,谁家新燕啄春泥。
乱花渐欲迷人眼,浅草才能没马蹄。
最爱湖东竹不足,绿杨阴里白沙堤。

(这两首诗同是写春,但一者描绘的是
盎然生机的初春,一者描绘的是寂寥冷落的
暮春。景要写得有感染他人的活力,关键就
在对景致特点的准确把握,比较两首绘春之
作,你定会有所体悟。)

春 暮

曹 豳

门外无人问落花,绿阴冉冉遍天涯。
林莺啼到无声处,青草池塘独听蛙。

山中留客

张 旭

山光物态弄春晖,莫为轻阴便拟归。
纵使晴明无雨色,入云深处亦沾衣。

(题为"留客",以何留?不需强求,景自留
人。王夫之说过"景非滞景,景总含情",所以
景美情真人自留。)

题西林壁

苏 轼

横看成岭侧成峰,远近高低各不同。
不识庐山真面目,只缘身在此山中。

(以情写景借景、抒情是描摹自然常用的技巧与角度,然而从自然中读出哲理又是另一种层面与角度。苏轼的《题西林壁》该是这方面的典范之作。)

 读后悟语

在中国古代文学宝库中,有一份珍贵的文学遗产——描山摹水写自然的诗篇,它们大都清新优美、恬淡自然而又耐人咀嚼。

我们从中择取了部分优秀诗作与大家分享。从文学艺术创作角度看,它们都各有特色:以比喻写景,以想象绘景,以人或他物来烘托景,以哲理来深化景……手法技巧不同,却均具有较高的艺术成就。希望大家能在品味旁批的同时,学习到更多富有表现力和生命力的艺术手法。

登州地震

沈括*

　　登州巨嵎山①，下临大海。其山有时震动，山之大石皆颓入海中。如此已五十余年，土人皆以为常，莫如所谓。

　　①登州：治所在今山东省蓬莱县。巨嵎(yú)山：在今山东省蓬莱县、黄县沿海一带。北宋庆历六年(公元1046年)曾于此发生强烈地震。

译文

　　登州巨嵎山，下面临着大海。这座山有时震动，山上的大石头都崩落到海里。像这样已经五十多年，当地人都习以为常，没有人知道是什么原因。

---

　　*沈括(公元1031—1095年)，是我国北宋时期一位有经世之才的杰出政治家，也是一位学识渊博、成就卓越的自然科学家。《宋史·沈括传》说他"博学善文，于天文、方志、律历、音乐、医药、卜算无所不通，皆有所论著"。他晚年所著的《梦溪笔谈》是一部十几万言的皇皇巨著，内容极其丰富，反映了我国古代尤其是北宋时期自然科学所取得的伟大成就，记载了他自己许多精辟的学术见解。此书被誉为"中国科学史上的坐标"。

读后悟语

　　山东登州地处我国东北地震带,在我国历史上有不少地震的记录。据《宋史·五行志》记载,宋仁宗庆历六年三月(公元1046年4月),"登州地震,巨嵎山摧。自是震不已,每震则海底有声如雷"。本则笔记就是对这次地震的记录。文章描述了大石崩落以及余震持续多年的现象。这则笔记已编入《中国地震资料年表》,对于研究我国地震历史有较大价值。而从文学角度看,这也是凝练清晰的一篇好说明文。

暴 雷

　　内侍李舜举家曾为暴雷所震①。其堂之西室,雷火自窗间出,赫然出檐。人以为堂屋已焚,皆出避之。及雷止,其舍宛然,墙壁窗纸皆黔②。有一木格,其中杂贮诸器,其漆器银釦者③,银悉熔流在地,漆器曾不焦灼。有一宝刀,极坚钢,就刀室中熔为汁④,而室亦俨然。人必谓火当先焚草木,然后流金石⑤。今乃金石皆铄⑥,而草木无一毁者,非人情所测也。佛书言:"龙火得水而炽,人火得水而灭。"此理信然,人但知人境中事耳,人境之外,事有何限,欲以区区世智情识,穷测至理,不其难哉!

　　①内侍:在宫廷中执役的人员。李舜举:宋代人,字公辅。熙宁中任内侍押班,后在永乐城之战中阵亡。　②黔(qián):黑色。　③釦(kòu):用金属缘饰器具的边口。　④刀室:刀鞘。　⑤流:这里指熔化。　⑥铄(shuò):销融,熔化。

译文

　　内侍李舜举的家曾经被暴雷轰击。他的堂屋西边的房间,雷火从窗口喷出,光亮耀眼,蹿出房檐之外。人们认为堂屋已经被烧毁了,都跑出去躲避。到雷停止以后,那间房子依然完好,只是墙壁和窗纸全部变黑了。有一个木头橱架,其中杂放着各种器具,那些镶银作装饰的漆器,银饰完全熔化流在地上,漆器居然没有烧焦。有一把宝刀,非常硬,在刀鞘中就熔化为液体,而刀鞘却俨然完好。人们一定会认为火应当先焚毁草木,然后才能熔化金石。现在是金石全都熔化了,但草木却没有一样被烧毁的,这不是人的情理所能预料的。佛书上说:"龙火得水而更旺,人火得水而熄灭。"这个道理是确切的。人们只能知道人世间的事情罢了,人境之外,事情哪有什么极限?想用区区有限的世俗的智慧、情理和见识,去深透地探测那无穷尽的事理,不是很难的吗?

 **读后悟语**

　　本则笔记描述了一次暴雷袭击的现象。在雷击中,金属器具都销融为液体,而非金属器具都能完好无损。为什么呢?一般说来,带有负电荷的云层接近地面时,会使地面产生感应正电荷。当电位差超过一定的限度,就会发生放电现象,放出大量的热能和光能,这就是雷击。同时,高电压放电可以生成高频交变磁场,处在电磁场内的金属会产生强大的涡电流,足以使金属熔化;而非导体则不会产生涡电流,因而"曾不焦灼"。其原理和现代工业中用来熔炼金属的高频感应电炉相似。

　　沈括在距今九百多年的中世纪,就将复杂的雷击现象详尽记录,着实不简单。但更不简单的是,他用佛书的话来证明雷击"非人情所测"引出了人类不能"穷测至理"的结论,这也反映出了当时科学发展的局限性和沈括的谦虚乐知精神。

陨 星

　　治平元年①,常州日禺时②,天有大声如雷,乃一大星,几如月,见于东南。少时而又震一声,移著西南。又一震而坠在宜兴县民许氏园中,远近皆见,火光赫然照天,许氏藩篱皆为所焚。是时火息,视地中有一窍如杯大,极深,下视之,星在其中荧荧然。良久渐暗,尚热不可近。又久之,发其窍,深三尺余,乃得一圆石,犹热,其大如拳,一头微锐,色如铁,重亦如之。州守郑伸得之③,送润州金山寺④,至今匣藏,游人到则发现。王无咎为之传甚详⑤。

　　①治平:宋英宗赵曙的年号。治平元年即1064年。　②常州:治所在今江苏常州市。

日昌(yú)即隅中,相当于上午九至十一时。 ③郑伸:宋人,宋神宗时曾任驾部员外郎、知常州。 ④润州:治所在今江苏镇江市。金山寺:佛教禅宗著名寺院,东晋时创建,寺在今镇江市北金山上。 ⑤王无咎:字补之,宋代南城(今江西南城县)人,嘉枯间进士及第,为天台令,后弃官游学。

译文

治平元年,在常州,有一天近午时分,天上巨响如雷鸣,原来是颗大星,几乎像月亮一般大,出现在东南天际。一会儿又响一声,移到了西南。又震一声,就坠落在宜兴县百姓许氏的园子里。远近的人都看见了,火光明亮映照天空,许家园子的篱笆都被烧毁了。这时,火光熄灭了,只见地上有一个洞,洞口像杯子大小,极深,向下探看,陨星在里面熠熠发光。过了很久,光逐渐暗下去,但还很热,不可接近。又过了很久,挖开洞,掘下去三尺多深,就挖到了一块圆形石头,还是热的,像拳头一样大,一端略微尖些,颜色像铁,重量也和铁相仿。知州郑伸得到了这块陨石,送到润州金山寺。至今用匣子珍藏着,游人来了才打开匣子展示。王无咎对这件事记载得十分详细。

读后悟语

对于流星陨落这一自然现象,古人缺乏科学知识,因而往往把它看做天降灾祸,附上了神秘而又恐怖的色彩。与上述迷信态度相反,也有一些进步的思想家,用朴素的唯物主义思想对陨星现象做出了科学的解释。沈括就是其中的一位佼佼者。他完全摈弃了那些迷信邪说,对陨星的出现、坠落以及被发掘出来的全过程作了如实的记载,详细地描述了它的火光、温度、形状、比重。尤其有意义的是他发现陨星的组成部分是铁。这是我国古代文献资料中对陨星成分的首次文字记录。

天台山游记(节选)

徐霞客*

初四日天山一碧如黛①。不暇晨餐,即循仙筏上昙花亭,石梁即在亭外。梁阔尺余,长三丈,架两山坳间。两飞瀑从亭左来,至桥乃合流下坠,雷轰河聩②,百丈不止。余从梁上行,下瞰深潭,毛骨俱悚③。梁尽,即为大石所隔,不能达前山,乃还。过昙花,入上方广寺。循寺前溪,复至。

①天山,并非指现在新疆的天山,而是一字一词,分别指天空和山岩。则是全,都的意思。②聩(kuì):通"溃",指堤坝被冲毁。③悚(sǒng):害怕,恐惧的样子。

隔山大石上,坐观石梁,为下寺僧促饭,乃去。饭后,十五里,抵万年寺①,登藏经阁。

---

*徐霞客 (1587—1641年),名弘祖,字振之。明代杰出的地理学家、旅行家。聪慧过人,好读书。15岁博览祖遗"绛云楼"藏书,特好古今史籍、地志图经,萌远游五岳之志。18岁,他决意不应科举,不入仕途,问鼎名山大川。他游山川如会知己,探穷奥如掘至宝。47岁以前,游历了北方的泰山、嵩山、华山、恒山、五台山;南方的黄山、庐山、普陀山、天台山、雁荡山,最近至福建的武夷山。徐霞客在旅途中,总要把当天的经历与观察所得记录下来。有时日行百里,露宿残垣,寄身草莽,仍坚持枯草照明,走笔为记。这些游记涉及所到之处的地理、地貌、地质、水文、气候、植物、农业、矿业、手工业、交通运输以及名胜古迹、风土人情等,文笔优美。经后人编辑成约60万字的《徐霞客游记》,不但具有极高的科学价值,而且具有很高的文学价值,被誉为千古奇书。

阁两重,有南北经两藏②,寺前后多古杉,悉三人围,鹤巢于上,传声嘹呖③,亦山中一清响也。是日,余欲向桐柏宫,觅琼台、双阙,路多迷津④,遂谋向国清。国清去万年四十里,中过龙王堂;每下一岭,余谓已在平地,及下数重,势犹未止;始悟华顶之高,去天非远。日暮,入国清,与云峰相见,如遇故知,与商探奇次第。云峰言:"名胜无如两岩⑤,虽远,可以骑行。先两岩而后步至桃源,抵桐柏,则翠壁、赤城⑥,可一览收矣。"

①万年寺:全名为"万年报恩寺",唐大和七年普岸创建。②南北经两藏(zàng):藏是佛教经典和其他论著的总汇。我国从北宋以来就编刻佛教的大藏经,后来道教也编刻道藏。这里的"南北经两藏"是指明太祖洪武年间在南京刻的佛教大藏经《南藏》和明成祖永乐年间在北京刻的佛教大藏经《北藏》。③嘹呖(liáo lì):形容清亮而漫长的声音。④迷津:津是渡口,迷津是不了解渡口情况,这句话的意思是说不知道走哪条路好。⑤两岩:指寒岩与明岩。⑥桃源、桐柏、翠壁、赤城:都是天台山的名胜。

初五日　有雨色,不顾,取寒、明两岩道,由寺向西门觅骑。骑至,雨亦至。五十里,至步头。雨止,骑去。二里,入山,峰萦水映①,木秀石奇,意甚乐之。一溪从东阳来②,势甚急,大若曹娥③。四顾无筏,负奴背而涉,深过于膝,移渡一涧,几一时,三里,至明岩。明岩为寒山、拾得隐身地④,两山回曲,《志》所谓八寸关也⑤。入关,则四围峭壁如城⑥。最后,洞深数丈,广容数百人。洞外,左有两岩,皆在半壁;右有石笋突耸,上齐石壁,相去一线,青松紫蕊⑦,蓊苁于上⑧,恰与左岩相对,可称奇绝。出八寸关,复上一岩,亦左向;来时仰望如一隙,及登其上,明敞容数百人。岩中一井,曰仙人井,浅而不可竭。岩外一特石,高数丈,上歧立如两人,僧指为寒山、拾得云。入寺,饭后云阴溃散,新月在天,人在回崖顶上,对之清光溢壁。

①萦(yíng):缠绕,围绕。　②东阳:县名,今浙江东阳。③曹娥:指曹娥江,源于天台山北麓,往北流经今浙江新昌、嵊(shèng)县、上虞注入杭州湾。这条江因东汉时少女曹娥投江寻父尸、最后抱父尸同死而得名。　④寒山、拾得:唐初两位会作诗的和尚。寒山因隐居天台山寒岩而得名,和拾得友好,有《寒山子集》。拾得原是孤儿,由国清寺僧收养为僧,故名拾得,诗附在《寒山子集》后面。　⑤志:指有关天台山的地方志或天台山的山志。　⑥峭(qiào):陡直。　⑦蕊(ruǐ):即花心,种子植物的生殖器官,这里指花而言。　⑧蓊苁(wěng cōng):草木茂盛的样子。

译文

初四日　天和山都青绿得像黛一般，顾不上吃早饭，就顺着仙筏桥上到昙花亭。石梁就在亭外，梁宽一尺多，长三丈，架在两山的山坳里。两道飞瀑从亭的左边流过，到了桥上合流下坠，像雷电轰鸣，像河堤崩决，深百丈以上。我从石梁上走着，低头看下面的深潭，觉得毛骨悚然。石梁的尽头，被一块大石头隔住，不能通往前山，就转身回来。过了昙花亭，进入上方广寺。又沿着寺前的溪水，来到那块隔山的大石头上，坐在上面看石梁，直到下方广寺的和尚催着吃饭，才回下方广寺。吃罢饭，走了十五里，来到万年寺，登上藏经阁。阁有两层，收藏着南藏和北藏。寺的前后有许多古杉，都要三个人才合抱得过来，鹤在树上筑窝居住，叫声嘹亮且传得很远，也可算是深山里一种高雅的音乐。当天，我想到桐柏宫，寻找琼台、双阙，但不知路怎么走，就决定去国清寺。国清寺距离万年寺四十里路，中间经过龙王堂；每下一道岭，我就以为已到平地了，谁知等到下了几道岭，还没有走完，这才开始领悟到华顶峰之高，简直离天不远了。

傍晚，进入国清寺，和云峰相见，就像是老朋友一样，和他商量游山探奇的安排。云峰说："名胜再没有比得上两岩的了，虽然远一点，但可以骑着马走。如果先到两岩然后步行至桃源，再到桐柏，那么翠壁、赤城的景色，就可以一览尽收了。"

初五日　像要下雨的样子，不管，决定走寒岩、明岩一路，到寺的西门雇马。马来了，雨也下开了。走了五十里，来到步头。雨停了，马也被送回去了。

又走了二里，就进了山。山峰环绕，溪水映照，草木森秀，山石奇特，使人心里很高兴。一条溪水从东阳流来，水势很急，宽像曹娥江一样。四处看找不见渡河的筏子，就让仆人背着渡过去，水深得没过膝盖，过一条涧，几乎用了一个时辰，走了三里，到达明岩。明岩是寒山、拾得隐居的地方，两座山回环曲折，这就是志书所说的八寸关了。进入关后，四面的峭壁像城墙一样。最后面，有个几丈深的山洞，大小能容纳几百人。洞外左面有两座岩石，都在半壁上；右面有一根耸起的石笋，笋顶齐到石壁，只有一线之隔，青松紫花，在上面茂盛地生长着，刚好和左崖相对，可称得上奇妙至极。出了八寸关，又上了一座岩，也是在左边，来的时候仰看上去好像有一条缝，等到了上面，明亮宽敞可以容纳几百人。岩中有一眼井，叫仙人井，水浅却不会枯竭。岩外有一块孤立的大石，高好几丈，上面分开像两个人一样，和尚指着说这就是寒山、拾得。进入明岩寺，吃完饭阴云散去，一弯新月升到天空，人站在回崖顶上，对着月亮，好似满壁清光。

读后悟语

　　《徐霞客游记》的价值是多方面的，除了为地理学研究开辟新道路以外，还记载了许多有用的历史资料，而其文学价值也早早见称于世，被推为"古今游记之最"。每一处山水游记都是一幅精美的图画。描写景物，往往寥寥数语，就神情毕肖。比如初四日开篇写"天山一碧如黛"，四字便以形象比喻道尽天色、山色浑然一体的美妙。又如写两飞瀑"从宁左来，至桥乃合流下坠，雷轰河聩，百丈不止"四个短句就点明了瀑的位置、源头、走向、声响、气势。更为文学家称道的是，徐霞客日行百里，所到千处，但在他笔下记来却从容分明，条理清晰。读之不糊涂不乏味。

　　《游记》全书丰富有趣，限于篇幅，我们只能择其一二使读者先"窥豹一斑"。好在是日记体，使我们的择取截篇仍能保持完整，内容不致过于脱裂或断续；好在现在科技昌明，图书馆、网上都可搜寻到相关的更多内容。希望我们的"有限"选择能激发大家更多去深入阅读的兴趣。

蝜 蝂 传

柳宗元[*]

蝜蝂者[①]，善负小虫也。行遇物，辄持取，卬其首负之[②]。背愈重，虽困剧不止也。其背甚涩，物积因不散，卒踬仆不能起。人或怜之，为去其负，苟能行，又持取如故。又好上高，极其力不已，至坠地死。

①蝜蝂(fù bǎn)：一种黑色的小虫，又叫"负版"。　②卬(áng)：同"昂"，仰。

今世之嗜取者，遇货不避，以厚其室，不知为己累也，唯恐其不积。及其怠而踬也[①]，黜弃之[②]，迁徙之[③]，亦以病矣。苟能起，又不艾[④]。日思高其位，大其禄，而贪取滋甚，以近于危坠，观前之死亡，不知戒。虽其形魁然大者也，其名人也，而智则小虫也。亦足哀夫！

①怠：通殆。踬(zhì)仆，跌倒。　②黜(chù)弃：贬斥，罢官。　③迁徙(xǐ)：指被贬谪放逐到边远的地方。　④艾(yì)：悔改。

译文

蝜蝂是一种善于背东西的小虫。它在爬行中遇到东西，总是要抓取过来，仰起头把东西背在背上。背的东西越来越重，即使非常疲乏劳累也不停止。它的背部很不光滑，因

---

*柳宗元，字子厚，我国杰出散文家和诗人；是唐代古文运动的代表人物，历来与韩愈齐名，在文学发展史上占有崇高地位。他一生留下600多篇诗文作品，文的成就大于诗。文大致为五类，分别是论说文、传记、山水游记、骚赋和寓言。

此东西聚积不会散落,最后被压倒爬不起来。倘若有人可怜它,替它去掉背上的东西,只要它能爬行,又像以前那样见到东西就抓来背上。它还喜欢往高处爬,用尽力气也不停止,直至掉到地上摔死。

如今世上那些贪得无厌的人,见到财物就不放过,用来增加他的家产,不知道会成为自己的累赘,只担心财产积聚得不多。等到他坏了事栽了跟头,被贬斥罢官,被流放到边远地方,这也够痛苦的了。如果再被起用,仍不肯悔改。成天想提高他的官位,增加他的俸禄,更加贪取财物,因而面临从高处掉下来的危险,看到前人因贪财丧命,不知引以为戒。虽然他的外形高大魁梧,他的名义是人,可智慧却与蝜蝂小虫一样。这也实在可悲啊!

读后悟语

这篇寓言写于永州。文章先描绘了小虫蝜蝂的生态;然后笔锋一转,将"今世之嗜取者"与蝜蝂作对比描写,刻画出他们贪婪成性、好往上爬、至死不悟的丑态,批判矛头直指当时的腐败官场。当然其中也包含了作者自己在政治斗争中取得的教训。借用各种动物拟人化的艺术形象寄寓哲理或表达政见,是造诣奇特的讽刺艺术。《庄子》、《韩非子》、《吕氏春秋》、《列子》、《战国策》等古书中均有此传统。多诵读此类固物有形的作品,你的笔下必也多份嬉笑怒骂皆文章的快意。现代书籍中也有作家作类似尝试,如方刚的《动物哲学》便属此类。

永某氏之鼠

柳宗元

　　永有某氏者,畏日①,拘忌异甚。以为己生岁直子②,鼠,子神也③,因爱鼠,不畜猫犬,禁僮勿击鼠。仓廪庖厨,悉以恣鼠不问。由是鼠相告,皆来某氏,饱食而无祸。某氏室无完器,椸无完衣④,饮食大率鼠之馀也。昼累累与人兼行,夜则窃啮斗暴,其声万状,不可以寝,终不厌。

　　数岁,某氏徙居他州。后人来居,鼠为态如故。其人曰:"是阴类恶物也,盗暴尤甚,且何以至是乎哉!"假五六猫⑤,阖门,撤瓦,灌穴,购僮罗捕之⑥。杀鼠如丘,弃之隐处,臭数月乃已。

　　呜呼! 彼以其饱食无祸为可恒也哉!⑦

　　①畏日:怕犯忌日。旧时迷信的人认为日子有好坏,在坏日子里禁忌做某些事情,否则不吉利。　②直:即"值",正当。生岁直子:出生的年份是子年(如甲子、丙子等)。

　　③子神:子年的生肖神。古人以鼠、牛、虎、兔等十二生肖配子、丑、寅、卯等十二地支,子年生肖配鼠。　④椸(yí):衣架。⑤假:借。⑥购:奖励。⑦以……为:古文言文的固定结构,"把……当作……"的意思。

译文

　　永州有个不知姓名的人,怕犯忌日,忌讳得特别厉害。他认为自己出生的那年正值子年,老鼠是子年的生肖神,因而爱老鼠,不养猫狗,禁止僮仆打老鼠。粮仓和厨房,全都任凭老鼠恣意糟蹋而不过问。因此老鼠彼此相告,都到这个人家里来,吃得饱又没有灾

257

祸。这个人房间里没有一件完好的器具，衣架上没有一件完好的衣服，吃的喝的大都是老鼠糟蹋后剩下的。白天老鼠成群结队与人一起行走，晚上就偷啃东西互相打架，发出各种各样的声响，吵得人不能入睡，可是这个人始终也不厌恶。

过了几年，这个人迁居到别的州。另有人接着搬来居住，老鼠仍然像过去一样为非作歹。新搬来的人说："这是在阴暗处活动的坏家伙，偷东西打架特别厉害，为什么竟猖狂到如此地步啊！"借来五六只猫，关上大门，撤去屋瓦，用水灌鼠洞，奖励僮仆严密围捕老鼠。捕杀的老鼠堆得像座小山，把它们丢到偏僻的地方，臭气几个月才消失。

唉！它还以为吃得饱又没有灾祸是可以长久的啊！

读后悟语

作者谪居永州时所写的《临江之麋》、《黔之驴》、《永某氏之鼠》(总题名为《三戒》)三篇寓言，是古代文学中具有深远影响的著名作品，它们短小精悍，描绘传神，寓意鲜明，针对性强，刻画出当时的人情世态，既有很高的欣赏价值又富于教育意义，历来脍炙人口。如本文就借一群被宠养惯坏的老鼠来讽喻一些自以为依恃权贵安逸享乐可永久无祸的人，指出若没有自律警戒之心，"为态如故"，终会被唾弃被消灭制裁的道理。如今国家以法治国依法治吏，可由于民主、法制仍未十分健全，各地还不乏有一些钻空子、混日子的官员，人们往往就戏称他们为"永某氏之鼠"。

"戒"本是古文中的一种文体，它用历史事实和生活事例来阐明某种事理，启发人们引为鉴戒。